U0583276

首都现代化 2023
——年度评估与路径探索

北京市发展改革政策研究中心
北京市经济社会发展研究院 ◎著

THE CAPITAL MODERNIZATION 2023:
ANNUAL APPRAISAL AND
PATH EXPLORATION

经济管理出版社
ECONOMY & MANAGEMENT PUBLISHING HOUSE

图书在版编目（CIP）数据

首都现代化.2023：年度评估与路径探索/北京市发展改革政策研究中心，北京市经济社会发展研究院著.—北京：经济管理出版社，2023.5
ISBN 978-7-5096-9030-7

Ⅰ.①首…　Ⅱ.①北…②北…　Ⅲ.①首都—现代化建设—研究—中国—2023　Ⅳ.①D61

中国国家版本馆 CIP 数据核字（2023）第 094982 号

组稿编辑：曹　靖
责任编辑：郭　飞
责任印制：黄章平
责任校对：陈　颖

出版发行：经济管理出版社
　　　　　（北京市海淀区北蜂窝 8 号中雅大厦 A 座 11 层　100038）
网　　址：www.E-mp.com.cn
电　　话：(010) 51915602
印　　刷：唐山昊达印刷有限公司
经　　销：新华书店
开　　本：720mm×1000mm/16
印　　张：14.5
字　　数：268 千字
版　　次：2023 年 6 月第 1 版　　2023 年 6 月第 1 次印刷
书　　号：ISBN 978-7-5096-9030-7
定　　价：88.00 元

编 委 会

序 言

　　党的二十大报告旗帜鲜明地提出，新时代新征程党的中心任务是团结带领全国各族人民全面建成社会主义现代化强国、实现第二个百年奋斗目标，以中国式现代化全面推进中华民族伟大复兴。党的二十大报告重申了党的十九大关于全面建设社会主义现代化强国的"两步走"战略安排，并指出中国式现代化是人口规模巨大的现代化、全体人民共同富裕的现代化、物质文明和精神文明相协调的现代化、人与自然和谐共生的现代化、走和平发展道路的现代化，这些为首都现代化指明了方向。首都现代化是中国式现代化在首都的具体实践，既有中国式现代化的普遍特征，又有首都发展的特殊性。首都现代化是由发展中大国首都向强国首都迈进的现代化，是与"四个中心""四个服务"高度契合的现代化，是以新时代首都发展为统领的现代化，是探索减量式高质量发展的现代化，也是以人民为中心的现代化。北京作为国家首都和超大城市，在全国率先全面建成小康社会，在现代化建设上走在全国前列，具备现代化建设的先发优势和资源要素条件，必须承担首都使命，为推动中国式现代化在京华大地形成生动实践，建设社会主义现代化强国首都探索北京智慧、北京方案，贡献北京力量。

　　近年来，百年未有之大变局与世纪疫情叠加，世界进入新的动荡变革期，宏观稳定成为当今世界经济的稀缺资源，首都率先实现现代化面临机遇和挑战。构建双循环新发展格局的战略部署，为首都率先实现现代化提出了更高的要求，也带来了更大的机遇。面对复杂多变的国内外形势，我们自2021年起将现代化系列蓝皮书作为我院精心打造的品牌系列，围绕年度研究重点，形成了一系列既有联系又有继承与发展的现代化主题系列专著，做首都现代化的系统记录者、持续跟踪者、专业评判者和务实践行者，为相关决策部门推进实施现代化战略与规划提供决策参考。本书以首都现代化指标体系为切入点，在深刻把握中国式现代化的本质要求、重大原则和主要任务，客观分析判断国内外形势的基础上，对标首都现代化目标，围绕经济现代化、治理现代化、文化现代化、社会现代化、生态现代化（生态文明）、城市现代化、人的现代化七个维度的首都现代化研究框架，对 2021 年首都现代化进程开展年度评价，深入剖析存在的问题，坚持目标导向、问题导向、改革导向，分领域提出实现现代化的路径和举措，为北京推动实现现代化提出务实举措，为促进首都率先实现现代化贡献力量。

本书主要分为两个部分共九章。

第一部分为总报告，包括第一章和第二章。这两章是对本书主要观点、指标体系评价和首都现代化实现路径的全面总结和概括。第一章对标中国式现代化的本质要求，论述了北京率先实现现代化的先发优势和基础条件，面临的压力挑战及应保持的战略定力，努力以减量式高质量发展探索中国式现代化的北京方案，积极谋划展现中国式现代化北京实践场景。第二章以七个维度首都现代化的核心评价指标体系为重点，对 2021 年首都现代化进程进行年度评价。经分析研究得出，首都现代化主要指标表现良好、亮点突出，但七个维度发展仍不均衡不充分，呈现"两强、两弱、三平"的特征。结合首都发展阶段和实际，仍需不断丰富首都现代化内涵，系统谋划并分领域推进首都现代化各项工作。

第二部分为专题研究，包括第三章至第九章。分别为经济现代化、治理现代化、文化现代化、社会现代化、生态现代化（生态文明）、城市现代化、人的现代化。每一章大体上都围绕本领域现代化与中国式现代化的关系，本领域现代化的年度评价、建设中存在的问题及风险挑战、实现本领域现代化的路径建议等方面展开。同时，各专题研究充分考虑了本领域特征，并围绕年度关键词开展深入研究。例如，经济现代化对标世界城市同期现代化水平开展横向比较研究，并关注新旧动能转换和居民收入问题；治理现代化重点围绕基层治理、韧性社区等开展研究；文化现代化关注了文化竞争力、文化产业数字化转型扩内需稳增长和文化贸易；社会现代化关注了多层次社会保险体系、大学生就业、"一老一小"服务需求等；生态文明建设关注了"双碳"背景下的能源结构调整、氢能、现代设施农业建设等；城市现代化关注了保租房；人的现代化开展了问卷调查，并针对低生育率进行了探讨。在指标评价上，突出考虑指标的长期性、适用性和前瞻性。在问题分析上，立足首都经济社会发展阶段与现实，瞄准各领域现代化建设中的关键问题和突出问题，不求面面俱到，力求精准到位。在路径建议上，强调方向明确、路径清晰、重点突出，具有很强的针对性和可操作性。

　　2022年，北京市经济社会发展研究院站在新的历史起点上，以建设科学前沿务实的首都高端智库为目标，凝心聚力，做精做实首都现代化系列研究，为大力推动新时代首都发展、开启全面建设社会主义现代化新航程贡献应有力量。本书研究过程中得到了市发展改革委领导的悉心指导以及相关处室的大力支持；有关专家对部分章节提出了很好的建议；经济管理出版社的编辑同志对本书付出了辛勤劳动，在此一并表示感谢。

　　尽管我们努力进行一些思考和研究，但由于时间紧迫，受资料收集和精力所限，难免有一些疏漏之处，请读者批评指正。

编委会
2023 年 1 月

目　录

总报告

专题研究

总报告

第一章　战略谋划务实推动中国式现代化在京华大地形成生动实践

实现现代化是百年来中国人梦寐以求的目标。在新中国成立特别是改革开放以来长期探索和实践的基础上，经过党的十八大以来在理论和实践上的创新突破，我们党成功推进和拓展了中国式现代化，走上了实现中华民族伟大复兴的光明大道。党的二十大报告向全党全国人民发出了以中国式现代化全面推进中华民族伟大复兴的动员令，对中国式现代化作了全面深入阐述，为推进现代化建设提供了根本遵循。北京作为首都，要带头落实好党的二十大各项部署要求，努力在以中国式现代化推进民族复兴的新征程上走在前列。

第一节　不折不扣落实战略安排和总体目标，以率先实现为中国式现代化做出北京贡献

北京市"十四五"规划和市十三次党代会报告中都明确提出了率先基本实现社会主义现代化的要求。

一、北京有基础也有条件在现代化新征程上走在全国前列

中国式现代化目标涵盖经济、政治、文化、社会、生态等多个领域，但最核心的指标是 GDP 和收入，人均国内生产总值迈上新的大台阶、居民人均可支配收入再上新台阶是我国现代化的重要战略目标。北京这两个指标都在全国处于领先地位，继率先全面建成小康社会后，具备率先实现现代化的先发优势和基础条件。

（一）经济增长跑出加速度

得益于中国特色社会主义体制机制优势、稳定的经济环境和强大的市场支撑，过去 10 年，北京人民币计价的名义 GDP 保持了 8% 以上的增长率，成为增长最快的全球城市之一，2021 年 GDP 达 40269.6 亿元（见表 1-1），和上海一起成为全国仅有的两座突破 4 万亿元的城市；经济规模已超越很多国家，在 38 个 OECD 国家中排在第 15 位的波兰之后、第 16 位的瑞典之前。经济快速增长的同时，带动经济结构和质量持续优化，人均 GDP 达 2.85 万美元，位居全国榜首，接近世界银行划分的高收入国家门槛线的 2 倍，接近 OECD 国家中西班牙、斯洛文尼亚的水平；全员劳动生产率约 34.7 万元/人，连续多年保持全国第一，高质量发展迈出坚实步伐。

表 1-1　全球城市 GDP 增长情况（人民币计价）　　单位：亿元,%

城市	实际范围	2021 年	2011 年	年现价均速
纽约	New York-Newark-Jersey City, NY-NJ-PA（2.1 万平方公里）	128475.9	84818.1	4.2
东京	东京都（2194 平方公里）[a]	61393.3	81236.5	-2.8
洛杉矶	Los Angeles-Long Beach-Anaheim, CA（1.3 万平方公里）	71507.4	47955.8	4.1
上海	上海市（6341 平方公里）	43214.0	19195.7	8.5
伦敦	Greater London（1579 平方公里）[a]	75864.7	54011.7	3.5
巴黎	Ile-de-France（1.2 万平方公里）	58256.9	46486.0[b]	3.8[b]
北京	北京市（1.6 万平方公里）	40269.6	16251.9	9.5

注：a. 受官方统计单元划分所限，东京和伦敦暂只能对比"中心城市"尺度数据，下文分行业分析时将采用北京市城六区与其进行对比。b. 未查询到巴黎 2011 年数据，暂以 2015 年数据作为基期。

资料来源：美国经济分析局、东京都统计局、欧盟统计局、上海市统计局、北京市统计局。由于暂未查询到 2021 年国外 5 个目标城市的 GDP 数据，在此以能够查询到的最新数据为基础，辅以各国年增长率计算出各城市 2021 年本币 GDP 总量。各年人民币计价的 GDP 总量通过当年外币平均汇率计算所得。

（二）居民收入迈上新台阶

全球经济增长的历程表明，经济增长难以自动解决收入差距问题，而政策性福利赶超又可能拖累经济发展，解决好经济增长和收入分配问题是各国共同面临的发展挑战。一些拉美国家在高速发展阶段没有解决好收入分配问题，又在经济增速下滑阶段超常规实施"福利赶超"，没有平衡好经济发展和收入分配之间的关系，陷入了"拉美陷阱"。

包括北京在内的国内城市，在经济发展过程中始终坚持居民收入增长和经济增长保持同步，自"十二五"以来，北京居民收入实际增速与 GDP 增速始终保持在±0.6 个百分点以内。对比而言，巴黎（2.6 万~4.0 万美元）、东京（2.1万~3.4 万美元）等全球城市在与北京市相近发展阶段差距明显大于北京，收入增速始终低于经济增速且差距在 1 个百分点以上（见图 1-1），这充分体现了中国式现代化是全体人民共同富裕现代化的显著特征。2021 年，北京居民人均可支配收入达 1.16 万美元，位居全国第二；按照国家统计局 2020 年全国中等收入群体标准（家庭户均收入在 10.2 万~51.2 万元）测算中等收入群体占比 68.5%，明显高于全国 38.9% 的平均水平，达到发达国家水平，率先初步形成了橄榄型收入结构。平均预期寿命（82.5 岁）、婴儿死亡率（1.98‰）等多项健康指标保持全国领先，达到或超过世界先进城市水平。

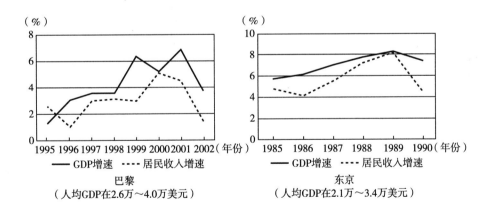

图 1-1　巴黎、东京两地居民收入与 GDP 增速对比

资料来源：法国国家统计局、东京都统计局、东京都生产劳动局。

二、北京有信心也有能力为提升国家国际地位和影响力做出更大贡献

党的二十大报告对我国参与全球治理的深度和广度提出了明确的目标和要

求,比如提出"加快建设世界一流企业""打造具有国际竞争力的数字产业集群""加快建设世界重要人才中心和创新高地"等。北京作为首都,在新征程中承担新使命,有信心也有能力在提高国家国际地位和影响力中做出更大贡献,在更好地服务党和国家工作大局中续写中国式现代化的北京篇章。

(一)国际影响力稳步提升

近年来,北京在全球城市体系中的地位不断上升,多项权威全球城市排名都已跻身 Top10,科尔尼全球城市指数排名全球第 6、GaWC 世界城市排名全球第 6、森纪念财团全球城市实力指数排名全球第 17、世界知识产权全球创新指数排名全球第 3、创业基因全球创业生态系统排名全球第 5、仲量联行全球城市创新人才排名全球第 6、GFCI 全球金融中心指数排名全球第 8,国际影响力和综合实力不断逼近纽约、伦敦、东京等全球城市,特别是在科技、金融等经济领域表现突出。冬奥会的成功举办,全球首个也是唯一的"双奥之城"品牌优势,让北京大国首都风范和城市魅力更加彰显,助力北京国际影响力迈上新台阶。

(二)优质资源要素具备国际竞争力

北京是信息、技术、资金、人才、数据汇聚的全国枢纽和全球重要节点,集聚了近百所高校、1000 多家科研院所、全国 50% 以上的两院院士,R&D 投入强度全国最高,连续多年超过 6%,明显高于上海也高于纽约、东京、伦敦、巴黎等全球城市。北京优秀创投机构集聚、VC、PE 等投资活跃,《2022 年中胡润全球创投机构》上榜创投机构共 121 家,总部位于北京的有 15 家,排名全球第 4[①];在北京设立办公地点的有 29 家,排名全球第 2[②]。北京是国家数字经济的创新策源地和火车头,数字经济占 GDP 比重超过 40%,建有北京超级云计算中心等国内领先、国际先进的数字化基础平台,拥有大数据分析与应用技术国家工程实验室等一批掌握关键核心技术的研发平台,人工智能、区块链企业全球第一。这些基础性、前沿性、战略性的资源要素是北京实现高质量发展的动能,也是北京代表国家参与国际竞争的底气。

(三)拥有一批世界一流企业的后备力量

企业是社会主义市场经济的微观基础,是中国式现代化的重要力量载体,企

---

① 总部在旧金山的有 23 家,总部在纽约的有 17 家,总部在门洛帕克的有 16 家,总部在北京的有 15 家,总部在帕洛阿尔托的有 14 家。

② 在旧金山设立办公地点的有 30 家,在北京设立办公地点的有 29 家,在上海设立办公地点的有 26 家,在纽约设立办公地点的有 24 家。

业强则国家强，企业兴则国家兴。北京头部企业优势突出，上榜财富世界 500 强企业 54 家，约占全国一半，连续 10 年位居全球城市榜首；是独角兽和瞪羚企业之都，2022 年中胡润 2 个榜单都位居全球第 3，其中独角兽上榜 90 家，约占全国近三成，瞪羚企业上榜 43 家，占全国两成以上；大企业集聚，全国市值 500 强企业约占全国 1/5，全国 500 强企业占全国 1/6 强。全面建设社会主义现代化国家，必须有一批能够体现国家实力和国际竞争力、引领全球科技和行业产业发展的世界一流企业做支撑。上述企业都是行业的龙头，引领着行业的发展方向，都是世界一流企业的潜力股和后备力量。

三、面对复杂多变的国际环境，率先实现现代化需要保持足够的定力和决心

党的二十大报告明确提出，今后党和国家的中心任务是要以中国式现代化推进中华民族伟大复兴，到 2035 年，经济实力、科技实力、综合国力大幅跃升，人均国内生产总值迈上新的大台阶。尽管北京在现代化建设新征程中已经走在全国前列，但要实现上述战略目标，尚需保持足够的定力和决心。

（一）北京经济增长面临下行压力

面对风云变幻的国际形势、面对三重压力，北京经济面临较大下行压力，特别是自 2022 年以来受疫情反复、需求不足、乌克兰危机等超预期因素以及上年同期高基数叠加影响，产业发展全面放缓，供需两端乏力，市场预期下滑，政策效果递减，全年经济仅增长 0.7%，比年初预期目标低 4.3 个百分点，经济持续稳定增长面临考验。按照到 2035 年在 2020 年的基础上实现翻番的目标，今后每年经济增速要接近 5.0%，这并不是轻而易举就能达到的。

（二）北京与老牌世界城市尚有较大差距

在多项城市综合竞争力排名中，纽约、伦敦、巴黎、东京四大城市基本稳居全球排名前 4；北京在多项经济领域虽也都已跻身全球排名前 10，但综合性排名与老牌世界城市仍有明显差距。体现现代化水平的核心指标追赶先进水平还有相当长的一段路要走，当前北京人均 GDP 仅为纽约[1]的 30%、伦敦[2]的 40%、巴黎[3]的 41%、东京[4]的 62%，劳动生产率仅为纽约的 27%、伦敦的 46%、巴黎的

---

[1]　纽约：纽约大都市区范围，即纽约—纽瓦克—泽西大都市统计区。
[2]　伦敦：大伦敦地区范围，即伦敦城和外伦敦地区。
[3]　巴黎：巴黎大区范围，即包括巴黎在内的八个省和 1280 个城镇。
[4]　东京："1+3"都市圈范围，即东京都、崎玉县、千叶县、神奈川县。

31%、东京的44%，人均收入仅为纽约的14%、伦敦的30%、巴黎的41%、东京的35%。治理能力距离大国首都要求仍有差距，国际组织数量、国际会议数量、入境游客人次、外籍常住人口比重、国际学生数等体现城市开放度和国际交往水平的指标差距明显。

市场主体对全球资源要素的配置能力偏弱，能够引领未来发展的世界一流企业不足；全球创新百强企业北京市仅有1家入榜①，全球顶尖数字经济企业北京市尚未有企业入围②，全球商业服务品牌价值 Top100 北京市仅有1家企业入围③，全球物流品牌 Top25 北京市仅有1家企业入围④，全球供应链 Top25 北京市仅有1家企业入围⑤；即使是在数字经济等优势领域，北京市的字节跳动、小米、百度等企业品牌价值与苹果、谷歌、微软等全球顶尖企业仍然存在不小差距⑥。

（三）不平衡不充分问题仍然突出

生态环境和宜居水平是突出短板。中国式现代化是人与自然和谐共生的现代化，要像保护眼睛一样保护自然和生态环境。虽然近年来北京生态建设成效显著，空气质量改善被联合国环境规划署誉为"北京奇迹"，但治理污染、改善环境等还需要下更大力气。GPCI 全球城市指标报告显示，2021 年北京综合实力排在全球48个目标城市的第17位，但环境、宜居两类排名在48个城市中倒数（分别排第41位、第43位），与经济类排名（第3位）极不相称。

农业农村现代化是最大的难题。中国式现代化是全体人民共同富裕的现代化，要坚决防止两极分化。北京近年来鲜明提出"把守护好绿水青山当作生态涵养区的头等大事""不让保护生态环境的吃亏"的功能导向，先后出台了一系列的条例、规划、方案、政策、措施⑦，支持生态涵养区探索"两山"转化路径，

---

① 美国42家，日本29家，中国（包括大陆和台湾地区）9家，其中北京1家。

② 从市值规模来看，在近5年稳居全球前七的互联网公司中，北京0家（中国共占2席，分别为阿里巴巴、腾讯）。

③ 北京仅京东方1家企业入围，与欧美国家存在非常大的差距（Top20 中无北京市企业，而美国14家，英国、荷兰各2家，法国、比利时各1家）。

④ 北京仅有中国邮政1家企业入围（全国入围4家，分别为顺丰、中国邮政、港铁、韵达），而美国入围9家。

⑤ 北京仅联想1家企业入围（全国2家，分别为阿里巴巴、联想），而美国有16家企业入围。

⑥ Brand Finance 发布的《2022 年全球品牌价值500强》中显示，北京市字节跳动、小米、百度品牌价值分别排名第18、第199、第242，与排名第1的苹果、第3的谷歌、第4的微软仍有较大差距。

⑦ 北京市先后制定了《关于健全生态保护补偿机制的实施意见》《关于推动生态涵养区生态保护和绿色发展的实施意见》《北京市生态涵养区综合性生态保护补偿政策》《北京市生态涵养区生态保护和绿色发展条例》等。

农村地区获得了长足的发展。但仍然存在京郊资源挖掘不充分、农村居民增收途径不多、城乡收入差距较大等问题。2021 年北京城乡居民收入比为 2.45∶1.00（见图 1-2），在东部省份中排名倒数；农村居民中仅 27.6% 为中等收入群体，远低于北京市 68.5% 的平均水平，城乡融合发展体制机制和政策体系尚不健全，大城市带动大京郊、大京郊服务大城市的格局尚未建立。

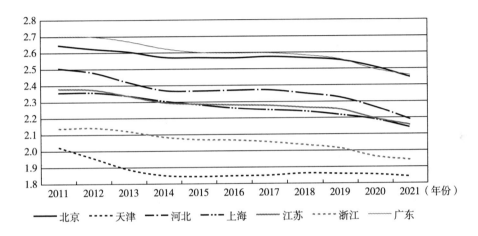

图 1-2　部分省份城乡收入比

（四）要保持足够的定力和决心，努力保持合理的经济增速，实现 2035 年翻番目标

总体来看，国内经济韧性强、潜力大、空间广的特点没有改变，经济长期向好的基本面没有改变，经过 3 年防疫实践，科学精准防控水平不断提高，抗风险能力明显增强，党的二十大释放高质量发展信号，在新时代发展蓝图指引下，全国经济必将行稳致远，稳中求进加快复苏仍是经济运行的主基调。只要我们能清醒认识和准确把握国内外发展趋势，立足首都城市战略定位，把稳增长与构建新发展格局、落实"五子"联动、实现高质量发展结合起来，保持发展战略定力，做到政策平稳，精准有效，也必将能顶住经济下行压力，持续恢复，经过努力实现翻番的目标是可行的。补短板、锻长板、强韧性、畅循环，保持经济在合理增长区间，努力缩小与全球城市之间的差距，努力为全面建成社会主义现代化国家做出首都应有贡献、为兄弟省份做出表率，是北京的责任与担当。

第二节 深刻把握本质要求落实主要任务，以减量式高质量发展探索中国式现代化的北京方案

中国式现代化为人类实现现代化提供了新的选择，为解决人类面临的共同问题提供了中国智慧、中国方案和中国力量。首都现代化既是中国式现代化的重要组成部分，也是中国式现代化的有效支撑。北京作为首都和第一个减量发展的超大型城市，要深刻把握中国式现代化的本质要求、重大原则和主要任务，以新时代首都发展为统领，坚持"五子"联动服务和融入新发展格局，强化创新驱动、减量倒逼、内需拉动，推动新旧动能接续转换和城市发展深刻转型，为全国高质量发展和现代化建设探索北京智慧、北京方案，贡献北京力量。

一、强化创新驱动、推动新旧动能持续转化，为首都率先实现现代化奠定坚实物质基础

（一）首都高质量发展和现代化建设面临挑战和压力

百年变局叠加世纪疫情，"三重压力"叠加超预期因素，周期性叠加结构性矛盾，经济发展面临"外需收缩和内需收缩双碰头、订单转移和产能转移双增加、企业缩表和居民缩表双同步、财政风险和金融风险双交织、稳投资和稳市场主体效应双下降"等多重风险，给经济运行、高质量发展和现代化建设带来诸多挑战和压力。

供给侧，自疫情以来除医药产业短暂爆发式增长外，主导产业增速呈整体下滑态势，工业增加值出现超预期的两位数降幅，优势服务业企业营收增长由往年两位数降至个位数。需求侧，投资总体保持稳定，但伴随筹办举办冬奥会对重大基础设施带动效益的减弱，亟须拓展新空间；消费尚未恢复至疫情前水平，总体不及全国，服务消费潜能亟待释放。政府侧，减税降费大背景下，市、区、乡镇各级政府的可支配财力呈现不同程度下降，2022 年 1~10 月北京市一般公共预算收支差额达 923.1 亿元，比上年同期高 600.3 亿元，财政收支"紧平衡"态势进一步凸显，重点区域和基层运转面临压力。民生侧，就业基本保持稳定，但高学历人才流出、青年群体就业问题凸显；居民收入滞后居民刚需的食品价格上涨，

低收入群体生活压力增大。这些挑战和压力表象上是疫情和外部环境变化影响，但深层次来看是三重压力倒逼下经济运行的底层逻辑深刻变化、传统动能减弱后新动能接续不足这一核心症结的充分暴露，一些长期积累的发展不平衡不充分问题加速由"隐"到"显"。

（二）强化创新驱动推动新旧动能持续转换

创新是第一动力，只有强化创新驱动才能真正推动新旧动能持续转换。教育、科技和人才是支撑创新发展的基础性、战略性要素，是北京最大的优势，也是北京实现高质量发展的最大底气。为克服目前北京仍然存在的创新含金量不高、创新链产业链融合不够、产业链供应链稳定安全不足等问题，在现代化建设新征程中，要进一步通过改革的方式激活科技第一生产力、用好人才第一资源、强化创新第一动力，努力将科技创新优势更加高效地转化为高质量发展的新动能。

一是壮大高精尖产业。把握全球科技革命产业变革的新趋势，发挥"三城一区"主平台作用，培育具有全球竞争力的开放创新生态，吸引全球优质资源要素集聚，不断巩固提升金融、信息、科技等传统优势领域，同时围绕集成电路、人工智能、生物医药、绿色能源等领域开辟发展新赛道、培育增长新引擎，打造一批千亿级、万亿级产业集群。

二是培育高效益企业。深化国资国企改革、优化民营企业发展环境，恢复并努力扩大市场化创投基金对科创企业的金融支持，推动创新链、产业链、资金链、人才链深度融合，加快新能源汽车等领域战略性重组、资产重构、品牌重塑，加快培育一批创新型领军高效世界一流企业。

三是支持高紧缺岗位。破除"唯论文、唯职称、唯学历、唯奖项"等传统人才评价指标路径依赖，围绕经济社会发展急需紧缺人才完善育人、选人、用人、留人机制。只要首都发展急需紧缺，无论是大师、战略科学家、一流科技领军人才，还是创新团队、青年科技人才、卓越工程师、大国工匠、高技能人才，都应给予户口、住房、子女入学等一揽子政策支持，以弥补"人口天花板"硬约束造成的影响。

二、强化减量倒逼、推动发展方式深刻转型，为全国人口经济密集地区高质量发展探索新路径

（一）减量发展是首都追求高质量发展的鲜明特征

近年来，北京正在经历深刻转型，在"双控""两线三区"要求下，资源环境要素承载能力成为首都高质量发展的紧约束。北京自觉把首都发展融入国家战略大局来考量，分领域推动了一批有共识、看得准、能见效的疏解项目，倒逼发展方式转变、产业结构转型升级、城市功能优化调整，推动城市从集聚资源求增长到疏解功能谋发展，减量发展成为首都追求高质量发展的鲜明特征。作为全国第一个减量发展的超大城市，北京实现了城六区常住人口比 2014 年下降 15% 的目标，人口空间分布连续 6 年呈现"内降外升"态势；城乡建设用地连续 4 年减量，年供应土地中存量建设用地供应占比达 60% 以上，基本实现新供应的产业用地 70% 分布在两区、"三城一区"等重点功能区的引导目标。

在疏解非首都功能进入实质规模化推进的特定时期，面对国内外城市日趋激烈的对人才、产业、资本的竞争，北京相对优势不可避免受到挤压，正在经历发展方式转变和结构转型升级阵痛期；近年来北京市硕士、博士学历人才流出比例占流动人才总数均达四成以上，比上海高约 10 个百分点，高学历人才流出比例全国居首。

（二）以"减量"手段实现"高质量发展"的目的

减量发展不是简单的减量，本质上是转变首都经济社会发展方式，通过对非首都功能做减法、对首都功能做加法，给优化提升首都功能腾出资源，给有机更新城市结构和布局留出空间。在现代化建设的新征程中，要牢牢把握"都"与"城""舍"与"得"的关系，通过"减量"手段实现"高质量发展"的目的，实现减量提质不减速。

一是要努力探索与"减量"发展相适应的"规模约束、功能优化、空间提升"高质量发展模式，完善管控机制、倒逼机制、激励机制、市场机制，破解高质量发展面临的人才、技术等要素制约，引导城市发展由外延扩张式向内涵提升式转变，为全国人口经济密集地区高质量发展探索路径、提供示范。

二是要正确处理中心城与新城、"一核"与"两翼"、北京与邻近周边、北京与京津冀城市群等多类空间关系，发挥好核心带动作用，充分释放区域协同效能，努力在更大范围优化配置资源要素，在更广域空间构建创新链、产业链、供应链体系，在更深层次打造互补融合的区域利益共同体，增强京津冀区域现代化的整体性、协调性。

三、强化内需拉动、满足居民美好生活需要，固本强基稳住首都现代化的基本盘

（一）内需是看得见、摸得着、抓得住的有效刚需

作为超大型城市，北京是以内需为主、消费占据更重要位置的消费驱动型城市，满足人民对美好生活的向往、释放以消费为主的内需潜力空间巨大，这既是看得见、摸得着、抓得住的有效刚需，也是保持首都高质量发展和安全稳定的基本盘。2021年北京人均GDP居全国第一，人均可支配收入居全国第二，中产家庭、高净值家庭数量均居全国第一，消费水平、消费潜力居全国前列，但目前潜力释放面临诸多制约。

从传统商品消费来看，食品烟酒、衣着、生活用品三大类必需品消费支出占比由2015年的35.8%下降到2022年第三季度的31.5%，百户汽车、计算机等耐用品拥有量分别为全国的1.4倍、1.7倍，除更新换代及新兴智能化、品质化商品外，需求已基本饱和。从服务消费来看，主要发达国家服务消费占最终消费的比重平均在75%以上，人均GDP在3万美元左右的中上等发达国家（如葡萄牙、捷克、西班牙）的居民服务消费占比也在65%~70%，北京服务性消费占总消费比重在55%左右，提升空间巨大；但"政府单部门推进"的现有供给模式，难以满足居民就近就地、多层次、多元化需求，现有模式下消费已到天花板，亟待改革破题。

（二）固本强基稳住首都现代化的基本盘

人口老龄化①和以孩子为中心②的家庭消费格局是经济社会发展的重要趋势，"银发经济""儿童经济"需求旺盛、潜力巨大。然而，现实中养老难、入园贵、入托难、停车难、充电难等问题仍然突出；平均每3个社区才有1个养老服务驿站，就近养老需求得不到有效满足；常住人口千人0~3岁婴幼儿托位数1.22个，仅约为全国的一半，距离"十四五"提出的4.5的目标差距较大；海淀、西城等半日幼儿园现象普遍，幼儿园缺口明显；停车位占私人微型客车保有量多年徘徊

---

① 2021年北京市60岁以上常住人口占比首次突破20%，进入中度老龄化社会，预计到2035年老龄化水平将超过30%，进入重度老龄化社会。

② 2010~2020年北京市0~14岁常住人口占比上升3.3个百分点，达11.9%。

在 16%~20%①，停车难问题突出；伴随新能源汽车的普及，充电难成为新问题。

在现代化进程中，要牢牢把握扩大内需这个战略基点，同深化供给侧结构性改革有机结合，围绕满足人民群众"七有"要求和"五性"需求，主动回应人民群众对美好生活期盼，完善内需主导、内生增长的新发展模式。

一是提升基本公共服务品质。聚焦居民"一老一小"紧迫需求，结合城市更新、新城建设和乡村振兴增加公共服务产品供给，补短板、保刚需、提品质、挖潜力，培育经济新增长点。

二是丰富基层社区供给。社区作为城市基本功能单元，是满足居民美好生活多元需求的"黄金一公里"，呈现三个"70%"趋势特征②。聚焦居民就近就地便利化需求，破除社会资本"准入""准营"制约，统筹各类社区服务设施配置，盘活社区闲置资源，提升设施资源效用，挖掘营造多元消费场景，释放就地便利消费潜力，通过多层次供给来满足多元化需求。

三是保障基础产业安全。强化农产品、资源、能源等城市生命线战略物资储备，适度提高自给率和应急保障能力；不断完善战略物资供应链体系，保障战略物资供给和战略工程安全可靠。聚焦住宿餐饮、文体娱乐、旅游会展、交通运输等接触性服务行业，多措并举缓解企业经营压力，助力有序恢复。

第三节　积极谋划展现中国式现代化北京实践场景

推进中国式现代化，要落实到实际行动上。北京要充分发挥国家部委、央企总部、科研院所集聚等有利条件，争取中国式现代化更多具有标杆性、引领性、示范性项目在京落地、相关政策制度在京先行先试，更好地推动习近平新时代中国特色社会主义思想在京华大地落地生根、开花结果，推动中国式现代化在京华大地形成生动实践，努力为兄弟省份现代化建设提供引领示范，为全面建成社会主义现代化国家做出首都应有贡献。

---

① 停车供给难适配需求，2021 年北京市停车位 81.8 万个，仅占私人微型客车保有量的 17.2%（多年徘徊在 16%~20%），低于上海的 29.3%。

② 综合分析发现，社区呈现三个"70%"趋势特征：一是北京市房屋建筑面积中约 70% 与住宅相关；二是城市居民一生中超过 70% 时间在社区中度过；三是国际消费中心城市约有 70% 的消费在社区内实现。

一、谋划一批具有"中国风、国际范"的标杆性项目

以我国为主的国际组织和国际联盟、能给行业下定义定标准的世界一流企业，既是首都现代化建设的应有之义和重要内容，也是保障我国产业链供应链安全、提升我国参与全球治理能力的有效路径。

（一）主导发起一批国际组织和国际联盟

在当前国际局势下，北京作为首都，有义务、有责任也有能力主导发起国际组织和国际联盟。立足首都城市功能定位，支持北京企业、专业服务机构、高校、智库等充分利用"一带一路"、RECP 等全球和区域合作平台，参与规划、培育、组建新的科技、工程类国际组织以及教育、体育、人文、金融等领域新型国际联盟、专业协会、非政府间国际组织等，拓展参与国际贸易规则制定和全球治理的广度和深度，提升国际话语权、维护首都和国家战略安全。

（二）培育一批世界一流企业

发挥北京头部企业、要素、市场等方面的优势，以开放促改革、促创新，推动各类政策协同联动，在科技、数字、金融、法律、会计、信用评级等知识密集型优势领域，打造一批产品卓越、品牌卓著、创新领先、治理现代、能给行业下定义和定标准的世界一流企业，不断提升我国企业的国际竞争力和对产业链价值链的控制力。同时，也要重视大量崭露头角、有活力的中小微科技型企业，培育更多独角兽、"专精特新"企业和智能制造标杆工厂。

（三）打造一批具有全球影响力的产业集群

发挥龙头企业的引领带动作用，抓住"两区""三平台""北交所"等高水平改革开放平台建设机遇，利用好"三城一区"等空间载体，加强优势行业补链、延链、强链，打造一批立足北京、辐射区域和全国、具有全球影响力的千亿级、万亿级产业集群，提升北京作为产业链、价值链、供应链、创新链重要节点的整合能力。围绕新一代信息技术、医药健康、新能源智能网联汽车、未来产业等重点领域龙头企业或产业链关键环节，推动有市场需求的优质项目落地，开辟发展一批新赛道、培育一批增长新引擎。支持有条件的园区组建或引进高水平的市场化运营团队，建立健全适应市场发展形势、有效调动各方积极性的园区招商选资激励方法，顺应产业链由"离岸"向"近岸"转移布局和要素全球化流动的"非物质化"发展趋势，引进落地一批标志性引领性项目在自贸区、重点功能区落地。探索建立一批推动服务业与制造业融合发展的产业创新联盟、产学研用合作的产业技术联盟，促进产业对接、信息互通、科技共享、优势互补、实现战略协同和跨界融合发展。

二、落地一批具有"首都范、区域性"的引领性项目

坚持落实首都城市战略定位，坚持五子联动服务融入新发展格局，围绕核心项目、关键要素、功能平台、重要通道，加强前瞻布局，谋划能够体现首都高质量特征、能够辐射带动区域发展的引领性项目。

（一）落地一批含金量高的改革举措，释放五子联动效应

强化制度创新和配套政策改革，推动试点、局部的制度创新化向系统化、整体化制度设计转变，围绕关键要素、核心项目等系统化研究落地改革举措。

例如在科技领域，要利用好"两区""三城一区"等改革开放政策叠加优势，系统探索顶尖人才、基础研究、成果转化等领域政策和机制突破，从源头改革形成市场导向的科技投入产出机制，建立企业"出题"、高校院所"解题"的协同转化机制，更多运用市场方式、经济手段解决科技创新立项、决策、预算投入、利益分配等问题，促进产业链、创新链、资金链融合互动。

又如在知识密集型服务领域，要以促创新、强服务为出发点完善政策体系，高标准配套空间和设施，并给予实际落户（注册登记地、实际经营地、财税户管地）龙头型企业（机构）专项奖励、办公用房、人才保障等相关支持，促进金融、法律、会计、信用评级、咨询、广告等知识密集型服务业在特定区域集聚。

（二）实施一批更新改造工程，满足美好生活需要

在减量发展背景下，城市更新成为改善人居环境的重要抓手，也将是城市最重要的投资增长点。未来要突出民生导向和城市活力提升，以商圈提质、老旧小区改造为抓手，增加有效投资，完善消费空间功能，带动消费升级，释放消费潜力。

一是创新城市更新模式。探索跨项目、跨区域城市更新统筹实施机制，建立组团实施、动态兼容的存量空间规划机制，完善用地性质混合、兼容和转换机制，探索微利可持续回报的利益平衡机制，实现政府、市民群众、产权单位和社会资本多主体共建、共治、共享，让沉睡资产焕发新活力，以高效运营代替低效运营，既满足居民消费升级需求，又为城市更新投资方筹得长期资金回报。

二是创新市场化融资机制。设立专门针对城市有机更新、公共服务项目的金融产品，在经营权质押、贷款利率、担保费率等方面提供支持。以基础设施

REITs 试点为契机，推动收费公路、物流仓储、保障性租赁住房、公共服务等领域开展 REITs 试点，撬动更多社会投资。

三是实施一批社区更新工程。充分利用功能疏解的腾退空间，以政府投资为引导，撬动社会资本参与，探索建设集社区商业、社区教育、社区医疗等功能为一体的集约化邻里服务中心，吸引超市、便利店、餐饮、美容美发、洗染、维修、家政、休闲娱乐等品牌服务企业集聚发展，围绕居民的"柴米油盐酱醋茶"和"衣食住行闲"提供"一站式"服务。发挥市属国有企业带动引领作用，鼓励北京康养集团、早教集团等专业化水平高的连锁服务机构，依据社区居民对养老、托幼、文化休闲娱乐等现实需求，充分赋能社区统筹整合社区卫生室、文化室等各类空间资源，按照复合利用、预留弹性的原则进行更新改造，填补"一老一小"等服务性消费缺口，逐步解决"半日幼儿园"等问题。

四是实施一批商圈提质升级工程。将王府井、大栅栏、三里屯、朝外、望京、亚奥、双井、东二环、丽泽等商圈纳入城市更新计划，对建筑及内部设施进行低碳化、智能化升级改造，根据从业人员群体特征因地制宜增加咖啡厅、酒吧、亲子空间、艺术中心、健身场所，适当配套高级酒店、公寓等相关设施，打造有机、生态、融合的 3~5 分钟工作生活圈，满足"一键式"生活工作多元化需求。

（三）推动一批跨区域合作工程，建设以首都为核心的世界级城市群

城市群骨架已经拉开，要通过区域要素市场化配置改革引导要素系统集成向重要节点、重要轴线集聚，推动跨区域创新链、产业链、供应链、价值链深度融合，实现增长联动利益融合，促进城市群高质量一体化发展，助力京津冀城市群向世界级迈进。

一是创新环京周边地区一体化发展机制。健全通州区与北三县一体化联动发展工作协调机制，落实大兴机场临空经济区联合管委会机制，构建更加紧密的协同发展关系。以制度有效、政策连续和空间融合为目标，探索搭建"理事会+执委会+平台公司"的跨域协同治理架构，构建专业化的跨域治理公共平台，建立健全重大跨域协调治理机制。通过政策引导、搭建平台和市场化运作，探索环京周边地区职住协同新举措，鼓励优质康养资源在环京周边地区延伸布局。利用科技手段完善检查站管理体系，在确保周边地区发挥好首都护城河功能的同时，提升通行效率、提高便利化水平、改善出行体验。

二是创新合作模式打造跨区域产业链体系。发挥北京创新资源辐射带动作

用，创新科技园区、高等学校、科研院所、企业多元化合作机制，推动一批应用场景和技术合作项目，加速赋能津冀传统产业改造升级。围绕新一代信息技术、智能网联汽车、生命健康等产业，灵活运用飞地经济、租赁经济、托管经济、共享经济等推动实现联动协调发展，共同建设分工合作、相互配套、上下游衔接的产业链和供应链体系。

三是完善首都圈安全特别是应急联动机制。适应世界百年未有之大变局加速演进，党的二十大报告将国家安全首次独立成篇，明确提出"国家安全是民族复兴的根基""以新安全格局保障新发展格局"，"安全"作为高频词汇置于显要位置。作为首都，北京始终处在维护安全稳定的最前沿，是各类风险的聚集地、各类利益和矛盾的交汇地，要充分调动首都及周边地区，构筑更牢固的护城河。特别是面对越来越多的"黑天鹅"事件，要充分发挥首都信息汇集优势和数字化发展的有利条件，积极主动服务中央，构筑面向全国的应急信息储备战略枢纽，构建更加快速、高效的区域性公共资源应急调配机制，围绕储什么、谁来储、怎么储，坚持分类分级分品原则，系统加强实物储备、能力储备、信息储备三大应急储备建设，为推动制度优势转化为治理效能做出首都表率。

三、推出一批具有"促公平、利长远"的示范性项目

在现代化进程中，人既是实践主体，也是价值主体，现代化的核心是人的现代化。要坚持把实现居民对美好生活的向往作为现代化建设的出发点和落脚点，围绕促进全体居民共同富裕、促进人的全面发展推出一批促进公平、有利长远的示范性项目，持续提升人民群众的获得感、幸福感、安全感。

（一）培育一批多元化消费场景，满足日益增长的美好生活需要

一是推动传统消费场景释放新活力。发挥首旅集团、王府井集团等头部企业带动作用，充分释放 CBD、西单等商圈，故宫、环球影城、古北水镇等核心吸引物的撬动效应，顺应沉浸式发展趋势，植入科技、国潮、网红、朋克、二次元、宠物等新潮元素，创造更多内容场景、消费场景、体验场景，丰富体验和社交功能，提升消费体验与享受。

二是培育一批数字消费新场景。鼓励市属博物馆、文化馆、旅游景区等开展创造性数字营销，将更多线下的场景、文化与互联网融合，推出虚拟旅行、沉浸式演艺、剧本杀、密室逃脱等体验服务，丰富文化产品供给。推动平台企业参与智慧城市、智慧社区、智慧家庭建设，培育更多数字生活消费新场景。引导支持

京东、美团等平台企业深耕北京"社区根据地",从商品零售向全方位全领域全天候全人群服务转型,引入零售、健康、家政、托育、助老等综合性消费服务场景。

三是培育一批绿色消费新场景。抓住 Z 世代助推的"宅经济""懒人经济""户外经济""二手经济"消费趋势,丰富产品供给、完善消费环境,挖掘新的消费潜力;比如,针对加快兴起二手消费,完善闲置高端消费品鉴定、评估标准,用好转转、闲鱼等二手交易平台,推动闲置物品交易,挖掘循环消费潜力。

四是培育一批冰雪消费新场景。紧抓冬奥效应黄金期,依托冬奥场馆,八达岭、军都山、南山等郊区社会冰雪资源以及玉渊潭公园、陶然亭公园等市内公园,开展一系列丰富多彩的群众性冰雪活动,举办趣味型大众冰雪赛事,点燃冰雪消费热情,发展冰雪经济,推动"冷资源"变身"热经济"。

(二)实施一批乡村振兴工程,推动农业农村现代化

坚持大城市带动大京郊、大京郊服务大城市,以"把守护好绿水青山当作生态涵养区的头等大事""不让保护生态环境的吃亏"为导向,持续推动生态涵养区生态保护和绿色发展,提升农村农业现代化水平。

一是努力提高应急保障能力。受资源环境条件制约、工农业生产比较优势减弱等因素影响,北京居民日常生活所需高度依赖外埠外供。以蔬菜为例,2021年自给率仅为14%,对城市运行保障和居民生活都造成了一定影响。在现代化新征程中,加强高标准农田、菜田种植,抓好"米袋子""菜篮子""肉案子""果盘子"生产,推进农村地区粮食、蔬菜、林果等适度规模化种植,努力提高超大城市农产品自给率和应急保障能力。

二是打造一批农产品品牌。大力培育龙头企业、农民专业合作社、农户、新农人等多元经营主体,探索城乡共享、产村共融、村企共建等休闲农业新模式,挖掘"平谷大桃""怀柔板栗""房山磨盘柿"等地理标志农产品附加价值,发展特色农业,打造农产品区域公共品牌、企业品牌和产品品牌,培育名优品牌,培育一批品牌叫得响、市场卖得好的本地农产品。加强农产品仓储保鲜和冷链物流设施建设,提升"互联网+"农产品出村进城能力,探索"互联网+田头市场+电商企业+城市终端配送"新模式。

三是实施精品民宿提升工程。推动乡村旅游提档升级,盘活利用闲置农宅,引入社会资本,发展一批乡村民宿精品,培育"民宿+工坊""民宿+直播间""民宿+研学""民宿+康养""民宿+共享办公"等"民宿+"多元业态,延长民

宿产业链。培育田园观光、农耕体验、森林康养等新业态，打造消费新热点。

四是支持生态涵养区探索"两山"转化路径。围绕世园会、冬奥会等重大活动落地谋划会后利用，积极探索建立生态产品价值实现机制，丰富生态产品价值实现路径。探索"飞地""特色生态产业平台"等方式，强化中心城区资本、技术、人才等优质要素向生态涵养区特别是乡村地区合理流动。探索统筹整合涉农资金，加大公共财政向"三农"倾斜力度，增强农村金融有效供给，鼓励社会资本投资适合产业化、规模化、集约化经营的产业领域。探索以市场化方式设立乡村振兴基金，撬动和引导更多社会资金支持乡村振兴。

执 笔 人：刘作丽　崔　岩　王术华　刘紫星

第二章　七个维度推动首都现代化
迈出坚实步伐

党的二十大报告指出，从现在起，我们党的中心任务就是团结带领全国各族人民全面建成社会主义现代化强国、实现第二个百年奋斗目标，以中国式现代化全面推进中华民族伟大复兴；到 2035 年达到中等发达国家水平，建成现代化经济体系，形成新发展格局，基本实现新型工业化、信息化、城镇化、农业现代化；到 2035 年建成教育强国、科技强国、人才强国、文化强国、体育强国、健康中国，国家安全体系和能力全面加强。首都朝着二十大描绘的宏伟蓝图不懈奋斗。

第一节　七个维度首都现代化研究框架

世界上既不存在定于一尊的现代化模式，也不存在放之四海而皆准的现代化标准。中国式现代化，是中国共产党领导的社会主义现代化，既有各国现代化的共同特征，更有基于自己国情的中国特色。对于北京这样一座城市，现代化还要考虑"大国首都"和超大型城市的特殊属性，是国家现代化、首都现代化、城市现代化的有机统一。根据"五位一体"总体布局要求以及党的二十大报告提出的到 21 世纪中叶建成富强民主文明和谐美丽的社会主义现代化强国的战略目标，结合以人民为中心的发展理念和超大城市的发展特征，我们构建了经济现代化、治理现代化、文化现代化、社会现代化、生态现代化（生态文明）、城市现代化、人的现代化（生活质量）七个维度的首都现代化研究框架。其中经济现代化是中心任务，治理现代化是制度保障，文化现代化是精神内涵，社会现代化是落脚点，生态现代化是基础条件。而北京作为超大城市和首善之区，城市和人两个维度也是现代化的重要组成部分，城市现代化为"五位一体"现代化提供空间载体，人的现代化是实现现代化的最终目的。

北京作为首都，要带头落实好党的二十大各项部署要求，努力在以中国式现代化推进民族复兴的新征程上走在前列。北京市"十四五"规划和市十三次党代会报告都明确提出了率先基本实现社会主义现代化的要求。整体来看，北京已达到发达国家的现代化水平，但与全球城市相比，七个领域的现代化水平发展不均衡，呈现"两强、两弱、三平"的特征，经济、社会领域部分指标接近国际先进水平；生态方面2021年取得里程碑式突破，空气质量首次全面达标，被联合国环境规划署誉为"北京奇迹"，但与国际城市比较，生态、宜居方面与国际一流水平还有差距；政治（治理）、文化、人的现代化等领域，制度优势明显，但优势转化路径待挖掘。

第二节　开局之年，首都现代化迈出坚实步伐

2021年是党和国家历史上具有里程碑意义的一年，是全面建设社会主义现代化国家新征程开启之年，北京坚持"稳中求进"的工作总基调，完整、准确、全面贯彻新发展理念，坚持以首都发展为统领，认真贯彻落实高质量发展这一根本要求和首要任务，把实施扩大内需战略同深化供给侧结构性改革有机结合起来，统筹推进疫情防控和经济社会发展，各项事业都取得了新进展、新成效，较好地完成了年度目标任务，实现了"十四五"良好开局，迈出了现代化新征程的坚实一步。

一、主要指标表现良好，迈出率先实现现代化的坚实步伐

一是高质量发展取得新成效，多项指标全国领先。围绕构建首都现代化经济体系多项指标呈现增长好、效益好的特征。经济总量迈上新台阶，北京市地区生产总值总量同比增长8.5%，数字经济增加值增速13.1%、文化产业增加值占GDP比重接近10%，质量变革、效率变革、动力变革特征明显。人均GDP约为

2.85 万美元，以美元计同比增长 16.7%；全员劳动生产率约 34.7 万元/人，两项指标都保持全国第一，经济结构和质量持续优化提升。经济增长带动人民增收、企业增利、财政增长成效显著，居民人均可支配收入 1.16 万美元，实际增长 8.0%；规模以上工业企业利润总额 3665 亿元，同比增长 118.6%；地方财政收入接近 6000 亿元，同比增长 8.1%，超过 2021 年初"增长 3%"的预期目标。

二是空气质量全面达标，生态环境持续改善。深入推动"一微克"行动，PM2.5 年均浓度降至 33 微克/立方米，二氧化硫、二氧化氮、可吸入颗粒物等多项指标首次全面达标。低碳转型成效显著，单位地区生产总值能耗和碳排放强度保持全国省级地区最优水平，成为全国唯一连续 14 年超额完成国家下达节能任务的省级地区，绿色发展水平持续提升。

三是城市空间不断优化，首都功能不断强化。全面兑现了 2022 年北京冬奥会、冬残奥会承诺，高质量推进城市基础设施建设，2021 年末，轨道交通总里程（含市郊铁路）1148 公里，新增 1.3 万个 5G 基站，两项指标都处于国内领先水平。实现了城六区常住人口比 2014 年下降 15% 的目标，人口空间分布连续 6 年呈现"内降外升"态势；城乡建设用地连续 4 年减量，年供应土地中存量建设用地供应占比达 60% 以上。

总体来看，2021 年北京市经济社会各领域总体稳步恢复，基本实现了"十四五"和现代化的良好开局。但现代化既是目标，也是一个需长期持续努力的动态过程，通勤时间、城乡收入比等个别指标尚与目标值存在差距，任务较为艰巨（见表 2-1）。

表 2-1　首都现代化主要指标情况

维度		指标	2021 年	2035 年目标值
经济	效率提升	人均 GDP（万美元）	2.85	5.00
		全员劳动生产率（万元/人）	34.7	55.0
	创新引领	全球百强创新企业（个）	1	5
	数字驱动	数字经济增加值增速（%）	13.1	8.0
	企业增利	规模以上工业企业利润增长（%）	118.6	平稳增长
	财政增长	一般公共预算收入年均增长（%）	8.1	与 GDP 增长同步
治理	营商环境	全球营商环境指数排名	—	Top10
文化	文化驱动	文化产业增加值占 GDP 比重（%）	9.4	10.0

续表

维度		指标	2021 年	2035 年目标值
社会	居民增收	居民人均可支配收入（万美元）	1.16	2.50
		城乡收入比	2.45	2.00
	公共服务	"七有""五性"民生保障指数	—	超过 110
生态	生态改善	PM2.5（微克/立方米）	33	20
		单位地区生产总值能耗（吨标准煤/万元）	0.182	0.200 以下
城市	空间优化	轨道交通运营里程（含市郊铁路，公里）	1148	国际领先
		平均通勤时间（分钟）	51	30
人	生活质量	人均健康期望寿命（岁）	—	74

二、统筹疫情防控和经济社会发展，首都现代化建设亮点突出

面对不断变化的新冠肺炎疫情，面对风高浪急的国际环境和艰巨繁重的改革发展稳定任务，北京坚持人民至上、生命至上，以战略稳定和战术灵活有效地应对了世纪疫情的不确定性，因时因势优化调整疫情防控措施，最大限度保护人民生命安全和身体健康，最大限度减少疫情对经济社会发展的影响。总体来看，应对超预期因素冲击，发展质量稳步提升，经济发展企稳回升，人民生活水平稳中有升，为北京冬奥会的举办和党的二十大的召开营造了良好环境，现代化建设亮点突出。

（一）疫情以来北京在全球城市体系中排名稳中有升

疫情三年来，北京统筹疫情防控和经济社会发展，统筹发展和积极应对超预期因素冲击，保持了首都经济社会发展稳定，在全球城市实力指数（GPCI）、全球城市综合排名（GCI）等排名中稳中有升。但相对于上海，上升幅度偏小（见表 2-2）；且与纽约、伦敦、东京和巴黎等全球顶尖城市也仍有差距。

表 2-2 2019~2021 年北京—上海全球排名变动对比

序号	排名	北京		上海		上海相对北京增幅
		2021 年	2019~2021 年	2021 年	2019~2021 年	
1	全球城市实力指数	17	+7	10	+10	+3
2	全球城市综合排名	6	+3	10	+9	+6
3	全球城市 500 强	13	+1	9	+3	+2
5	全球宜居性指数	71	+5	—	—	—
6	全球创新城市指数	19	+7	15	+18	+11

（二）助企纾困政策密集出台，保市场稳就业惠民生成效显著

自疫情以来，北京市落实国家相关政策要求，密集出台了促进企业持续健康发展"16 条"、保障企业复工复产"10 条"和支持中小微企业"新 9 条"、中小微企业帮扶措施"新 6 条"、促进中小企业健康发展措施"双 16 条"、加大中小微企业帮扶力度"18 条"、统筹疫情防控和稳定经济增长"45 条"、助企纾困促进消费加快恢复"27 条"、助企纾困优化营商环境"34 条"、助企纾困"新 12 条"等一系列政策矩阵，为稳定经济增长、稳市场主体、保就业工作提供了有力支撑。

2021 年，北京市 GDP 总量突破 4 万亿元，经济增速、居民收入增速符合稳步增长的年度目标且基本同步，全市法人单位从业人员工资总额增速保持两位数增长，高于 8% 的年度目标；城镇调查失业率、城镇登记失业率控制在"十四五"规划年度预期目标之内；社会保障体系更加完善，职工基本养老、职工基本医疗和失业保险人数参保人数稳步上升，最低工资标准、最低生活保障有序提升①，低保、低收入、重残、大病四类家庭申请保障性住房保障率达 100%；公共服务进一步优化，立足解决群众身边"关键小事"解民忧纾民困，基本实现城市社区便民商业服务功能全覆盖，基本实现中心城区养老照料中心全覆盖，适龄儿童入园率达 90%。

（三）抓住了疫苗产业历史性发展契机，经济质量明显提升

2021 年，北京充分发挥了科技和人才优势，抓住了疫苗产业历史性发展契机，有力助推 2021 年的高增长，增长态势略好于全国和上海。其中，疫苗等防疫物资的快速规模化生产，形成了 2000 多亿元产值，是带动工业呈现 10 多年来少有的快速发展态势的主要因素，全年规模以上工业增加值同比增长 31.0%（可比价），高于上海 20.0 个百分点，高于全国 21.4 个百分点。医药制造业无疑成为了 2021 年表现最为亮眼的行业，增加值增势迅猛，同比增长 252.1%；发展效益也十分突出，规模以上企业营业收入 3676.3 亿元，同比增长 173.2%，实现利润 2140.6 亿元，同比增长 939.1%。从表面来看，疫苗产业的爆发是应对疫情防控时北京市通过市区联动、部门协同带来的快速研发和生产能力，促成疫苗从研

---

① 企业职工养老金平均水平达 4637 元、比上年增加 217 元，城乡居民养老保障基础养老金和福利养老金待遇分别达每人每月 850 元和 765 元、均增加 30 元。失业保险金标准每档上调 218 元（共有 5 档），平均标准上调至 2088 元，为 12.35 万人发放基本生活救助金 13.78 亿元。

发到扩产最短时间落地①；更深层次体现的是北京市应对风险抢抓机遇快速反应的能力储备，这离不开雄厚的科技人才支撑和良好的生物医药产业基础②。

（四）生态建设成效显著，空气质量改善被联合国环境规划署誉为"北京奇迹"

坚决打赢污染防治攻坚战，空气质量改善被联合国环境规划署誉为"北京奇迹"，各项大气污染物实现协同改善，六项大气污染物浓度值首次全部达到国家空气质量二级标准。低碳转型成效显著，在北京城市副中心、大兴国际机场、冬奥会赛区等重点区域积极开展可再生能源高端示范应用，积极扩大调入绿电规模，经济社会发展越来越绿色。水生态治理和保护取得显著成效，基本建成流域水生态环境精细化监测网络及体系平台，劣 V 类水体全面消除，地下水位实现连续 6 年持续回升，平原地区地下水平均埋深达到近 20 年最高水平（16.39 米），不仅提前实现 2025 年的预期目标（20.00 米），而且接近 2035 年目标（16.00米）。城市环境更加优美，滚动实施百万亩造林绿化工程，2021 年森林覆盖率提高至 44.60%，人均公园绿地面积 16.62 平方米。

（五）"双奥之城"魅力更加彰显，城市治理现代化水平显著提升

全面兑现了 2022 年北京冬奥会、冬残奥会承诺，向世界奉献了一届简约、安全、精彩的奥运盛会，成为全球首个也是唯一的"双奥之城"，形成了以延庆"最美冬奥城"、首钢"城市复兴新地标"、朝阳北京奥林匹克园区为核心的三大地标。高质量推进城市基础设施建设，地铁运行质量效率国际领先，轨道交通（含市郊铁路）运营里程达 1148 公里；有序推进智慧城市建设，"七通一平"数字底座成型，95% 以上常规公交线路纳入智能调度，经开区设立了首个智能网联汽车政策先行区。居民居住条件持续得到改善，城镇居民人均住房建筑面积提高到 33.4 平方米，住宅成套率达 96% 以上，近七成居民实现了自有住房。城市更新得到全方面统筹推进，2021 年全年纳入老旧小区改造新确认 558 个小区、已开工 301 个、完工 177 个，超额完成任务。

城市空间不断优化，伴随城乡统筹力度加大、非首都功能疏解坚定有序，市域范围内主副结合、内外联动、南北均衡、山区和平原地区互补发展的格局不断

---

① 例如，科兴中维疫苗项目 4 个月完成建设、认证、生产许可等工作，100 天完成产能 1 亿~3 亿剂的新冠生产车间及附属设施建设，107 天获得药品生产许可，146 天完成五部委联合验收，创造了北京"克冠速度"。

② 全国生物医药产业的摇篮、国内创新药研发的"领头羊"、完整的产业链条、活跃的创投资本、企业近二十年探索和坚持。

完善，城市副中心、平原新城等地区对北京市经济的支撑作用也日益增强。中心城以外地区功能不断完善，对北京市经济贡献不断提升，经济总量占北京市比重提高至28.8%；吸引固定资产投资占北京市比重提升至55.1%。其中，城市副中心持续推进重大项目投资建设，坚持"一年一个节点，每年都有新变化"，在北京市经济发展中的重要性提升最为显著；副中心所在的通州区加快城市综合功能配套完善，对接中心城区功能和人口疏解，自2020年以来固定资产投资总量保持千亿元规模，2021年GDP和常住人口占北京市的比重分别为3.0%和8.4%，分别比2012年提高0.2个和2.2个百分点。

城市治理体系现代化水平不断提升，坚持以人民为中心，接诉即办向未诉先办、主动治理深化，"每月一题"治理场景化应用成效显著；全过程人民民主不断深入，连续4年开展"万名代表下基层"活动，让老百姓的金点子变成妙方子；依法治理水平显著提高，先后出台了《北京市街道办事处条例》《北京市物业管理条例》《北京市生活垃圾管理条例》《北京市接诉即办条例》等文件。切实向街乡赋权，推动街道大部制改革，建立了对街乡的统一考评，取消了区政府职能部门组织的对街乡专项工作考评，减轻基层考评负担。逐步扩大公众和各方力量参与基层社会治理的广度和深度。2018年起，昌平回龙观和天通苑地区130个社区以"回天有我"社会服务活动为载体，以解决基层治理问题为主要目标，探索出一条以硬件建设为基础、软件建设为核心，党建引领、各方参与、居民共治的大型社区治理之路，形成了多方共治的典型经验。

第三节 城市发展面临深刻转型，首都高质量发展和现代化建设面临挑战

全球疫情仍有较大不确定性，世界经济复苏仍然放缓。全球主要经济体目标多元、政策多元、相互掣肘，导致国际宏观经济政策协调陷入困境，全球通胀压力持续加大[①]。高科技领域面临"产品断供、产业断链、科技断轨、人才断流"风

---

① 2022年9月美国居民消费价格指数同比增长8.2%、欧盟27国平均通胀率为10.9%，创有记录以来最高。

险，各种"黑天鹅""灰犀牛"事件随时可能发生。国内经济恢复发展的基础还不稳固，面临"外需收缩和内需收缩双碰头、订单转移和产能转移双增加、企业缩表和居民缩表双同步、财政风险和金融风险双交织、稳投资和稳市场主体效应双下降"多重风险叠加。城市发展面临深刻转型，三重压力倒逼下传统动能减弱后新动能接续不足，工业生产、市场消费出现了前所未有的下降，金融、信息、科技等优势主导服务业承压低位运行，经济下行压力加大，一些长期积累的发展不平衡不充分问题加速由"隐"到"显"，首都高质量发展和现代化建设面临挑战。

一、经济增长面临下行压力

面对风云变幻的国际形势，面对三重压力，北京经济面临较大下行压力，北京市经济恢复不及预期，经历了自改革开放以来 3 个历史低点（1981 年为 -0.5%、2020 年为 1.2%、2022 年为 2.0% 左右）中的 2 个。特别是自 2022 年以来受疫情反复、需求不足等超预期因素以及上年同期高基数叠加影响，产业发展全面放缓，供需两端乏力，市场预期下滑，政策效果递减，经济持续稳定增长面临考验。

多年来，电子、汽车、医药三大高端制造业和金融、信息、科技三大现代服务业占 GDP 比重超过一半、对经济增长的贡献超过七成，在北京市经济发展格局中具有举足轻重的地位。自疫情以来，除医药产业短暂爆发式增长外，主导产业增速呈整体下滑态势，部分行业甚至出现负增长。重点行业世界城市排名也出现下降趋势，2022 年 9 月 22 日发布的第 32 期全球金融中心指数报告（GFCI 32）显示，北京位列第 8，相比 GFCI 29 下降了 2 名（见图 2-1）。

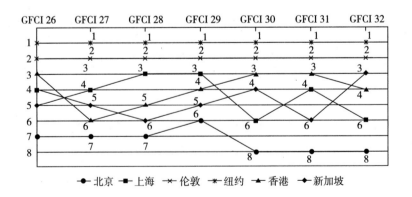

图 2-1　北京在 GFCI 26 至 GFCI 32 中的排名变化

二、世界一流企业亟待培育

企业是社会主义市场经济的微观基础，是经济的力量载体。全面建设社会主义现代化国家，必须有一批能够体现国家实力和国际竞争力、引领全球科技和行业产业发展的世界一流企业做支撑。得益于得天独厚的发展大国首都优势，北京成为全国头部企业最为集中的城市，拥有 54 家世界 500 强企业、约占全国的 1/2，拥有 98 家全国市值 500 强企业，约占全国的 1/5。但对标世界一流，北京企业仍然面临竞争力不强等诸多困境。

代表竞争力和话语权的专业服务竞争力不强。研发设计、管理咨询、会计、法律、广告、人力资源、供应链服务等专业服务业，通常是知识密集型产业，是引领产业向价值链高端攀升的关键环节，在国际贸易、国际规则中扮演重要角色，但相关领域鲜有北京市企业上榜。虽然北京市专业服务在全国具有较为明显的优势，但专业化和国际化水平不够[1]，这导致央企、本土企业境外上市等服务需求长期由外资提供。目前，我国"两张网""三桶油""四大行"审计报告[2]，企业境外上市 IPO[3] 基本由德勤、毕马威、普华永道、安永四大国际会计师事务所提供服务。

代表未来消费趋势和满足美好生活需要的领域竞争力不显。在世界 500 强榜单中，作为后工业化时代产业转型和结构调整的方向，与生命健康和生活相关的产业已经成为世界城市的重要支柱产业[4]。摩根士丹利的《消费 2030："服务"至上》报告预测，到 2030 年中国服务消费将超过商品消费，以"情感健康"和"自我实现"为目标的消费将日益突出。但北京在生命健康、情感陪伴、智能生活等领域企业竞争力不显，在一定程度上影响了消费升级和居民生活品质。

---

① 以会计为例，中国注册会计师协会公布的百大会计师事务所中，北京数量最多，占全国的 1/3（33 家）；但仍以服务本土市场为主，2020 年表现最为突出的信永中会计师事务所的境外收入仅占总收入的 2.14%，且以香港客户为主。

② 2020 年，中石油、中石化、中海油年报审计分别由毕马威华振、普华永道中天、德勤华永负责；工行、农行、中行、建行的年度审计分别由毕马威华振、普华永道中天、安永华明、安永华明负责。

③ 通过梳理 1997~2021 年赴美上市的 19 家信息技术服务企业、赴港上市的 10 家能源类企业、10 家金融领域企业、14 家机械工程企业发现，IPO 过程中服务提供者基本是国外的德勤、毕马威、普华永道中天、安永华明等，其中本土的仅有安同（香港）会计师事务所 1 家。

④ 500 强榜单中除了满足人民衣食住行等日常生活需求的百威英博、可口可乐、百事、雀巢、沃尔玛、家乐福、宝洁、联合利华、欧莱雅等公司外；也有满足精神层面需求的华特迪士尼、viacomCBS、Netflix 等休闲娱乐类公司。

三、发展仍然面临不均衡不充分问题

（一）重点群体促增收压力加大，"扩中、提低"成为重中之重

低收入群体增收能力弱。党的二十大报告把"增加低收入者收入"放在"扩大中等收入群体"前面，进一步突出了"提低"工作的重要性。从行业来看，低收入群体主要从事"快修保食洁"等简单劳动收入群体，即快递、维修、保安、餐饮、保洁等居民服务行业，以及居住在农村的农民，收入较低但刚性支出较大，生活较为拮据。疫情与经济下行交织，企业生产经营难度加大，吸纳就业能力下降，尤其是就业"蓄水池"的生活性服务业恢复缓慢，低收入群体增收承压。

农村居民就业稳定性较差、增收难度大。北京是典型的"大城市小农业""大京郊小城市"①，农村居民增收的途径不多，京郊资源还没有充分挖掘，农村基础设施和公共服务配套还有很多欠账。2021年，北京农村居民人均可支配收入33303元，位居全国第三。与全国、上海和浙江相比，北京市农民收入增速相对较低，比上海低5288元，差距主要在转移净收入；比浙江低1944元，差距主要在家庭经营净收入。家庭经营净收入本来是农村居民的长项和优势，但近年来下降明显，是四项收入中唯一的负增长项目，主要是由于农村人口老龄化、村庄空心化等导致生产经营活动减弱，农村巨大的集体资产和农民"沉睡"的财产暂未有效转化为农民的财产性收入和经营净收入，影响了农民收入的增长。

中等收入群体基础不够稳固，部分中等收入群体存在滑出风险。扩大中等收入群体规模意味着居民普遍收入水平提高、消费能力增强，对于改善收入分配、促进共同富裕具有重要意义。北京中等收入群体占比已接近七成，达到发达国家水平，橄榄型收入结构已基本形成。但中等收入群体质量仍有待提升，内部结构仍不甚稳固，呈现底部较大的金字塔型格局，刚刚跨过中等收入群体下限（10.2万~12.8万元）的人群约221.1万人，占常住人口的10.1%，占中等收入群体的14.7%。这部分人群增收基础薄弱、家庭负担相对较重、社会保障不够完善、抗风险能力不足，受外部冲击存在滑出风险②。相较而言，纽约大都市区中等收入

---

① 郊区面积较大，但城市功能仍然较弱。

② 数据显示，收入水平越低，抵抗外部风险能力越差。2020年，受疫情冲击，高收入组、中高收入组、中等收入组人均可支配收入分别同比增长4.75%、3.35%、2.19%，而中低收入组、低收入组分别下降2.26%、1.28%；高收入组与低收入组差距由2019年的5.4倍扩大到2020年的5.7倍。

群体内部呈现更为稳定的头部大、底部小的特征，3.0万~3.5万美元、3.5万~4.0万美元收入群体家庭仅占全部家庭的3.44%、2.92%。

（二）大学生就业压力空前，稳就业有基础也有挑战

在经济下行等多重因素叠加影响下，2022年毕业季16~24岁人口调查失业率节节攀升，大学生就业压力空前。具体到北京：一方面，毕业人数增加，但需求缩减，毕业生就业岗位减少。2022年北京地区高校毕业生达26.8万人，比2021年增加1.6万人；受疫情、国际形势和发展预期影响，留学生回国就业比例也不断提高。另一方面，经济下行压力增加且就业弹性持续减小，金融等行业岗位释放量减少。受疫情影响，交通运输、住宿餐饮业、居民服务业仍未恢复到疫情前水平，提供新增就业岗位困难较大。结构性矛盾也比较突出，高校人才培养与市场需求错位，毕业生就业预期与社会现实有落差。调研中多所高校就业服务老师反映，从用人单位招聘需求来看，理工科岗位较多，文科类、艺术类岗位较少。但在毕业生中文理科规模基本相当，且文科类毕业生略多。2021年，文科类毕业生12.6万人，理科类毕业生12.4万人，在本科和硕士研究生层面，文科类毕业生比理科类毕业生分别多0.9万人和0.3万人。

（三）"一老一小"等公共服务缺口较为明显

"双减""三孩"和人口老龄化程度加深等背景下，市民对教育、医疗、养老、托育等公共服务需求将更加迫切。与"双减"配套的增量措施还需加快跟进，学校作为教育主阵地的作用仍需强化，校园服务对学生回归校园的吸引力不强亟待解决。托育服务缺口大与质量不高并存的问题更加突出，千人托位数仅为1.22个，远低于"十四五"目标（4.50个），纯商业全日托托育机构平均收费（含餐费）远高于幼儿园收费。养老设施总量缺口大与存量资源利用率低并存的问题仍然没有得到很好解决，北京市养老机构总入住率仅为51.9%，入住率总体上呈现出中心高、外围低的趋势。社会公共服务供给机制尚不完善、管理效能有待提升，政府投资公共服务设施项目规划用地、功能设计单一，在功能集成、复合设置、共建共享等方面的不足仍待破题。

四、国际一流和谐宜居之都建设任重道远

人与自然和谐共生也是中国式现代化建设的重要特征。虽然近年来北京生态环境和宜居水平明显提升，但对标建设国际一流和谐宜居之都，北京还有很长的路要走。受自然条件和发展阶段所限，北京生态环境面临生态系统仍比较脆弱、

生态服务品质不高、污染物排放仍超出环境容量、资源能源节约集约利用水平较低、生态文明建设有待进一步加强等问题。PM2.5 浓度仍远高于东京、巴黎、伦敦、纽约等国际大都市，水污染和生态问题依然存在，能源刚性需求高、降碳难度大；通勤时间成本过高，中心城区居民平均通勤时耗 51 分钟，只有 52% 的人通勤时间在 45 分钟以内；住房难依然是影响市民幸福感的重要问题；城市治理的孤岛效应明显，多头治理显著，多元共治水平仍有待提高。

第四节　创新发展思路，保障首都现代化持续健康发展

总体来看，国内经济韧性强、潜力大、空间广的特点没有改变，经济长期向好的基本面没有改变，经过三年防疫实践，科学精准防控水平不断提高，抗风险能力明显增强，党的二十大释放高质量发展信号，在新时代发展蓝图指引下，全国与首都经济都必将行稳致远，稳中求进加快复苏仍是经济运行的主基调。面对困难挑战，只要清醒认识和准确把握国内外发展趋势，把现代化年度任务与中长期目标结合起来，把稳增长与疫情防控、构建新发展格局、落实"五子"联动结合起来，聚焦影响首都现代化的关键词，长短结合，分领域分类精准施策，推动首都现代化各项目标如期有序顺利实现。

一、积极谋划推动一批具有时代性、引领性、标杆性、示范性现代化项目在京落地

推进中国式现代化、率先实现现代化，要落实到实际行动上。北京要充分发挥国家部委、央企总部、科研院所集聚等有利条件，准确把握现代化内涵和实践要求，争取中国式现代化更多具有时代性、引领性、标杆性、示范性项目在京落地、相关政策制度在京先行先试，更好地推动习近平总书记思想在京华大地落地生根、开花结果，推动中国式现代化在京华大地形成生动实践，努力为兄弟省份现代化建设提供引领示范，为全面建成社会主义现代化国家做出首都应有贡献。

围绕提升全球治理能力谋划一批具有"中国风、国际范"的时代性项目，比如主导发起一批国际组织和国际联盟，集聚和培育一批能给行业下定义定标准

的世界一流企业。围绕推动首都高质量发展落地一批具有"首都范、区域性"的引领性项目，比如打造一批立足北京辐射京津冀面向全国全球的千亿级、万亿级产业集群，落地一批含金量高影响力大的改革举措。围绕满足居民美好生活需要推出一批具有"北京味、烟火气"的标杆性项目，比如拓展一批社区消费新场景，培育一批数字消费绿色消费新场景。围绕实现共同富裕探索一批具有"促公平、利长远"的示范性项目，比如加快建设一批高标准菜田农田，发展一批乡村精品民宿等。

二、聚焦稳增长稳就业等年度关键词，重点清单化突破

（一）以促消费为主要着力点稳定经济稳增长

紧抓新冠肺炎疫情防控措施稳步优化和复工复产有序放开的契机，以促消费为主要着力点，稳投资、保生产、畅流通、活市场，创新政策、狠抓落实，尽最大可能促进经济加快恢复。

补齐社区消费设施短板，完善消费基本依托。伴随发展阶段变化，叠加数字化、疫情等影响，居民生活工作社区化的需求日益增加，社区生活圈成为居民消费的基本依托，"小社区、大消费"成为扩大内需的蓝海领域。亟须以更新改造、补齐设施为抓手，以就地、就近提供多样化服务为主要方向，因社区制宜调整服务内容、方式，动态完善社区功能，释放就地就近即时消费潜力。建设集约化"一站式"邻里服务中心。综合考虑社区人口数量、人口密度、人口特征、家庭结构、地理位置等因素，科学研判社区各类消费需求特点，合理化配置社区商品和服务，吸引超市、便利店、餐饮、美容美发、洗染、维修、家政、休闲娱乐等品牌服务企业集聚发展，围绕居民的"柴米油盐酱醋茶"和"衣食住行闲"提供"一站式"服务。完善就近"一老一小"服务供给。鼓励北京康养集团、早教集团等专业化水平高的连锁服务机构，依据社区居民对养老、托幼、文化休闲娱乐等现实需求，充分赋能社区统筹整合社区卫生室、文化室、社会管理用房、养老驿站等各类空间资源，按照复合利用、预留弹性的原则进行更新改造，尽快填补"一老一小"等服务性消费缺口，释放服务消费新空间。优先选取核心区、回天、长阳等人口密集、养老托育服务需求量大的区域，先期启动试点建设。强化社区消费基本依托，激发社区消费潜力。

实施商圈更新改造工程，优化消费主体空间。商圈是北京市居民中高端消费的主体空间，也是吸引外来消费的重要载体。要以商圈更新改造为抓手，完善功能、提升品质，满足居民消费升级需求。打造 2~3 个千亿级商圈。系统提升华贸、国贸、北京 SKP 等商业综合体品质，完善商务、购物、美食、健身、社交、居住等多元化需求，打造 CBD 千亿级商圈。加快建设国际机场国际商务综合体，完善国际商务、会展、商业、旅游、流通等多业融合互动的消费生态，建设空港型国际消费"双枢纽"。实施一批商圈提质升级工程，将王府井、大栅栏、三里屯、朝外、望京、亚奥、双井、东二环、丽泽等商圈纳入城市更新计划，对建筑及内部设施进行低碳化、智能化升级改造，根据从业人员群体特征因地制宜增加咖啡厅、酒吧、亲子空间、艺术中心、健身场所，适当配套高级酒店、公寓等相关设施，打造有机、生态、融合的 3~5 分钟工作生活圈，满足"一键式"生活工作多元化需求。规划布局一批集多种功能于一体的商业综合体。在首钢地区、新机场地区、亦庄地区、副中心地区等中心城区以外区域布局一批具有购物、餐饮、娱乐、休闲等复合功能的商业综合体，培育新兴消费圈，与现有产业发展带互动、互补，持续连片壮大，完善市域商圈空间供给。聚焦农村消费短板加大投资力度，挖掘大京郊服务大城市消费潜力。

农村消费既是北京市消费的最大短板，也是扩大内需、促进消费升级的重要载体。要坚持大城市带动大京郊、大京郊服务大城市，以美丽乡村建设为抓手，下力气补齐相关设施短板，提升农村消费水平。补齐农村设施短板。实施一批打通乡村瓶颈道路工程、一批乡村安全饮用工程、一批山区电力增容工程、一批煤改电工程等，系统化改善交通、用水、用能等基础条件。根据实际需求，统筹、复合、弹性利用空间资源，综合设置幼儿园、学校、卫生服务中心、温馨家园、幸福晚年驿站、阅读驿站、休闲健身场所等农村公共服务设施。拓宽农村消费场景。抓好"米袋子""菜篮子""肉案子""果盘子"生产，推进适度规模化种植，努力提高超大城市农产品自给率和应急保障能力。支持农产品区域公用品牌建设，挖掘"平谷大桃""怀柔板栗"等地理标志农产品附加价值。加强农产品仓储保鲜和冷链物流设施建设，探索"互联网+田头市场+电商企业+城市终端配送"新模式。实施精品民宿提升工程，盘活利用闲置农宅，引入社会资本，围绕"民宿+"创新消费场景，加快农、体、旅融合，提升乡村旅游品质。

拓展数字消费新场景，引领消费新趋势。信息消费、数字消费等新型消费是引领北京市消费升级和扩大内需的关键力量。要充分发挥北京市科技、数字等要素优势，不断拓展新型应用场景，鼓励消费新业态新模式发展。促进线上线下消费融合发展。充分发挥首旅集团、王府井集团等头部企业带动作用，充分释放

CBD、西单等商圈，故宫、环球影城、古北水镇等核心吸引物的撬动效应，植入奥运、科技、国潮等新潮元素，将更多线下场景、文化与互联网融合，推出虚拟旅行、沉浸式演艺、剧本杀、密室逃脱等体验服务。在城市交通、医疗、商业、安全、重大体育赛事、文化活动等重点领域中加大开放应用场景，提升文化、体育、健康、养老等服务消费品质和规模。培育国货国际消费新亮点。把握国际消费市场转移趋势，顺应"国潮风"加快崛起态势，支持老字号立足文化传承开发新产品，注入具有时代气息的新元素，推动传统店铺向旗舰店、体验店、定制中心转型，推出更多具有中华文化特色、兼具"颜值"与"物超所值"的数字文化产品和品牌，培育自主品牌体系。拓展新型"宅经济"。顺应消费习惯变化趋势，满足居家体育健身、医疗健康、休闲娱乐等消费需求，丰富家庭智能家电、智能家具、教育培训等消费供给。紧抓冬奥效应黄金期，依托冬奥场馆和社会冰雪资源，积极发展冰雪经济，推动"冷资源"变身"热经济"。

聚焦局部政策堵点，适时释放房地产、汽车等需求潜力。适时以市场价格为基础调整普通住宅认定标准，释放刚性和改善性住房需求潜力。按照相关政策规定，享受优惠政策普通住房实际成交价应低于同区域享受优惠政策住房平均交易价格1.2倍以下。北京现行普通住宅标准在2014年后已经多年未作任何调整（2008年、2011年调整过两次），普宅标准已与目前的住宅市场价格明显脱节。建议综合考虑人口疏解、政策衔接、操作简便等因素，以市场实际成交价格为参照进行调整普通住宅认定价格标准，提高住房市场交易活跃度，带动装修、家具家电、智能家居用品等相关消费增长。积极促进汽车消费，将新能源汽车置换补贴政策继续延长，适度增加购车指标，拉动新能源汽车消费。

（二）积极应对大学生就业压力

拓宽大学生就业市场化渠道，发挥中小企业创造岗位数量多、成本低的优势，增强就业吸纳能力。打造大学生就业社区微场景，紧抓服务业增加就业弹性的着力点。完善大学生创业支持政策，引导更多创业孵化机构为大学生创业提供全方位服务，促进创业带动就业。做好就业信息供需对接，推进公共就业服务、市场就业服务、专业志愿服务进校园，探索"直播带岗"新模式，促进人岗精准匹配。做好急需人才、政策性岗位、灵活就业三类群体的政策优化。鼓励各区为吸引重点发展领域急缺人才提供生活补贴、从业补贴、人才公寓、创投资助等优惠政策。完善政策性岗位招聘流程，合理简化人社局事业单位综合管理系统招聘审核流程，推出机关事业单位招聘公告基础模板。探索完善灵活就业制度，研究推进灵活就业人员参加住房公积金制度试点。建立高校人才培养与市场需求联动机制，完善高校专业调整与人才培养机制，开展多主体联合育人，建立以创新创业为导向的新型人才培养模式，提高毕业生就业创业能力。推动职业教育高质量发展，促进职业教育与普通教育协调发展，缓解就业结构性矛盾。

保障性租赁住房是超大城市确保人民住有所居的重要路径，是满足高校毕业生等城市特定人群住房需求和保持城市活力的重要路径。需因地制宜、多种方式筹集建设住宅型、宿舍型、公寓型不同类型、满足不同需求的保障性租赁住房。发挥集体土地成本优势，建设面向城市运行服务保障群体的宿舍型、中低端租赁住房；结合高校毕业生需求增加公寓式租赁住房供给，在重点产业园区等毕业生就业集中区和大学城等高校集中区域，通过新建或改建增加中低价位、小户型的公寓式租赁住房。

（三）加大"一老一小"有效服务供给

面对"一老一小"服务消费快速增长需求，要着力深化供给侧结构性改革，破解深层次矛盾，正确处理政府与市场关系，发挥政府保基本、促普惠、育市场、树品牌的主导作用，坚持多元化、便利化、精准化、品质化发展，充分激发市场活力，扩大有效供给，提升"一老一小"服务能力。降低普惠服务的用地、设施、运营等成本，合理确定不同层次普惠服务标准和价格，避免"一刀切"的普惠政策，着力促进普惠养老托育服务提质扩容。聚焦补短板，完善社区"一老一小"服务设施，聚焦提升功能，提高服务专业化水平，打造便利的"一老一小"服务消费场景。打通政策堵点，盘活存量资源，加强投融资支持，稳定养老托育服务人才队伍，拓展养老托育服务发展空间。推动规模化、连锁化、品牌化发展，培育一批管理规范、服务专业的养老托育行业龙头企业，打造有影响力的"一老一小"服务北京品牌。

三、系统谋划，分领域推进首都现代化各项工作

一是以增强持续发展动力为导向，锻造经济现代化发展长板。充分发挥好首都资源要素优势，打造经济高质量发展的北京样板，为全国提供引领示范。用足用好"两区""三平台""北交所"等政策叠加优势，用好"三城一区"等平台，围绕科技创新、数字经济等领域，抢占新赛道，做好基础研究和技术储备，掌握产业链核心环节，提升产业基础能力和产业链现代化等水平，打造经济高质量发展的北京样板。

二是以增强治理能力为导向，提升治理现代化水平。看首都首先从政治上看，推进首都治理现代化，既是国家治理体系和治理能力现代化的重要内容，也是首都率先基本实现社会主义现代化行稳致远的重要保障。要从为党中央"站好岗、放好哨"的责任担当出发，不断提升首都治理能力和治理体系现代化水平，服务保障好首都功能提升。在坚持首都意识和首善标准做好安全稳定工作上实现突破，以网络和先进技术为突破，推动治理和服务重心向基层下移。

三是以强化价值观引领、挖掘文化内涵、增强文化体验为导向，全面提升文化现代化水平。充分挖掘首都文化内涵，不断彰显中华民族优秀传统文化的影响力。立足建设伟大社会主义祖国的首都、迈向中华民族伟大复兴的大国首都和国际一流和谐宜居之都，立足"四个文化"基本格局，切实增强传承中华优秀传统文化、弘扬革命文化、繁荣社会主义先进文化的历史担当，努力成为社会主义先进文化的传播者、凝聚全球亚洲文明的集结者、推动人类文明发展的贡献者。

四是以构建"四化四多"公共服务发展格局为导向，从根本上缓解优质服务的供需矛盾，全面提升社会现代化水平。立足以人民为中心思想，围绕首善之区"七有"需求和"五性"要求，通过现代化的公共服务供给，更好地满足人民生存和发展的需要，更好地促进人与人、人与社会之间的和谐共生。同时，要关注收入分配关系，做好低收入户脱低工作，扩大中等收入群体，缩小收入分配差距，降低基尼系数和人民群众住房、子女教育等负担。

五是以生态环境质量的根本改善为导向，全面推进生态文明建设。坚定践行习近平生态文明思想，促进生态环境保护和经济发展相统一，推动北京市生态文明建设实现"四个转变"，即推动污染防治向更加精细精准管控转变；推动植树造林向生态系统修复转变；推动治理耕地撂荒向提高耕地质量转变；推动降碳由企业参与为主向全民参与转变，助力率先基本实现人与自然和谐共生的中国式现代化。

六是以建设国际一流和谐宜居之都为目标，全面提升城市现代化水平。推进高质量基础设施建设，不断优化城市空间结构，促进资源要素在区域内优化配置，推动城市深刻转型，提升城市品质。以保证城市安全发展为底线，全方位推进现代化韧性城市建设。

七是以提高生活质量为导向，扎实推进人的全面发展。加快配套支持政策，着力探索提升居民生活质量的路径和举措，打造幸福生活家园。通过创造就业、增加收入、畅通渠道，打造创新共享的新型工作圈。

四、不断丰富首都现代化内涵

深入研究联合国、世行、OECD 等权威机构评价体系中的重点指标和新指标，如成人肥胖比例、睡眠不足人口比例、成人自我感觉健康良好比例、与儿童平均沟通时间、平均日通勤时间、工作压力程度、长时间工作员工比例、住房成套率、无线网络基站覆盖率、城市综合管廊长度、生物多样性保护陆地面积占比、农业生态价值、国际净移民比例、外国留学生比例等，与时俱进，不断充实完善首都现代化评价体系。同时，深入研究西方城市在现代化进程中走过的"弯路"和留下的"后遗症"，吸取西方教训，避免现代化陷阱，通过政策及时引导，稳步推进首都现代化发展。

执 笔 人：刘作丽　刘紫星　于晓静　高　瞻　刘　烨　马晓春　雷来国
吕天泽

专题研究

第三章 以高质量发展引领
首都经济现代化

经济现代化，是从物质层面以及经济增长和经济发展的角度所考察的现代化过程，是社会主义现代化的重要组成部分，也是首都现代化的最基础、最根本、最关键驱动力。党的二十大报告提出新时代的中心任务是全面建成社会主义现代化强国、实现第二个百年奋斗目标，以中国式现代化全面推进中华民族伟大复兴；提出到 2035 年基本实现社会主义现代化，其中经济维度要实现经济实力大幅跃升、人均国内生产总值迈上新的大台阶、建成现代化经济体系、居民人均可支配收入再上新台阶等目标。北京作为国家首都和超大城市，在全国率先全面建成了小康社会，经济现代化建设的很多方面已走在全国前列。2021 年北京人均 GDP 超过 2.8 万美元，继续居各省份首位，人均可支配收入为 7.5 万元，继续居全国各省份第二位，具备率先实现经济现代化的基础和条件。

近年来，国内外形势出现很多新变化，经济现代化进程中的不稳定性不确定性大幅增加。百年变局和世纪疫情相互交织，经济全球化遭遇逆流，世界进入新的动荡变革期，外部环境更趋复杂严峻和不确定；我国经济仍处在突发疫情等严重冲击后的恢复发展过程中，防疫政策的平稳转段为经济发展营造了良好环境，但经济发展仍面临需求收缩、供给冲击、预期转弱三重压力，保持经济平稳运行难度加大；北京经济面临外部环境复杂严峻、减量发展深入推进等多重压力，经济恢复和增长的不确定性和经济下行压力依然较大。展望未来，首都经济现代化建设仍面临前所未有的挑战。

第一节　中国式现代化背景下的首都经济现代化发展

在实现第一个百年奋斗目标进程中，北京率先全面建成小康社会，经济现代化建设取得积极成效。自 2013 年以来历时 8 年 GDP 跨越两个万亿元台阶，2021年突破 4 万亿元，人均 GDP 在 2017 年突破 2 万美元，2021 年超过 2.8 万美元，在全国各省份中继续领跑。进入新时代，在第二个百年目标引领下，党的二十大擘画了以中国式现代化全面推进中华民族伟大复兴的宏伟蓝图，经济现代化建设也进入新航程。作为国家首都和超大城市，首都经济现代化建设更需加快向高质量、高效率、高水平转型，加快建设具有首都特点的现代化经济体系，形成高端引领、创新驱动、绿色低碳的产业发展模式，使经济发展更好服务于首都城市战略定位。

一、深刻理解中国式现代化理论的精髓要义，丰富首都经济现代化的内涵

党的二十大报告阐明了中国式现代化的丰富内涵和本质要求，创造性地丰富和发展了现代化理论。中国式现代化是不同于西方发达国家所走的现代化道路，是体现中国国情和进入新时代后中国特色社会主义发展要求的现代化道路。从经济维度来看，中国式现代化理论不断丰富了首都经济现代化内涵，明晰了首都经济现代化的发展方向，为首都经济现代化提供了价值取向。

（一）高质量发展是首都经济现代化的首要任务

要实现中国式现代化、实现中华民族伟大复兴的中国梦，必须坚持以经济建设为中心，这是自党的十一届三中全会以来明确而又一贯的战略思想。因此，保持经济发展是推动首都现代化的最基础、最根本、最关键驱动力，是实现其他维度现代化的前提和基础。在迈向中国式现代化的征途中，党的二十大报告把高质量发展放在了重要位置，提出"高质量发展是全面建设社会主义现代化国家的首要任务"。高质量发展是对我国经济发展阶段变化和现在所处形势做出的重大判断，也为今后北京经济发展指明了方向。因此，首都经济现代化建设要遵循高质量发展的要求，必须把发展质量问题摆在更为突出的位置，着力提升发展质量和效益。

首都经济高质量发展不仅表现为经济总量上的持续稳健增长，而且表现为质量的持续提高。因此可以分为两个内涵。一是坚持发展，保持量的合理增长，持续做大经济"总蛋糕"是经济高质量发展的基石，首都正处于新旧动能转换的关键时期，保持经济体量稳定扩张，才能为产业升级转型提供稳定的经济大盘支撑。要依托"四个中心"功能建设，把握"五子"联动发展机遇，坚持"五子"联动融入新发展格局，通过集中力量推进国际科技创新中心建设、加快"两区"建设、发展数字经济、以供给侧结构性改革引领和创造新需求、促进京津冀协同发展等，来支撑首都经济发展。二是坚持高质量，实现质的有效提升，要使首都经济从总量扩张向质量第一、结构优化、效率提升、创新驱动转变，实现全要素生产率不断提高，加快推动经济发展质量变革、效率变革和动力变革。结构优化是首都经济高质量发展的核心，要保持制造业一定比重并稳步提升，推动先进制造业和现代服务业深度融合，坚持智能制造、高端制造发展方向。效率提升是经济高质量发展的关键，要以最少的要素投入获得最大的产出，实现资源配置优化，提高投入产出效率高，降低单位 GDP 能耗，实现绿色、低碳发展。创新驱动是经济高质量发展的动力，要顺应数字化、智能化趋势，依托"两区"建设，坚持高端、绿色、智能导向，加大创新投入力度，以科技创新驱动高质量发展。

（二）融入新发展格局是推进首都经济现代化建设的必由之路

党的十九届五中全会提出，要加快构建以国内大循环为主体、国内国际双循环相互促进的新发展格局，党的二十大报告再次强调要加快构建双循环新发展格局。构建新发展格局是实现中国式现代化的路径选择，也是把握未来主动权的"先手棋"。在迈向第二个百年奋斗目标的新征程中，北京要展现出大国首都的风范和应有的担当，主动服务和融入新发展格局。

融入新发展格局是推动首都经济现代化建设的内生动力，一是依托超大规模的首都市场优势，畅通流通体系，用好国内大循环，可为首都经济现代化增添动力；二是通过提升产品供给、服务供给对京内需求的适配性，也可以形成需求牵引供给、供给创造需求的更高水平动态平衡，产生首都经济现代化的内生动力。融入新发展格局，要紧扣新时期首都发展重点任务，最大限度调动一切积极因素，推动高端要素资源集中集聚，切实把北京人才、科技等要素优势转化为积极服务并深度融入新发展格局的发展优势，以科学技术创新催生新发展动能，尽快突破关键核心技术，着力在科学技术创新和产业瓶颈突破方面取得更大成效，精准助力国家新发展格局构建。

（三）稳步促进共同富裕是首都经济现代化的必然要求

共同富裕是社会主义的本质要求，是中国式现代化的重要特征。北京作为首都，要带头在经济现代化建设中促进共同富裕，努力探索一条具有首都特点的共同富裕路子，更好地满足人民群众对美好生活的需要。北京率先全面建成小康社会不仅为实现共同富裕奠定了坚实的基础，也为实现共同富裕的战略目标提供了丰富的可借鉴的实践经验。但同时要认识到实现首都共同富裕是一项长期艰巨的历史重任，要遵循规律、稳扎稳打，循序渐进向共同富裕目标迈进。

在建设首都经济现代化新航程中，必须把促进共同富裕摆在更加重要的位置，脚踏实地、久久为功，向着这个目标更加积极有为地努力。不能片面地认为共同富裕需要经济"蛋糕"足够大时才能推动；不能错误地认为发展过程中的两极分化是必然的合理的；也不能模糊地认为共同富裕是整齐划一的平均富裕。因此，要廓清和丰富共同富裕的内涵，共同富裕是全体人民共同富裕，是人民群众物质生活和精神生活都富裕，不是少数人的富裕，也不是整齐划一的平均主义。这就要求首都要通过"扩中""提低"推动率先基本形成以中等收入群体为主体的橄榄型收入结构；要分目标、分阶段促进共同富裕，力争到 2035 年首都共同富裕取得明显的实质性进展；要正确处理效率和公平的关系，在继续"做大蛋糕"基础上更重视"分好蛋糕"，建立健全"先富带后富"机制；要注重解决、不断缩小地区差距、城乡差距、收入差距等问题，使发展成果更多、更公平惠及全体人民。

二、深刻把握中国式现代化的鲜明特征和本质要求，推动首都经济现代化建设加速转型

新征程中，必须深刻把握中国式现代化的鲜明特征和本质要求。从经济维度来看，中国式现代化就是要围绕满足人民群众日益增长的美好生活需要，解决发展不平衡不充分的问题，夯实社会主义现代化强国物质基础。从国家首都来看，经过多年的经济高速发展，北京已经初步迈入经济现代化水平，经济总量、人均GDP、人均可支配收入等关键指标已达到中等发达经济体水平。但北京经济现代化还远未实现，经济发展不平衡不充分的问题依然比较突出。在中国式现代化目标引领下，北京要认清自己比全国和大多数省份已更早地走过高速增长时代的现实，推动首都经济现代化建设加速向高质量、高效率转型。

（一）推动首都经济现代化加速向高质量发展转型

作为全国第一个减量发展的超大城市，北京率全国之先，主动"瘦身健体"，以减量"减法"换来高质量"加法"。在中国式现代化目标引领下，高质量发展仍将是"十四五"乃至更长时期北京经济发展的主题，这就要求进一步完善现代化产业体系、进一步推动城乡融合发展，通过"固优势、夯基础、补短板"加速推动北京经济高质量发展。

构建现代化产业体系是推动首都经济高质量发展的必然要求，也是在减量发展背景下重塑首都产业新优势的迫切需要。一要固优势，发挥国家科技创新中心的最大作用，用好以企业为主体、市场为导向、产学研深度融合的科技创新体系，加快推进科技自立自强，攻坚"卡脖子"难题，使科技创新成为提升产业持续发展的根本动力。二要夯基础，以制造业为代表的实体经济是强国之基、兴国之器，从国内外发展的经验来看，没有强大的制造业，就没有强盛的国家和民族，北京要把制造业高质量发展作为构建现代化产业体系的关键环节，做实做优做强制造业，尤其是高端制造业，助力国家夯实实体经济之基。三要补短板，重点关注产业结构优化与经济效率提升，在中高端消费、绿色低碳、咨询服务等方面培育新增长点，全面提高资源配置效率。

推动城乡融合发展既是新时代首都经济现代化的重要推动力，又是决定首都经济现代化建设成败的关键。农业农村现代化是经济现代化的重要组成部分，要加速推进乡村振兴战略，促进城镇和乡村共生共荣、各尽其美，让城乡群众共享现代化的美好生活。

（二）推动首都经济现代化加速向高效率发展转型

党的二十大报告提出中国式现代化是人口规模巨大的现代化、是实现全体人民共同富裕的现代化。如此巨大规模的人口整体迈入现代化、实现共同富裕，是优势也是压力。人口规模巨大，意味着市场规模巨大和人力资源规模巨大，但同时不可避免面临地区差距、城乡差距和收入差距等问题，因此提升经济现代化发展效率，促进经济发展更加平衡、协调、可持续至关重要。

为助力中国式现代化早日实现，提升经济效率对首都经济现代化建设具有重要意义。较高的效率意味着赶超和引领，在国际竞争中，效率越高就越有话语权去讨论和决定自己获得的收益，效率较低则只能被动接受。作为国家首都，北京是人才、科技等资源重要集聚区域，在中国式现代化目标引领下，理应在效率上做更多的尝试和突破。一是向科技创新要经济效率。科技对经济发展的最大作用就在于它能够提高资源的利用效率。要牢固树立"科学技术是第一生产力"的观念，着力引导和推动企业发挥科技创新的主体作用，充分利用市场机制大力优化科技资源配置。要树立"人才是创新之本"的观念，完善人才评价、使用、流动的体制机制，充分发挥人力资本在技术创新过程中的核心要素禀赋作用。二是向市场规律要经济效率。面对经济效率提升的需要，市场本身的能力依然较弱，而政府对市场的过多干预，也影响了资源的优化配置和经济效率的释放。因此，要进一步推进生产要素市场化，建立统一开放、竞争有序的市场体系，加快形成企业自主经营、公平竞争，消费者自由选择、自主消费，商品和要素自由流动、平等交换的现代市场体系，不断提高经济效率。三是向深化改革开放要经济效率。要勇于革弊鼎新，革除那些制约发展的规章制度，调整那些比较效益低下、发展方式粗放的产能，瞄准先进技术、高端产业发力。要善于兼收并蓄，坚持对内对外开放，吸引资金、技术、人才等资源要素高效集聚。要深入优化营商环境，通过下放权限、降低门槛、放宽准入，让各类市场主体在更充分的竞争中释放活力、在更广泛的合作中增强动力。

第二节　2021 年首都经济现代化年度评价

2021 年是党和国家历史上具有里程碑意义的一年，是全面建设社会主义现代化国家新征程开局之年。北京坚持稳中求进工作总基调，全面贯彻新发展理念，坚持以首都发展为统领，统筹推进疫情防控和经济社会发展，狠抓"五子"联动、协同推进，经济总体稳步恢复，发展质量继续提升，较好地完成了年度目标任务，实现了"十四五"良好开局，迈出了现代化新征程的坚实一步。

一、支撑首都经济现代化的主要指标增长快、效益好

全面建设社会主义现代化国家新征程开局之年，北京认真贯彻落实高质量发展这一根本要求和首要任务，把实施扩大内需战略同深化供给侧结构性改革有机结合起来，激活科技第一生产力、用好人才第一资源、强化创新第一动力，围绕构建首都现代化经济体系强化质量变革、效率变革、动力变革，多项指标呈现增长好、效益好的特征。

从国内来看，领先优势明显。经济总量迈上新台阶，2021 年北京市地区生产总值突破 4 万亿元，同比增长 8.5%。经济结构和质量持续优化提升，人均 GDP 约 2.85 万美元，以美元计同比增长 16.7%；全员劳动生产率约 34.7 万元/人，两项指标都保持全国第一。带动人民增收、企业增利、财政增长成效显著，居民人均可支配收入 1.16 万美元，实际增长 8.0%；规模以上工业企业利润总额 3665 亿元，同比增长 118.6%；地方财政收入接近 6000 亿元，同比增长 8.1%（见表 3-1）。

表 3-1　2021 年首都经济现代化指标情况

维度	指标	2021 年	2035 年目标值
效率提升	人均 GDP（万美元）	2.85	5.00
	全员劳动生产率（万元/人）	34.7	55.0
创新引领	全球百强创新企业（个）	1	5
居民增收	居民人均可支配收入（万美元）	1.16	2.50
企业增利	规模以上工业企业利润增长（%）	118.6	平稳增长
财政增长	一般公共预算收入年均增长（%）	8.1	与 GDP 增长同步

注：全球百强创新企业数据来源于 Clarivate 2022 年全球百强创新企业榜单。

从全球来看，国际影响力明显提升。从人口和经济体量来看，北京相当于一个中等规模甚至是大国的体量；从人均 GDP 来看，北京人均 GDP 分别于 2009 年、2017 年跨过 1 万美元和 2 万美元大关，2021 年达到 2.85 万美元，预计到 2025 年有望超过 3.5 万美元、接近 4 万美元；目前人均 GDP 约为世界银行划分的高收入国家门槛线的近 2 倍；北京是全球唯一的"双奥之城"；2022 年全球城市实力指数（GPCI），北京排名第 17 位，相对 2019 年上升 7 位（见表 3-2）；连续 10 年位居跨国公司 500 强企业城市榜首；世界知识产权组织发布的全球创新指数科技集群排名全球第 3 位；GFCI 发布的全球金融中心指数排名第 8 位；研发投入强度 6.53%，高于上海、东京等全球城市。

表 3-2　2019 年和 2022 年北京在全球城市相关排名变化情况

全球城市评价名称	2022 年北京排名	与 2019 年相比变动情况
全球城市实力指数	17	+7
全球城市综合排名	6	+3

全球城市评价名称	2022 年北京排名	与 2019 年相比变动情况
全球城市 500 强	13	+1
全球创新城市指数	19	+7

虽然北京凭借持续稳定的增长，与全球城市的差距不断缩小，但需要客观正视仍然存在的比较大的差距。北京市 GDP 仅相当于纽约都市区的约三成、洛杉矶都市区的不到六成、巴黎大区的不到七成、上海市的约九成；北京中心城区 GDP 也仅相当于东京都和大伦敦的不到四成。

二、重点行业支撑出现分化，以疫苗生产为主的医药制造成为 2021 年首都经济现代化关键词

2021 年，工业、金融业、信息软件和信息技术服务业三大行业贡献了北京市 69.3%的经济增量，是当之无愧的支柱产业。但通过数据发现，重点行业呈现分化趋势，相对于工业、金融业，信息服务业一直表现稳定，占 GDP 比重稳步提升（见表 3-3）。工业在疫苗等防疫物资的快速规模化生产带动下，呈现十多年来少有的快速发展态势，全年规模以上工业增加值同比增长 31.0%（可比价），高于上海 20.0 个百分点，高于全国 21.4 个百分点。医药制造业成为 2021 年北京表现最为亮眼的行业，增加值增势迅猛，同比增长 252.1%；发展效益也十分突出，规模以上企业营业收入 3676.3 亿元，同比增长 173.2%，实现利润 2140.6 亿元，同比增长 939.1%。金融业对北京市经济发展贡献突出，近年来一直是首都经济的第一大支柱产业，但受货币市场利润空间收窄影响，增长呈现乏力态势，2021 年，金融业实现增加值 7603.7 亿元，同比增长 4.5%，占 GDP 比重 18.9%，增速、占比及对 GDP 贡献与 2020 年相比均有所下降。

表 3-3　2021 年北京主要行业增速及对 GDP 贡献　　单位：亿元,%

主要行业	增加值	增速	对 GDP 的贡献率
地区生产总值	40269.6	8.5	——
工业	5692.5	31.0	35.4
建筑业	1619.7	0.8	1.9
批发和零售业	3150.6	8.4	——

续表

主要行业	增加值	增速	对GDP的贡献率
信息传输、软件和信息技术服务业	6535.3	11.0	23.9
金融业	7603.7	4.5	10.0
房地产业	2605.5	4.6	−0.9
租赁和商务服务业	2435.3	3.4	5.7

但进入2022年后，疫苗高基数及减量降价，加之汽车供应链不畅及品牌竞争力下滑、电子产品需求放缓及供应链受阻等因素影响，工业下行压力明显加大，工业增加值出现前所未有的远超预期的两位数降幅，规模和利润均出现较大下滑，1~10月北京市规模以上工业增加值同比下降17.0%，规模以上工业企业利润近乎腰斩，高技术制造业企业利润更是下降64.0%。

2021年北京市经济中高速增长的背后，是我们抓住了疫苗产业的历史性机会，而2022年出现的超预期影响，在很大程度上是由于我们缺乏能力储备而错过了全国新能源汽车井喷式增长的大好时机；本该快速发展的汽车产业，出现了产量产值双下降。百年变局叠加世纪疫情，"三重压力"叠加超预期因素，周期性叠加结构性矛盾，发展不平衡不充分问题凸显，给首都发展增加了诸多不稳定性和不确定性。透过现象看本质，从短期波动中探究长期趋势，准确把握首都发展的规律，才能储备足够的"常量"以应对各种"变量"带来的影响，才能保障首都现代化的稳健持续。在现代化建设的新征程中，为了能够更从容自如地应对疫情等变量影响，要坚持以新时代首都发展为统领，坚持"五子"联动服务和融入新发展格局，充分释放科技、人才等"常量"潜力，修炼内功、落子布局，不断提升能力储备，努力将优势转化成现实生产力。

三、两个同步水平优于世界城市同期发展水平，但绝对差距依然较大

中国式现代化的目标涵盖经济、政治、文化、社会、生态等多个领域，但其中最为核心的指标有两个，人均GDP和居民人均收入。两个同步①是自"十二五"以来一直坚持的政策导向，总体来看，北京两个同步实现情况良好，但近两年受新冠肺炎疫情等因素影响，保持两个同步面临较大压力（见图3-1）。

---

① 即居民收入增长与经济增长基本同步，劳动报酬提高与劳动生产率提高基本同步。

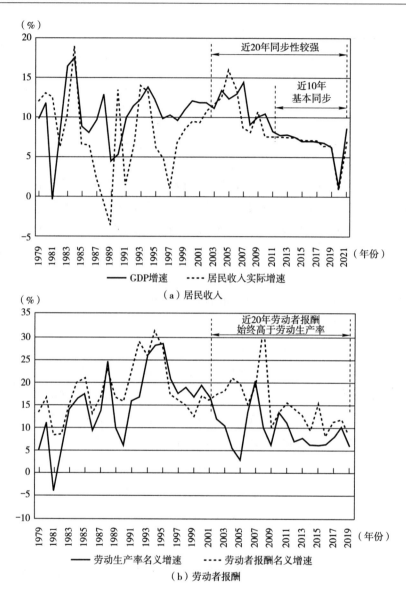

图 3-1　北京市两个同步情况

从居民收入增长与经济增长同步来看，北京市经历了自改革开放以来的波动变化，"十二五"以来已基本趋于一致，居民收入实际增速与 GDP 增速始终保持在±0.60 个百分点以内。但收入平均增速略低于 GDP 增速约 0.41 个百分点，实现基本同步。但横向比较来看，北京居民收入增长与经济增长之间的差距仍大于全国和上海（全国居民收入增长高于 GDP 增长 0.20 个百分点、上海居民收入增长低于 GDP 增长 0.30 个百分点），继续提高北京居民收入增长与经济增长同步水平仍有潜力可挖。从劳动报酬提高与劳动生产率提高同步来看，劳动者报酬提高大多数年份领先于劳动生产率提高，"十二五"以来平均增速分别为 11.4% 和 7.4%，前者领先 4.0 个百分点。

但选取巴黎、东京两个世界城市与北京相近发展阶段（北京 2021 年人均 GDP 约 2.9 万美元，2035 年有望超过 3.5 万美元，因此选取巴黎人均 GDP 在 2.6 万~4.0 万美元的时期、东京人均 GDP 在 2.1 万~3.4 万美元的时期）对比发现，居民收入增速也始终低于经济增速，且差距在 1 个百分点以上，明显大于北京，这也充分体现了中国式现代化是全体人民共同富裕现代化的显著特征。但也要清醒地认识到，在主要指标上北京与世界城市尚有较大差距，北京仍处于低水平同步时期，当前北京市人均 GDP 仅为纽约[1]的 30%、伦敦[2]的 40%、巴黎[3]的 41%、东京[4]的 62%，劳动生产率仅为纽约的 27%、伦敦的 46%、巴黎的 31%、东京的 44%，人均收入仅为纽约的 14%、伦敦的 30%、巴黎的 41%、东京的 35%。而居民收入占 GDP 比重也明显低于国内其他发达地区，2021 年北京居民人均可支配收入占 GDP 比重为 40.76%，分别低于上海、浙江、广东 4.14 个、10.14 个、5.02 个百分点，与纽约、东京 70% 以上的水平差距更大。以上数据均体现出北京在经济现代化核心指标上追赶世界先进水平还有相当长的一段路要走（见表 3-4）。

表 3-4 北京市与四大世界城市主要指标对比

指标	北京	纽约	伦敦	巴黎	东京
GDP（亿美元）	6240.00（2021 年）	18093.00（2020 年）	6437.00（2019 年）	8497.00（2019 年）	17075.00（2018 年）
人均 GDP（万美元）	2.85（2021 年）	9.46（2020 年）	7.21（2019 年）	6.94（2019 年）	4.63（2018 年）
劳动生产率（万美元/人）	4.13（2020 年）	15.30（2020 年）	8.97（2019 年）	13.12（2019 年）	9.33（2017 年）
人均收入（万美元）	1.16（2021 年）	8.20（2020 年）	3.88（2019 年）	2.82（2019 年）	3.36（2018 年）

资料来源：美国经济分析局、英国国家统计局、法国国家统计局、东京都统计局、东京都生产劳动局，美元按各国当年平均汇率初步折算。

---

① 纽约：纽约大都市区范围，即纽约—纽瓦克—泽西大都市统计区。
② 伦敦：大伦敦地区范围，即伦敦城和外伦敦地区。
③ 巴黎：巴黎大区范围，即巴黎在内的 8 个省和 1280 个城镇。
④ 东京："1+3" 都市圈范围，即东京都、崎玉县、千叶县、神奈川县。

第三节 首都经济现代化建设过程中存在的主要问题

2022 年新冠肺炎疫情进入了第三个年头，百年变局叠加世纪疫情，"三重压力"叠加超预期因素，周期性叠加结构性矛盾，发展不平衡不充分问题凸显，经济运行的底层逻辑深刻变化。疫情以来北京经济恢复不及预期，经历了自改革开放以来 3 个历史低点（1981 年为 -0.5%、2020 年为 1.2%、2022 年为 2% 左右）中的 2 个。这一结果表象上是疫情和外部环境变化影响，但深层次来看是三重压力倒逼下，传统动能减弱后新动能接续不足这一核心症结的充分暴露，一些长期积累的发展不平衡不充分问题加速由"隐"到"显"。

一、主导产业全面放缓，发展动能亟待重塑

多年来，电子、汽车、医药三大高端制造业和金融、信息、科技三大现代服务业占 GDP 比重超过一半、对经济增长的贡献超过七成，在北京市经济发展格局中具有举足轻重的地位。自疫情以来，除医药产业短暂爆发式增长外，主导产业增速呈整体下滑态势，部分行业甚至出现负增长。

（一）实体经济下行压力加大，后续动力不足

党的二十大报告明确提出，要坚持把发展经济的着力点放在实体经济上，但受疫情反复、需求不足等超预期因素影响，北京以工业为代表的实体经济下行压力增大。一是受全球消费电子市场低迷、芯片订单"速冻急停"等影响，电子产业进入增长平台期，电子信息制造业增加值同比增长由疫情以来的最高点 48.3%（2021 年 1~2 月）下滑至目前的低点 5.7%（2022 年 1~11 月），5G、人工智能、物联网、云计算、智能汽车等新兴领域的拉动，以及设备国产替代带动效益递减。二是在全国新能源汽车产业蓬勃发展的大背景下，汽车产业错失发展先机，北汽新能源与第一阵营的差距不断拉大，市场份额由 2013~2017 年的连续排名第 1（23%）下滑至被挤出前 20（不足 1%）；造车新势力后续虽然值得期待，但展现真正实力尚需时间验证和现实考验。三是在疫苗带动下医药制造经历了爆发式增长，但可持续动力尚需培育，增加值、企业营收、利润都已出现大幅下滑（2022 年 1~10 月，分别为 -58.1%、-55.8%、-82.7%），未来需要聚焦居

民大健康等需求，深入挖潜潜力。

（二）优势服务业整体下滑，"北京服务"品牌竞争力提升面临挑战

服务业自 2014 年占 GDP 比重超过 80% 以来，始终发挥着北京市经济"稳定器"的重要作用。自疫情以来，金融、信息、科技等优势产业营收增速逐步放缓，由两位数降至个位数，金融甚至出现负增长，住宿餐饮、文体娱乐、旅游会展等接触性服务业也远未恢复至疫情前水平。一是金融业出现收入利润"双下降"，面临实体经济下行压力传导，银行业存贷息差不断缩小，证券交易市场成交量持续低迷，银行、保险等传统业务明显放缓，2022 年 1~10 月北京市规模以上金融企业营收同比下降 4.7%、利润同比下降 17.9%。二是信息服务业增加值和收入增速由多年保持两位数以上增长降至个位数，前三季度增加值同比增长 8.6%，1~10 月规模以上企业营收同比增长 8.9%，平台企业发展面临流量见顶、市场融资、新规适应、国际打压等多重压力。三是科技服务业整体走弱，企业研发投入呈现疲弱态势，工程技术服务等专业技术服务受疫情和地缘政治影响较大，技术交易额占全国比重逐年下滑，且在北京及京津冀地区转化占比下降，技术交易额本地占比由 2016 年的 34.6% 快速下降至 2021 年的 18.8%，需引起高度关注。

二、内需恢复不均衡，投资强、消费弱，服务消费潜力亟须释放

（一）投资支撑作用凸显，但亟须拓展新空间

北京投资总体好于全国，在消费明显走弱时发挥了稳定器的作用，冬奥会筹办、城市副中心建设、芯片大项目上马及"3 个 100"项目储备机制共同确保了疫情期间北京投资保持平稳增长态势（固定资产投资增速分别为 2020 年的 2.2%、2021 年的 4.9%、2022 年 1~10 月的 5.0%），较好支撑经济平稳增长。尤其是在市委市政府对先进制造业发展的高度重视和果敢落子布局下，北京制造业投资保持强劲增长势头，2022 年智能制造、集成电路、医疗健康等项目投资进度完成较好，支撑了 1~10 月北京市高技术制造业投资同比增长 39.2%，高于全国 30.5 个百分点（见图 3-2）。但在冬奥会等重大活动完成后，亟待谋划新的支撑增长点，需高度重视制造业大项目接续，需要围绕水资源战略储备、绿电进京、综合管廊、物流保供、市郊铁路及轨道微中心等重点领域谋划下轮基础设施，需密切关注民营房企财务健康问题。

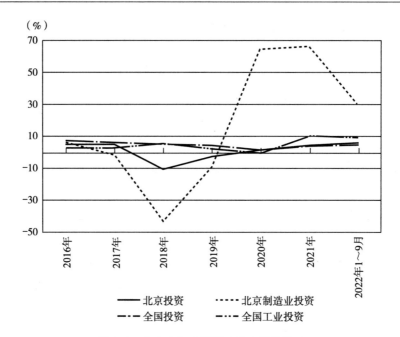

（%）

图 3-2　北京市与全国固定资产投资增速

（二）消费恢复基础尚不稳固，需求收缩、消费分化趋势明显

北京经历了消费投资交替主导、投资消费双轮驱动到消费主导的变化，消费已经成为经济增长"第一引擎"。然而，受疫情等因素影响，北京消费恢复依然乏力，2022 年前三季度，北京市市场总消费额同比下降 3.0%，社会消费品零售总额下降 4.5%、服务性消费额下降 1.7%；消费恢复不及全国，前三季度全国社会消费品零售总额同比增长 0.7%，实现由降转增。

一是传统消费需求饱和、亟须创新。2022 年三季度北京居民恩格尔系数为22.4%，进入国际标准的富裕国家水平（20%~30%），居民食品烟酒、衣着、生活用品三大类必需品消费支出占比由 2015 年的 35.8% 下降到 2022 年三季度的31.5%，目前北京居民家庭的家用汽车、计算机拥有量分别达 53 辆/百户和 93台/百户，高于全国水平（汽车 37 辆/百户、计算机 54 台/百户）。居民耐用消费品需求已基本饱和，未来将主要集中在汽车、家电、消费电子产品的更新换代及新兴智能化、品质化产品消费方面，需要加快挖潜新的消费增长点。

二是线上消费持续下滑，业务外迁风险加大。自疫情以来，在对线下消费有过短期替代性的爆发增长后，北京限额以上网上零售额增速相比全国，以更陡的斜率下滑（见图 3-3），近三年京东"6·18"累计下单金额增速分别为 33.6%、

27.7%和10.3%，传统电商平台增长逐年乏力。而受制造业供应链及仓储物流成本居高不下等因素影响，新兴直播电商、内容电商业务出现外迁趋势，如字节跳动将抖音电商整合落户至上海，在杭州布局游戏及研发中心，抖音支付结算业务布局武汉，快手直播电商总部落户成都等。

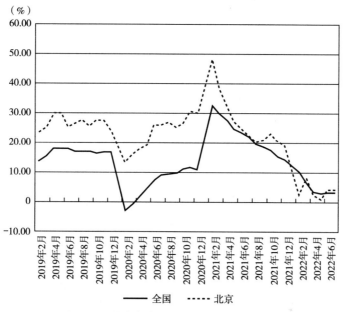

图3-3　北京与全国网上零售额增速对比

三是服务消费虽然潜力巨大，亟待改革破题。从国际经验来看，主要发达国家服务消费占最终消费的比重平均在75%以上，人均GDP在3万美元左右的中上等发达国家（如葡萄牙、捷克、西班牙）的居民服务消费占比也在65%~70%，北京服务性消费占总消费比重在55%左右，提升空间巨大。但目前，供给端的"政府单部门推进"不仅造成供给单一、效率低下，难以满足居民就近就地、多层次、多元化需求，还占用了宝贵的社区公共空间资源，而社会资本进入社区运营服务又面临一房一地难求的困境，亟待改革破题。调查显示，老年餐桌、老年食堂、养老服务驿站等就近就地需求旺盛，但实际需求存在较大供给缺口；北京常住人口千人0~3岁婴幼儿托位数为1.22个，远低于全国平均水平，七成以上居民希望在居住区内或邻近社区设置托育机构。

三、财政收支矛盾凸显、压力增大

在新冠肺炎疫情等超预期因素影响下，经济下行压力加大，叠加大规模退税减税政策落地，2022 年 1~11 月北京实现一般公共预算收入 5331.0 亿元，完成年度预算的 86.4%，按自然口径下降 4.4%，扣除留抵退税增长 2.5%，低于全年 4% 的计划目标。重点区域减收更为明显，CBD 功能区上半年实现税收 590.0 亿元，同比下降 21.6%。2022 年 1~11 月北京市一般公共预算支出 6533.1 亿元，增长 3.6%。减税降费大背景下，市、区、乡镇各级政府的可支配财力呈现不同程度的下降，2022 年 1~11 月北京市财政收支差额达 1202.1 亿元，比上年同期高 472.0 亿元，比疫情之初的 2020 年同期高 27.0 亿元，财政收支"紧平衡"态势进一步凸显，重点区域和基层运转面临压力，部分乡镇政府重回"吃饭财政"，个别区级医院出现贷款发工资现象，需引起足够重视。长期来看，随着经济整体增速放缓，财政收入由高速增长转向中低速增长将成为常态，而支出刚性依然存在，财政可持续发展面临较大挑战（见图 3-4）。

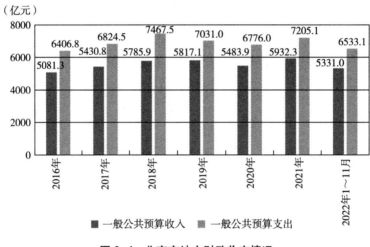

图 3-4　北京市地方财政收支情况

四、居民持续增收缺乏后劲，"扩中、提低"成为重中之重

2021 年，北京市居民人均可支配收入为 75002.0 元，同比增长 8.0%；2022 年前三季度同比增长 3.7%，快于 GDP 增速。疫情与经济下行交织，重点群体稳就业压力加大。

（一）低收入群体增收能力弱

党的二十大报告把"增加低收入者收入"放在"扩大中等收入群体"前面，进一步突出了"提低"工作的重要性。从行业来看，低收入群体主要从事"快修保食洁"等简单劳动收入群体，即快递、维修、保安、餐饮、保洁等居民服务行业，以及居住在农村的农民，收入较低但刚性支出较大，生活较为拮据。疫情与经济下行交织，企业生产经营难度加大，吸纳就业能力下降，尤其是就业"蓄水池"的生活性服务业恢复缓慢，低收入群体增收承压。

（二）农民就业稳定性差、增收难度大

2021 年，北京农村居民人均可支配收入为 33303 元，居全国第三位。与全国、上海及浙江相比，北京农民收入增速相对较低，2011~2021 年北京农民收入与全国农民平均收入比值由 1.80 倍缩小至 1.76 倍，与上海差距由 1995 元扩大到 5288 元，与浙江差距由 455 元扩大到 1944 元。在转移净收入方面，2020 年北京农村居民转移净收入 4236 元（见表 3-5），只有城镇居民转移净收入的 24.7%、约为上海的 1/3，占农村全部可支配收入的 14.1%、远低于上海的 30%。在经营净收入方面，近年来下降明显，与城镇居民的差值由 2015 年农村比城镇高 1747 元下降至 2020 年仅高 928 元，主要是由于农村人口老龄化、村庄空心化等导致生产经营活动减弱。农村巨大的集体资产和农民"沉睡"的财产暂未有效转化为农民的财产性收入和经营净收入，影响了农民收入的增长。

表 3-5　2020 年京沪浙农民收入结构对比　　　　　单位：元

省份	农民人均可支配收入	其中			
		工资性收入	经营净收入	财产净收入	转移净收入
北京市	30126	21174	1613	3103	4236
上海市	37106	22262	1960	1718	11166
浙江省	31930	19510	7601	949	3871
京沪差值	-6980	-1088	-347	1385	-6930
京浙差值	-1804	1664	-5988	2154	365

（三）中等收入群体基础不够稳固，部分中等收入群体存在滑出风险

扩大中等收入群体规模意味着居民普遍收入水平提高、消费能力增强，对于改善收入分配、促进共同富裕具有重要意义。北京中等收入群体占比已经接近七成，达到发达国家水平，橄榄型收入结构已经基本形成。但中等收入群体质量仍有待提升，内部结构仍不甚稳固，呈现底部较大的金字塔型格局，刚刚跨过中等收入群体下限（10.2 万~12.8 万元）的人群约有 221.1 万人，占常住人口的 10.1%，占中等收入群体的 14.7%。这部分人群增收基础薄弱、家庭负担相对较

重、社会保障不够完善、抗风险能力不足，受外部冲击存在滑出风险（见图 3-5）。相较而言，纽约大都市区中等收入群体内部呈现更为稳定的头部大、底部小的特征，3.0 万~3.5 万美元、3.5 万~4.0 万美元收入群体家庭仅占全部家庭的 3.40%、2.92%（见图 3-6）。

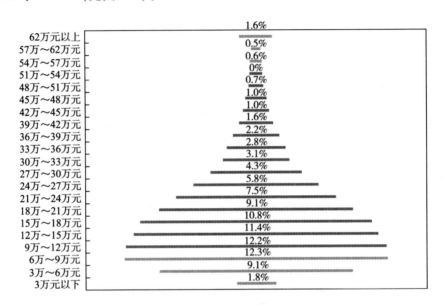

图 3-5　2020 年北京居民户均可支配收入分布

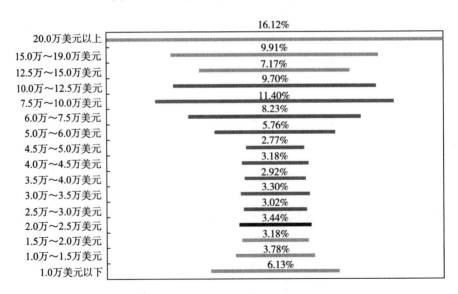

图 3-6　2019 年纽约大都市区居民户均可支配收入分布

第四节　首都经济现代化发展思路及实现路径

推动首都经济现代化建设，应坚持以新时代首都发展为统领，坚持"五子"联动服务和融入新发展格局，以推动高质量发展为主题，以深化供给侧结构性改革为主线，以满足人民日益增长的美好生活需要为根本目的，固本强基、苦练内功，引导预期、释放活力、增强韧性，稳住经济增长基本盘，为首都率先实现现代化奠定坚实基础。

一、认清形势、创新思路，夯实首都率先实现现代化的物质基础

（一）内外环境复杂严峻，率先实现首都经济现代化任重道远

从国际来看，全球疫情冲击持续、地缘冲突加剧、极端异常天气、主要经济体激进加息，全球通胀压力持续加大，世界经济持续面临异常巨大下行压力，部分国家发生经济衰退甚至金融债务危机的风险上升，国际机构普遍下调经济增长预期。

从国内来看，经济恢复发展的基础还不稳固，面临"外需收缩和内需收缩相碰头、订单转移和产能转移相叠加、企业缩表和居民缩表相同步、财政风险和金融风险相交织"等多重风险。但国内经济韧性强、潜力大、空间广的特点没有改变，经济长期向好的基本面没有改变，经过 3 年的防疫实践，科学精准防控水平不断提高，抗风险能力明显增强，党的二十大释放高质量发展信号，在新时代发展蓝图指引下，全国经济必将行稳致远。

从北京自身来看，北京经济恢复不及预期，面对风云变幻的国际形势，面对三重压力，首都率先实现经济现代化面临挑战。综合来看，北京经济发展进入战略机遇和风险挑战并存、不确定难预料因素增多的时期，疫情防控优化措施有滞后效应且仍存在不确定性，并面临着国外放开后外防输入压力激增、全球高通胀逐步传至国内等问题，经济下行压力依然较大，稳中求进加快复苏仍是经济运行的主基调。北京要清醒认识和准确把握国内外发展趋势，立足首都城市战略定位，保持发展战略定力，把稳增长与构建新发展格局、落实"五子"联动结合起来，补短板、锻长板、强韧性、畅循环，努力缩小与全球城市之间的差距，努

力为全面建成现代化国家做出首都应有的贡献。

(二)创新发展思路，推动新旧动能接续转换

1. 持续巩固"三高"，以创新驱动发展塑造经济增长新动能，不断完善现代化产业体系

北京最大的优势是科技和人才，而科技和人才是支撑创新发展的基础性、战略性要素。未来，要激活科技第一生产力、用好人才第一资源、强化创新第一动力，不断放大优势塑造发展新动能，加速形成产业集群，推动两业融合发展，巩固提升实体经济、塑造"北京服务"品牌竞争力。

一是壮大高精尖产业。充分发挥"三城一区"主平台作用，培育具有全球竞争力的开放创新生态，打造一批万亿级、千亿级产业集群，吸引全球创新要素集聚，推动创新链、产业链、资金链、人才链深度融合，围绕集成电路、人工智能、生物医药、绿色能源等领域开辟发展新赛道、培育增长新引擎，努力将科技创新优势更加高效地转化为经济发展新动能。

二是培育高效益企业。把握战略性新兴产业融合发展规律，深化国资国企改革、优化民营企业发展环境，恢复并努力扩大市场化创投基金对科创企业的金融支持，加快新能源汽车等领域战略性重组、资产重构、品牌重塑，发挥资产管理企业优势，兼并、重组、参股、控股低效企业和资产，加快培育一批高效世界一流企业，进一步形成创新型领军企业带动的高端产业集群。

三是支持高紧缺岗位。破除"唯论文、唯职称、唯学历、唯奖项"等传统人才评价指标路径依赖，围绕经济社会发展急需紧缺人才完善育人、选人、用人、留人机制。只要首都发展急需紧缺，无论是大师、战略科学家、一流科技领军人才，还是创新团队、青年科技人才、卓越工程师、大国工匠、高技能人才，都应给予户口、住房、子女入学等一揽子政策支持，以弥补"人口天花板"硬约束造成的影响。

2. 发力提升"三基"，以满足居民美好生活需求为目的加快释放经济增长新潜力，稳住首都经济现代化的基本盘

在发展中保障和改善民生，提升基本服务品质、丰富基层社区供给、保障基础产业安全，满足居民对美好生活的向往，既是看得见、摸得着、抓得住的有效刚需，也是保持首都安全稳定的基本盘。

一是提升基本公共服务品质。人口老龄化和以孩子为中心的家庭消费格局是经济社会发展的重要趋势，"银发经济""儿童经济"需求旺盛、潜力巨大。聚

焦居民"一老一小"紧迫需求,结合城市更新、新城建设和乡村振兴增加公共服务产品供给,补短板、保刚需、提品质、挖潜力,培育经济新增长点。

二是丰富基层社区供给。社区作为城市基本功能单元,是满足居民美好生活多元需求的"黄金一公里",呈现三个"70%"趋势特征。聚焦居民就近就地便利化需求,破除社会资本"准入""准营"制约,统筹各类社区服务设施配置,盘活社区闲置资源,提升设施资源效用,挖掘营造多元消费场景,释放就地便利消费潜力,通过多层次供给来满足多元化需求。

三是保障基础产业安全。强化农产品、资源、能源等城市生命线战略物资储备,适度提高自给率和应急保障能力;不断完善战略物资供应链体系,保障战略物资供给和战略工程安全可靠。聚焦住宿餐饮、文体娱乐、旅游会展、交通运输等接触性服务行业,多措并举缓解企业经营压力,助力有序恢复。

3. 积极实施"三策",以精准有效的扶持举措释放市场主体新活力,推动首都经济实现质的有效提升和量的合理增长

当前,信心比黄金更重要。政府应该主动作为,深化改革,提振预期。要充分发挥有效市场和有为政府的共同作用,通过政府给订单、让市场、落政策的方式全面提振市场信心、激发市场活力,推动首都现代化行稳致远、率先垂范。

一是给订单。围绕医疗设备、试验设备、绿色建材等商品,以及工业互联网诊断、云计算等服务,通过提高预付款比例、财政贴息贷款、引入信用担保、合同融资等方式扩大政府采购支持力度;根据实际需求,推动政府采购支出向中小微企业倾斜。

二是让市场。把实施扩大内需战略同深化供给侧结构性改革有机结合起来,围绕公共服务、社区建设、资产盘活、乡村振兴、智慧城市等领域深化改革,向市场试点开放公共资源和应用场景,赋能深耕本地企业发展。

三是落政策。落实落好中央和北京市出台的一揽子稳经济政策,继续围绕优化营商环境、支持实体经济发展、吸引亟须紧缺人才、稳定青年群体就业、增加居民要素收入、统筹城乡发展等领域因地制宜出台并储备相关政策,用足用好稳增长政策工具箱。

二、构建首都现代化产业体系，推动经济高质量发展

（一）以三大重点行业为主战场，全面增强高端制造业发展后劲，巩固提升实体经济

一是抢抓国产化替代机遇，提升集成电路产业竞争力。联动芯片设计和制造类企业推动芯片国产化进程。鼓励半导体生产企业通过对主力供应商进行投资、联合国内相关企业通过签订大额订单等方式加强对硅晶圆等上游材料采购，保障半导体材料供应。推动组建国际半导体产业联盟，缓解美国对我国半导体产业围堵。

二是推动汽车产业战略重组，重构竞争优势。以新能源和智能网联为汽车转型升级主攻方向，打造新能源智能网联汽车从研发、制造到应用的全产业链。采取"揭榜挂帅""赛马制"等新型方式，支持北汽集团联合造车新势力牵头多方参与的创新联合体攻关，增强智能网联汽车产业关键核心技术突破能力，积极推进商业化应用。

三是加强前瞻谋划布局，抢占生物医药产业新高地。推进新型细胞治疗、基因编辑等生物前沿技术突破和转化应用。挖掘高端医疗器械和医疗机器人等增长潜力。推动中关村生命科学院扩区，推动大兴生物医药产业基地南北延伸，加快打造面向全球的生物经济先导区。

（二）以四大优势行业为主阵地，巩固提升"北京服务"品牌竞争力

一是挖需求转模式拓赛道，扭转信息服务业下滑态势。推动算力算法等优势技术领域"弯道超车"，鼓励企业加快人工智能、云计算、区块链等技术研发突破。以智慧场景开放落地为抓手，引导头部平台企业加快向硬科技转型突围，引导新业务扩围、拓区，挖掘新增长点。推进智慧场景"揭榜挂帅"项目，促进硬科技在数字化社区建设、智慧养老、无人农场等场景中的应用创新。

二是拓展金融发展新方向，强化支柱产业地位。充分发挥北交所服务创新型中小企业主阵地作用，适时降低北交所投资者门槛，支持辖区内更多专精特新企业上市融资。引导金融机构利用科技创新再贷款、普惠小微贷款支持工具等加大对高新技术企业、"专精特新"中小企业的支持力度。充分发挥首都高净值家庭多、中产家庭数量多的优势，促进优质合规财富管理机构发展，全力打造全球财富管理中心。

三是充分释放技术要素活力，加快将科技创新优势转化为现实生产力。聚焦

人工智能、纳米技术、生物技术、基因工程、超导体和量子计算机等战略必争领域，探索实施基础研究和前沿技术领域重点项目"揭榜制"。强化市场导向的科技投入产出机制，更多运用市场方式、经济手段解决科技创新立项、决策、预算投入、利益分配等问题。吸引领军企业设立独立研发机构，推动科技咨询服务业数字赋能，加快打造研发服务、科技咨询和检验检测支柱行业，积极培育技术转移服务、设计服务、知识产权服务潜力行业。

四是发挥"两区"等政策优势，提升商务服务业国际影响力。增强本地会计、审计等咨询服务业竞争力，提升国家安全保障能力。对标德勤、普华永道等世界知名企业，以 RCEP 落地生效为契机，充分发挥"两区"等政策优势，加快重点商务服务领域服务标准体系与国际标准接轨，提高参与全球资源配置的能力。支持会计、审计、信用、法律等行业"走出去"拓展国际市场，在全球范围内提供资产管理、兼并重组、商务咨询等服务，增强北京商务服务业的国际影响力。

三、落实国家扩大内需战略，充分发挥投资、消费拉动经济的积极作用

（一）聚焦"三高"面向"三基"，持续扩大有效投资

一是加强基本服务、基层社区、基础产业领域投资。围绕基层社区居民需求，鼓励利用社区文化活动室、社会服务用房及各类能疏解腾退空间探索投资建设集各类服务于一体的邻里服务中心。围绕基础产业发展，鼓励采取投资补助、先建后补、财政贴息等方式，引导社会资本投入高标准农田建设。加强仓储、物流等基础设施投资建设，推动传统物流园区智能化、数字化改造，补齐在京仓储设施短板。

二是扩大先进制造业有效生产性投资。发挥龙头企业带动作用，研究扩大政府贷款贴息支持方式，引导扩大企业设备更新和技术改造投资，推动高端装备产业扩能升级。充分发挥中欧案例合作机制及中德产业园作用，推动奔驰、舒迪安等在京欧盟企业存量业务增资扩产。加强与德国、法国、意大利等驻华商会的联系，争取承接欧洲高端制造、智能制造领域国际知名企业的产能转移。

三是围绕重点行业、重点区域做好项目储备。围绕智能网联汽车、生物医药等产业储备智慧"黑灯工厂"等建设项目，围绕农业发展储备"露地蔬菜无人农场"等项目，带动一批产业链上下游优质企业在京津冀布局。依托"十四五"规划及平原新城高质量发展、回天、生态涵养区生态保护及绿色发展等重点专项

行动计划的实施，做好项目储备，推动城市副中心、三城一区等重点区域的高质量发展。

（二）以满足居民美好生活需要为目的，充分释放服务消费潜能空间

一是围绕民生改善补短板强弱项，充分挖掘就近就地消费市场。引导支持京东、美团等平台企业深耕北京"社区根据地"，从商品零售向全方位、全领域、全天候、全人群服务转型。同等市场竞争条件下，支持参与城区社区便利店新店建设，在场地资源整合、执照办理等方面率先探索，引入零售、健康、家政、托育、助老等综合性消费服务场景。支持在消费能力强的农村社区率先试点，参与农村便民商业网点改造，逐步引入综合性消费服务，推动实现城乡居民共享现代化发展成果。充分赋能社区统筹整合社区卫生室、文化室等各类空间资源，按照复合利用、预留弹性的原则进行更新改造，填补"一老一小"等服务性消费缺口。

二是拓展数字消费新场景。发挥首旅集团、王府井集团等头部企业带动作用，植入奥运、科技、国潮等新潮元素，将更多线下场景、文化与互联网融合，创造更多内容场景、消费场景。鼓励市属博物馆、文化馆、旅游景区等开展创造性数字营销，活化利用文博资源开发一批类似"故宫文创"的国潮 IP。推动平台企业参与智慧城市、智慧社区、智慧家庭建设，培育更多数字生活消费新场景。

三是拓展绿色低碳消费新空间。依托小米、理想等整车厂的市场规模优势，以及北京君正、兆易创新等北京车规级芯片龙头企业的技术基础，持续挖掘智能绿色消费空间。抓住 Z 世代人群对二手消费越来越高的趋势，完善闲置高端消费品鉴定、评估标准，用好转转、闲鱼等二手交易平台，推动闲置物品交易，挖掘循环消费潜力。

四是释放商旅文体消费潜能。用好冬奥会对冰雪运动的带动，紧抓冰雪消费窗口期，促进"冰雪具+冰雪保险+吃住行"联动消费。鼓励"北京人游北京"，加大城市探访、骑行、音乐快闪等活动组织力度，结合各地特色举办促消费宣传活动，探索在携程、途牛、去哪儿网等平台发放电子消费券，提振北京旅游市场。

四、全面深化改革开放，为经济高质量发展提供持续动力

（一）深化重点领域改革，为经济高质量发展提供持续动力

一是深化国资国企改革。推动国有资本向产业链关键环节和价值链高端集

中，加快攻克一批"卡脖子"技术，培育一批具有产业生态主导力的"链长"企业。鼓励国有企业积极参与共建"一带一路"、京津冀协同发展、雄安新区建设。借鉴淡马锡基金发展模式（前期重点培育扶持产业发展的引导基金，支持产业发展壮大；后期专注打造高效运作的国资投资运营平台，追求国资保值增值），以资产量大、效益好、机制健全的中关村发展集团、亦庄国投等为基础，组建若干投资公司，管理政府投入到企业的资本，提升国资使用效能，加快不良资产剥离和重组。

二是深化基层社区服务改革。淡化部门垂直管理约束，放宽文化、健康、托幼、养老、体育等生活性服务业的市场准入限制，给予社区更多自主权，充分发挥社区居民委员会、各类社会组织、市场机构的作用，以实际需求和居民满意度为标准，探索盘活各类社区用房建设"一站式"邻里服务中心，推动闲置卫生服务设施转用托育服务。鼓励物业企业拓展服务内容，鼓励有条件的物业企业向养老、托幼、家政等领域延伸服务，探索"物业服务+生活服务"新模式。支持平台企业利用大数据、人力资源、组织网络等天然优势进入社区开展相关服务。

（二）高标准推进"两区"建设，发展更高水平开放型经济

一是进一步提升对外贸易发展水平。抓住俄罗斯市场出口转移替代和欧洲产业资本转移两大商机，做实"俄欧两点和中亚一区"双边经贸交流，实现产品出口规模增长。加强对跨境电商交易、支付、物流、仓储、金融等创新示范项目支持力度，吸引跨境电商平台、产业链龙头企业来京发展，扩大北京跨境电商业务规模。引导京东等物流龙头企业在京发展全货机航空业务，服务北京高精尖产业货运需求与"全球买""全球卖"枢纽节点建设。支持重点贸易企业通过新设、并购、合作等方式，开拓"一带一路"服务贸易市场。

二是积极谋划新一轮开放政策。进一步优化营商环境，提高外商投资便利化，吸引外资集聚。研究加快推动保险业开放措施落地，引进更多外资保险机构，并设计更多具有北京特色的保险产品。积极争取生物医药、人才等重点领域国家事权在京落地，研究"科技合作+市场分享"模式，探索国外大型生物医药企业与北京企业合作，推动在自贸试验区允许外资投资部分人体干细胞、基因诊断和治疗技术合作开放和应用，鼓励外企在京设立研发机构。以国际研究型医院为载体，推动急需进口少量药械政策的实施。研究长安链在国际收支的运用，提高外汇和跨境人民币的便利化和安全化。

五、聚焦重点人群，多措并举促进居民持续增收

一是将稳就业作为促进居民增收的首要任务。稳住市场主体是稳就业的关键，要落实、落细各项稳岗纾困政策，同时加大政府采购支持中小企业力度，鼓励企业和职工共同协商有效的稳岗办法，千方百计稳住已有岗位。推动企业与高校对接，鼓励企事业单位扩大毕业生"见习计划"规模。持续加大农村劳动力转移就业工作力度，在乡村振兴战略项目实施和小城镇建设中优先吸纳本地劳动力就业。将稳就业政策向新就业形态延伸，将零工信息纳入公共就业信息服务范围，支持社会资本参与灵活就业市场建设和运营管理，降低个体经营者线上创业就业成本，支持自主就业、分时就业，鼓励发展新个体经济。引导平台企业为小微企业和个体工商户提供服务支持，挖掘更多细分市场和特殊消费人群，催生更多新就业岗位。

二是将加强技能培训作为挖掘增收潜力的有效手段。以就业为导向，针对城镇登记失业人员和农村转移就业劳动者开展初级技能培训和实际操作技能训练，针对城乡各类有就业意愿的劳动者开展多种形式就业技能培训，提高培训精准性和有效性。发挥政府技能培训补贴引导作用，依托有资质的教育培训机构，针对创业者特点和创业不同阶段的需求，开展多种形式的创业培训。引导职业院校、企业和职业培训机构大力开展订单式培训、定向培训、定岗培训，实现招生即招工、入校即入职。对生活性服务业从业人员开展有针对性的技能培训，帮助从业者向专业技能人员转型。

三是分区分类施策，拓展城乡居民增收新空间。结合生态涵养区特点，允许农民围绕超大城市市场消费需求因地制宜发展绿色养殖、林下经济、乡村旅游等产业，增加农民副业收入。深化农村集体产权制度和"三块地"改革，吸引"人才下乡、资本下乡"，加快盘活闲置宅基地和闲置农房，增加农民财产性收入。规范发展财富管理行业，加快城市副中心国际财富管理中心建设，推出面向居民大众的可投资金融产品，适度扩大地方政府债券面向个人投资者的发行额度，提升居民财产性收入比重。大力发展商业养老理财、商业养老保险、商业养老金等专业投资产品，加快推进第三支柱养老保险发展。

四是深化收入分配制度改革，稳步提高居民收入占比。加强企业工资宏观调控指导，完善最低工资标准调整、工资集体协商和企业薪酬调查发布制度，支持企业探索建立"新八级"岗位绩效工资制和高技能人才技能津贴制度，坚持多劳多得，重点向基层一线人员和业绩突出人员倾斜。加快探索劳动股份制、技术股份制等新型产业组织模式，支持有条件的混合所有制企业实行员工持股，优先支持人才资本和技术要素贡献占比较高的转制科研院所、高新技术企业和科技服务型企业开展试点。加大民生支出财政保障力度，逐步缩小城乡居民在社会保障等方面的待遇差距，加大市对区财政转移支付等调节力度和精准性，不断调整优化收入分配格局。

六、坚守底线思维，营造平稳健康的经济社会发展环境

一是推动财政可持续发展。强化收支管理，优化支出结构，集中支持"四个中心"功能建设、"五子"联动、民生保障等重点领域，拓展全成本预算绩效管理，提高财政资金使用效益。用足、用好专项债务存量限额，推动专项债券尽快形成实物工作量。强化财政资金的引导与撬动作用，采取股权投资、融资担保、风险补偿等方式，引导社会资本投入先进制造、科技研发等重点行业。

二是做好市场保供稳价。抓好高标准农田建设，优化调整轮作制度，确保粮食生产只增不减，蔬菜、生猪自给率稳步提升。做好农贸供应保障和末端配送，实施"互联网+"农产品出村进城工程，提升农产品产销衔接效率，保障"米袋子""菜篮子"量足价稳。强化能源保供，建立市区两级政府储备，协调企业增加商业储备，结合疫情变化动态调整储备品种和数量，促进市场供求关系总体平稳，使价格水平运行在合理区间。

三是强化安全风险防控。坚持人民生命至上、人民利益至上，加强统筹、转变观念，把工作重心从防控感染转到医疗救治，强化分级诊疗，发挥社区医疗卫生机构、互联网医院作用，加快解决群众就医用药问题。积极防范化解财政金融风险，严格规范政府举债融资行为，督导各区强化财政担当，增强财政运行稳定性和风险防控有效性；发挥地方金融监管协调和风险处置机制作用，严格防范和有序处置各类金融风险。健全公共安全隐患排查和安全预防控制体系，抓好建筑施工安全，加强极端天气应对，做好食品药品安全监管，消除影响城市安全运行的重大事故隐患。

执 笔 人：王术华　刘作丽　崔　岩　李金亚　吴伯男　刘紫星

第四章　稳步推进首都治理体系与治理能力现代化

第一节　2021年治理现代化指标年度评估与发展建议

治理现代化是中国式现代化的应有之义。2022年，首都治理现代化在人民民主、法治建设、党的领导和营商环境上都有新进展，取得了新成效。但和2035年的目标相比还有短板，和群众期盼相比还有不足。需要进一步完善社会治理体系，健全共建共治共享的社会治理制度，提升全社会治理效能。

一、2021年治理现代化指标评估

在2021年的首都现代化研究中，针对治理现代化我们构建了人民民主、法治建设、党的领导和营商环境4个一级指标和6个二级指标。2022年，指标实现情况如表4-1所示。在人民民主方面，虽然人大议案立案数量较2035年目标值还有较大差距，但全过程人民民主成为亮点。连续4年开展"万名代表下基层"活动，让百姓的金点子变成妙方子。在法治建设方面，接诉即办等治理领域创新实践被固化为地方条例，依法治理取得实质性进展。民事诉讼调解率基本达标。在党的领导方面，基层党组织覆盖率进一步扩大，党风廉政建设提前达标。在营商环境方面，科尔尼2022全球城市营商环境评价报告显示北京位居全球第5，已超过2035年目标值。

表 4-1　首都治理体系和治理能力现代化指标体系

一级指标	二级指标	现状	2035 年目标值
人民民主	人大议案立案数量	262 件 （十五届人大，截至 2021 年底）	多于 300 件
法治建设	每万人刑事立案数量	66 起/万人（截至 2021 年底）	少于 55 起/万人
	民事诉讼调解率	20.8%（截至 2021 年）	20%左右
党的领导	基层党组织数量	11.2 万个（截至 2021 年底）	16 万个
	查处违反中央八项规定 精神党员干部数	339 人（截至 2022 年 8 月）	少于 540 人
营商环境	全球营商环境指数排名	5（2022 年科尼尔 全球营商环境评价报告）	全球前 10 位

（一）人民民主——全过程人民民主成亮点

人民代表大会制度是人民民主的主要实现形式，在保障议案质量和有效性的基础上，人大议案立案数量反映了人大对人民群众诉求的回应度，体现了首都治理的民主化。北京市人大议案立案数量从第八届人大①（1983～1988 年）的 55件波动增长至第十五届人大（2018～2023 年）的 262 件（截至 2021 年底），离预期目标还差 38 件。北京市连续 4 年开展"万名代表下基层"活动，让百姓的金点子变成妙方子，促进全过程人民民主的实现。例如 2022 年 8 月，北京市就城市更新条例草案，在北京市范围内开展"万名代表下基层"征求立法意见建议工作。市委书记、副书记、市长、市人大常委会主任、市政协主席等市领导分别以人大代表身份，带头到基层征求意见建议。

（二）法治建设——依法治理取得实质性成效

近年来，北京治理领域的创新成果纷纷转化为地方法规，依法治理水平显著提高。先后出台了《北京市街道办事处条例》《北京市物业管理条例》《北京市生活垃圾管理条例》《北京市接诉即办条例》等。因应实施情况和现实需要及时修订，以提高法律的适配性。如 2020 年出台了《北京市优化营商环境条例》，两年后北京市第十五届人民代表大会常务委员会第四十二次会议决定对《北京市优化营商环境条例》做出进一步修正。自党的十八大以来，北京市万人刑事立案数量整体呈下降趋势，从 2012 年的 70 起/万人下降至 2020 年的 63 起/万人，2021

---

①　北京市人大常委会是经北京市七届三次人民代表大会选举成立的，故一至七届人代会无议案数。

年回升到 66 起/万人；民事诉讼调解率近年整体呈下降趋势，从 2012 年的 23.4%波动下降至 2020 年的 20.1%，2021 年小幅上升 0.7 个百分点，达到 20.8%。主要受当事人法律意识和维权意识增强、法院案多人少矛盾、民事案件复杂化趋势增强等因素影响。

（三）党的领导——基层党组织覆盖率进一步加强，党风廉政建设常抓不懈

中国式现代化的本质要求是：坚持中国共产党领导，坚持中国特色社会主义。基层党组织数量反映了党组织覆盖面，不断扩大党组织数量是中国式现代化的必然要求。截至 2021 年 12 月底，北京市党的基层组织 11.2 万个，比 2020 年底净增 3031 个。其中基层党委 6330 个，总支部 4553 个，支部 10.2 万个。党员总数为 247.3 万名，比 2020 年底净增 12.0 万名。党员干部违反中央八项规定精神的情况不利于加强党的领导，截至 2022 年 9 月 30 日，北京市累计查处违反中央八项规定精神问题 379 起，批评教育帮助和处理人数为 397 人，其中局级 19 人、处级 113 人、科级及以下 265 人。

（四）营商环境——跃升全球第 5 位，成为进步最大指标

根据科尔尼全球城市营商环境评价体系，2019 年北京排名全球第 41 位，2021 年大幅进步到全球第 6，2022 年进一步上升至全球第 5。北京营商环境的国际认可度达到评价以来最好成绩。由中华国际科学交流基金会、中科营商大数据科技（北京）有限公司联合编著的《中国营商环境指数蓝皮书 2022》显示，2022 年北京市在全国位列第 2。

二、年度关键词

（一）减量发展

首都治理现代化的成就主要体现在发展政治中心功能上。"十四五"期间，北京市深入落实首都城市战略定位，始终把服务保障政治中心摆在首要位置，坚定不移疏解非首都功能，核心区人口、建筑、商业、旅游密度逐步下降，中央政务环境持续改善。持续打好疏解整治促提升"组合拳"，一大批一般制造业企业、区域性专业市场和物流中心有序退出，拆除违法建设超 2 亿平方米。严格落实"双控"及"两线三区"要求，实现城六区常住人口比 2014 年下降 15%的目标，城乡建设用地减量 110 平方公里，北京成为全国第一个减量发展的超大城市。

（二）双奥之城

2022 年北京成为世界上唯一举办过夏季奥运和冬季奥运的"双奥之城"。北京作为首个"双奥之城"载入史册，也标志着北京作为国际交往中心其全球影响力再上新台阶。近年来，为适应新时代中国特色大国外交需要，北京超前谋划推进国际交往中心软硬件建设，重大国事活动服务保障常态化工作机制日趋完善。未来五年还要推动奥林匹克中心区功能升级，扎实推进雁栖湖国际会都扩容提升，建设第四使馆区。完善城市副中心、南部地区等区域国际交往服务功能。规划建设国际组织集聚区。建设"双枢纽"国际消费桥头堡，打造精品会议展览品牌。优化国际化环境和服务，推进国际学校、国际医院、高品质人才社区建设，提升国际交往语言环境水平，拓展与国际友好城市交往。

（三）基层治理

统筹推进乡镇（街道）和城乡社区治理，是首都从城市管理转向超大城市治理的基础工程，是维护首都安全和社会稳定的重要基石，是实现国家安全体系和能力现代化的必然要求。为深入贯彻落实《中共中央　国务院关于加强基层治理体系和治理能力现代化建设的意见》精神，加快推进北京市基层治理体系和治理能力现代化建设，2022 年 5 月，中共北京市委、北京市人民政府出台的《关于加强基层治理体系和治理能力现代化建设的实施意见》对未来 10 年北京市基层治理工作进行了全面部署。近年来，北京市在基层治理现代化进程中，坚持以人民为中心，不断加强党建引领，探索多元参与，改革创新，取得了显著成效。在党建方面，建立了区委、街乡党（工）委和社区党组织三级党建工作协调委员会工作机制。在基层赋权和减负方面，2019 年北京市制定出台了《北京市街道办事处条例》，推动重心下移、权力下放、力量下沉，赋予街乡党（工）委六项权力。依法取消市级部门下派的社区工作事项 150 项、评比达标和示范创建项目 31 项，需由社区开具的证明由 15 项减为 5 项。在社会组织发展方面，2021 年，注册所在地为北京市的基金会 975 家，接受社会捐赠共计 395.4 亿元，几乎占据全国基金会系统社会捐赠接收量的半数。在社会动员方面，截至 2021 年底，北京市注册志愿者超过 449.3 万人，注册志愿团体超过 8.1 万个，累计发布志愿服务项目超过 52.4 万个。

三、治理现代化存在的问题与建议

首都治理现代化虽然取得了不少成绩，但也要看到薄弱环节。主要体现在：

部分区域化党建水平和基层党组织领导力不高；政府整体治理能力还需提升，以数据共享为基础的协同工作机制还需加强，政府与各治理主体之间的关系还应进一步理顺；社会组织专业化服务水平需提高，扎根社区开展服务的连续性、服务效果的稳定性不强；企业等市场主体参与治理的渠道还需完善，作用发挥有待加强；居民的主人翁意识和协商自治能力仍然不高等。针对这些问题，下一步的工作建议：

第一，继续强化党建引领。构建纵向到底、横向到边、条块协同、上下联动的党建组织体系，加强街道社区党组织建设，扩大区域化党建同心圆，把党的组织资源转化为治理效能。

第二，努力提高政府治理的整体性。聚焦解决"七有""五性"突出问题，加强基层政务服务网络体系建设。加快数字政府建设，打通数据壁垒，提高部门之间的协同工作效能，让信息多跑路群众少跑路。

第三，逐步强化居民主体地位。不断完善自治、法治、德治相结合的城乡基层治理体系，优化党建引领基层协商民主形式，完善社区公共文化服务体系。强化新时代文明中心建设，提升居民的公益心和志愿精神，并转化到治理行动中。

第四，充分发挥社会组织服务功能。大力扶持社区社会组织，促进志愿服务组织发展，创新基层公共服务供给方式，完善政府资金监管和第三方评估模式。

第五，积极将企业主体纳入社会治理共同体。通过区域党建、公益慈善等途径，引导驻区企业参与社会治理。在社区层面尤其要将物业企业纳入社区治理体系，依法厘清物业职责，鼓励物业服务行业回归本源创新发展。

第六，运用科技手段为治理现代化提质增效。完善网格化管理、精细化服务、信息化支撑的基层治理平台。广泛利用12345热线、社区网、"北京业主App"、微博、微信群等各种线上协同治理平台，引导居民有序参与治理公共事务。

第七，不断推进治理法治化。推动相关法律法规在基层落地实施。加强监督执法，提高各级公务人员的法治素养，培育公民法治思维。

第八，加强韧性城市、韧性社区建设。提高城市运行的安全性。分类探索多元、精细的韧性社区建设模式。

第二节　基层治理的现状、问题与对策

党的二十大报告指出，健全共建共治共享的社会治理制度，提升社会治理效能，建设人人有责、人人尽责、人人享有的社会治理共同体。基层治理现代化是国家治理现代化的基础。为了深入了解政府、社会组织、居民等多元主体参与基层治理的实际成效，本节以中心城区为重点，通过问卷调查方式分析了北京城市居民参与基层治理的主要情况，以及居民对社会组织、物业等在基层治理中发挥作用的看法，综合评价多元参与基层治理的主要成效。

本次调查共获得有效样本 1028 个，其中，中心城区占比达 88.8%。受访居民在 18~59 岁的占比为 97.4%，大学本科及以上占比为 64.3%，京籍占比为 76.8%，非京籍占比为 23.2%。

一、居民对基层治理的满意程度

（一）居民对基层治理的总体满意度较高，高学历、居住年份长、京籍、自有房的居民满意度较高

居民对基层治理的满意度综合得分为 4.73（满分 5 分）。其中，选择特别满意的居民比例高达 80.8%。60 岁以下居民中，年龄越大，对基层治理的满意度越高。40~59 岁居民的满意度最高，达 4.75 分，最低的是 16~17 岁居民，仅 4.10 分。大学本科及以下学历中，学历越高，对基层治理的满意度越高，初中及以下、高中及专科、大学本科的满意度分别为 4.58 分、4.70 分、4.77 分。居住年份越长，对基层治理的满意度越高。居住 10 年以上的居民的满意度达 4.81 分，最低的是 1 年以内的居民。自有房居民对基层治理的满意度高于租房居民，满意度得分分别为 4.75 分、4.69 分。京籍居民对基层治理的满意度高于非京籍居民，满意度得分分别为 4.76 分、4.61 分。

（二）居民对社会组织或团体提供服务的满意度较高，但低于对基层治理的总体满意度

居民对社会组织或团体提供服务的满意度得分为 4.59 分（满分 5 分），略低于居民对基层治理的满意度。其中，选择特别满意和比较满意的比重分别为

67.8%和25.8%。劳动年龄人口对社会组织或团体参与社区服务的满意度较高，其中，40~59岁的满意度最高，达4.65分；16~17岁得分最低，为2.50分。户籍居民对社会组织或团体参与社区治理的满意度要高于非京籍居民，得分分别为4.60分和4.53分。

（三）居民对物业服务的满意度低于对基层治理和社会组织的满意程度，安全服务满意度最高，环境卫生满意度最低

居民对物业服务的总体满意程度为比较满意，满意度得分为4.02分（满分5分），该分值低于居民对社会组织或团体服务的满意度，更远低于居民对基层治理的总体满意度。

在各项物业服务中，居民对安全服务的满意度最高，得分为4.14分，对环境卫生的满意度最低，得分为3.88分，对小区绿化和维修服务的满意度得分分别为4.01分和3.91分。

二、基层治理存在的主要问题

（一）基层社区治理存在的问题呈现出大项集中、小项分散的状态，重点是基础设施建设与管理

居民认为基层社区治理存在的主要问题集中在社区基础设施建设与管理方面，具体来看，"社区内交通堵塞问题严重"是社区治理中存在的最主要问题，选择该项的居民占比达到35.4%。"私搭乱建'理发馆''水果摊'""广告收入不透明""缺乏电动汽车充电桩"等问题的选择比例也都超过25%。此外，"垃圾分类不够""楼道电动自行车治理不足""电表智能化改造问题""小区停车位紧张，乱停车现象严重"等选项也有20%~25%的居民选择。而选择"小区内违规小广告太多""小区监控存在'盲区'，存在安全隐患"的居民占比也都达15%以上（见图4-1）。

分年龄段来看，18~39岁的居民更关注环境安全问题，选择"小区内违规广告太多""小区监控存在'盲区'，存在安全隐患"的占比较多，分别为11.3%、9.0%。16~17岁、40~59岁、60岁及以上居民都更关注社区交通拥堵问题，选择"社区内交通堵塞问题严重"的比例较高，分别为13.4%、13.1%、18.2%。

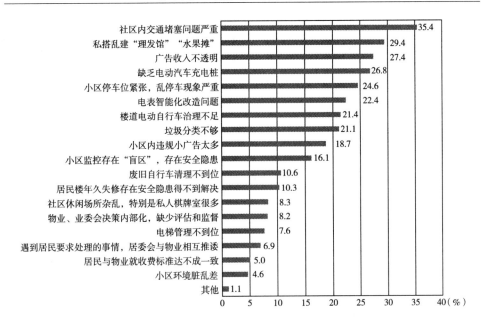

图 4-1　居民对社区治理存在的最主要问题的看法

（二）养老服务、法律服务、儿童托管是社区三大亟待提供的服务类型

社区第一需要提供的服务类型是"老人照护"，选项占比为 34.1%，第二是"法律服务"，占比为 31.9%，第三是"儿童托管"，占比为 28.5%。此外"老人用餐""文化活动""家政、电器维修、便利店等便民服务""体育健身"占比分别为 26.1%、25.7%、24.0%、23.2%，认为需要提供"电动自行车充电设施"的占比为 19.8%；认为"提供就业帮扶"的占比为 17.9%；认为"加装电梯"的占比为 8.7%。

分年龄段来看，60 岁及以上居民认为社区最应该提供的服务是"儿童托管"，占比达 21.1%；而其他年龄段的均认为社区最应该提供的服务是"老人照护"，其中，16~17 岁、18~39 岁、40~59 岁居民选择占比分别为 20.0%、12.4%、14.2%。"法律服务"的占比均比较高，在各年龄段中均处于第二位，占比分别为 16.0%、11.8%、12.6%、18.4%。16~17 岁居民还关心"家政、电器维修、便利店等便民服务"，占比为 16.0%，18~39 岁居民还关心"儿童托管"，占比为 11.2%，40~59 岁居民选择排第三位的是"老人用餐"，占比为 10.2%，而 60 岁及以上老人认为"老人照护"在各服务类型中排第三位，选择占比为 15.8%。另外值得关注的是，60 岁及以上居民中没有人选择"医疗服务"（见表 4-2）。

表 4-2　各年龄段认为社区最应该提供的服务类型　　　单位：%

服务类型	16~17 岁	18~39 岁	40~59 岁	60 岁及以上
电动自行车充电设施	8.0	7.4	8.3	2.6
加装电梯	4.0	3.4	2.8	2.6
家政、电器维修、便利店等便民服务	16.0	9.0	8.5	2.6
提供就业帮扶	4.0	6.9	6.6	7.9
医疗服务	4.0	9.3	9.3	0.0
文化活动	8.0	10.0	9.0	7.9
体育健身	8.0	8.7	9.0	10.5
儿童托管	12.0	11.2	8.8	21.1
老人用餐	0.0	9.9	10.2	10.5
老人照护	20.0	12.4	14.2	15.8
法律服务	16.0	11.8	12.6	18.4
其他	8.0	7.4	8.3	2.6

（三）居民参与居民会议和选举决策的比重不到三成，提高服务活动的居民契合度是进一步提高参与度的重要途径

尽管调查显示居民参与社区活动程度达 98%，但参与居民会议和选举决策的比重都不到三成。居民参与居民会议和选举决策的比重分别为 29.6% 和 25.9%。其中，40~59 岁居民参与比重最高，分别占参与业主大会和居民会议居民数的 44.0% 和 37.5%，其次是 18~39 岁的居民，占比分别为 37.5% 和 33.9%。

社会活动主要由居委会和居民开展，提高服务活动的居民契合度是进一步提高参与度的重要途径。由居委会和居民自发开展的社区活动比例分别为 39.0% 和 29.5%，合计 68.5%；社会组织开展的活动占比仅为 5.9%；物业企业开展的活动占比仅为 3.3%。50% 以上的居民认为，提升社区活动的质量，使服务活动更贴合居民需要，是进一步提升居民社区活动参与程度的主要途径。

（四）活动时间短、内容单一是社会组织或团体提供服务的最大短板，活动覆盖面和内涵不足也影响了服务效率

对于社会组织或团体提供服务的主要问题，居民选择"开展的活动少、时间短"的比例最高，占比为 45.5%，其次是"服务或活动内容单一，没有解决居民需求"，选择占比为 43.5%。认为"活动可参与人数少"的占比为 39.1%，此外，认为"活动形式化，没什么意思""服务不够专业"的占比也分别达

29.7%、26.8%（见图4-2）。

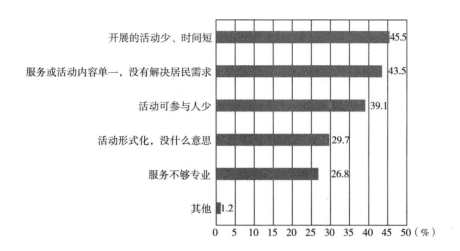

图4-2　社会组织或团体开展服务或活动的不足

（五）物业企业在车辆停放管理和小区公共设施的管理维护方面还需要加大力度

物业企业最应该加强的两项服务是：车辆停放管理和小区公共设施管理维护，选择这两项的居民占比分别为55.2%和54.2%。另外，选择增强小区治安和安全管理、改善小区环境卫生状况的居民占比也较高，分别为48.8%和41.6%。

从物业类型来看，外聘的专业化、市场化物业公司最需要加强的是"小区治安和安全管理"，其次是"小区公用设施的管理维护"，选择占比分别为24.5%和21.7%。居民自管式物业管理公司最需要提高的是"增强车辆停放管理"，选择占比为23.7%，其次是"小区共用设施的管理维护"，选择占比为21.6%。房地产开发公司负责的物业公司最需要增强的是"小区公用设施的管理维护"，占比达25.0%，其次是"增强车辆停放管理"和"改善小区环境卫生状况"，选择占比分别为24.1%和20.3%。原单位房管科管理的物业公司最需要提高的是"增强车辆停放管理"，选择占比为25.8%。其次是"增强车辆停放管理"和"改善小区环境卫生状况"，选择占比分别为22.6%和21.0%。

从物业费标准来看，0.5元以下标准的社区最需要的是"小区治安和安全管理"，0.6~2.0元的社区最需要的是"增强车辆停放管理"，2.0元以上的社区最需要增强的是"小区公用设施的管理维护"。

三、对策建议

社会的分化和多元化发展，都要求基层治理能够回应多样、异质和复杂的基层社会环境，在多元和差异中寻求共生、共识和合作。针对调查显示的基层治理中存在的各项问题，需要统筹各类资源，发挥党建引领作用，以多元化、社会化、智慧化、法治化为目标，健全多元共治共享机制，加强基层治理对社会需求的回应性，激发市场和社区的自治活力，提升多元主体参与基层治理的能力和水平。

一是推动社区基础设施规范化建设。重点针对社区普遍存在的交通、违章建筑、停车、垃圾分类、安全隐患等问题，以老旧小区改造为契机，推动社区基础设施的规范化建设，并将社区基础设施维护职能纳入物业企业管理服务范畴，部分公益类领域可以采取政府购买服务方式，保障社区基础设施建设的规范化。

二是聚焦"一老一小"完善社区公共服务能力。根据不同社区人口结构，以"一老一小"服务为重点，推动社区养老、托幼等公共服务体系建设，保障老人在日常照料、用餐等方面的基本生活需求，提供 3 岁及以下婴幼儿普惠性短期照料服务。尤其是在老人比较多的老旧小区，要采取市场化手段，整合辖区养老服务资源，鼓励社会餐饮、家政、物业等企业和链家、美团等平台企业参与养老服务。

三是增强社区自主化解矛盾能力。由街道和社区主导，善用市场机制，发挥政府资金的杠杆作用而非替代或挤出效应，吸收居民、物业企业、辖区单位等共同出资，采用 BOT 或 PPP 等模式，共同推进基层社区建设。挖掘居民中的积极分子，建立楼门或院落自治委员会，发展楼门长、网格员和志愿者，引导居民自主发现、自主收集、自主协调解决相关问题，真正将居民参与基层治理落到实处。

四是探索通过党的基层组织建设与社区社会功能重建目标相互交织的路径，撬动、组织社区治理力量，推进社区共建共治机制的形成。用好政府购买服务机制，创新社区与社会组织、社会工作者、社区志愿者、社会慈善资源的联动机制，鼓励市场主体、社会力量与社区服务机构合作，提供社区服务。挖掘带动居民的积极分子资源，利用线上线下渠道征集、倾听意见，搭建需求表达和协商议事的平台，最终达成社区议事规则与居民公约，激活社区的自治能力。积极培育扶持基层公益性、服务性、互助性社会组织。发挥街道（乡镇）在物业管理、社会组织培育引导等方面的重要作用，支持党组织健全、管理规范的社会组织优先承接政府转移职能和服务项目。

五是强化政府对物业服务的质量监管，并从价格指导和服务标准等方面进行规范。调查显示，关于政府应重点对物业行业进行监管的方面，半数以上居民认为政府应该"加大对不规范物业的惩罚力度""加强物业服务质量的监督"，选择居民占比分别为 50.9% 和 50.2%。另有 47.0% 的居民认为还应该"加强对物业市场化调节的指导"，43.9% 的居民认为应该"更新分级分类的物业服务标准"。

六是积极拓展基层治理的智能化应用场景。依托社区（村）人口结构和服务需求，开发智慧社区信息系统和简便应用软件，做好宣传沟通和教育，尤其是在推行适老化改造和无障碍信息服务时，要充分考虑老年人的实际情况，先试用后推广，并在部分服务事项中保留线下办事渠道，使基层治理的数字化智能化建设成果惠及全民。

七是推进基层法治化建设。在街道（乡镇）设立法律工作站，既能提高干部队伍法治素养，还能协调解决基层各项法律问题，为居民提供法律帮助。由街道（乡镇）指导村（社区）依法制定村规民约、居民公约，健全备案和履职机制，保障基层治理有法可依。积极发挥街道（乡镇）法律服务团队的作用，为居民定期开展公益性法律问题咨询和法律知识的普及讲座，并提供价格适当、方便可及的法律服务。

第三节 首都志愿服务现状、问题与对策

志愿服务是指志愿者、志愿服务组织和其他组织自愿、无偿向社会或者他人提供的公益服务。志愿服务是首都精神文明建设的重要载体和表现形式。志愿者和志愿服务组织是首都治理现代化进程中不可或缺的主体力量。首都志愿服务在全国处于领先地位，其中大型赛会和国际志愿服务是首都特色，同时社区志愿服务和专业志愿服务也渐成趋势。为更加突出志愿服务在治理现代化中的作用，还应从完善管理体制、培育枢纽型组织、创新服务形式等方面完善首都志愿服务工作。

一、首都志愿服务现状

(一) 志愿团体和项目数量稳步增长、全国领先

目前北京市注册志愿服务团体超过 8.1 万个，达到全市每万人 37 个，远多于全国平均每万人 9 个志愿团体。近五年北京市志愿团体数量保持两位数增长。虽然在 2020 年受新冠肺炎疫情影响增速有所减缓，但在 2021 年大量志愿者投身于社区疫情防控志愿服务项目中，北京市志愿服务项目增长率达 55.50%（见图 4-3）。志愿服务项目的志愿者人数规模依然是以小型常态化项目为众，在百名志愿者以下的项目占比为 92%，100~200 人的占比为 5%，200~1000 人的占比为 3%。

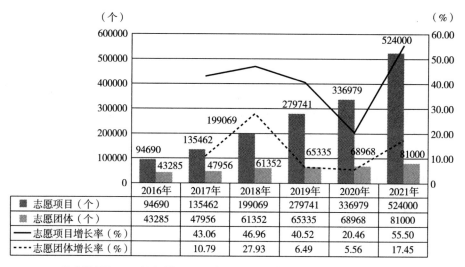

	2016年	2017年	2018年	2019年	2020年	2021年
■志愿项目（个）	94690	135462	199069	279741	336979	524000
■志愿团体（个）	43285	47956	61352	65335	68968	81000
—志愿项目增长率（%）		43.06	46.96	40.52	20.46	55.50
┄志愿团体增长率（%）		10.79	27.93	6.49	5.56	17.45

■志愿项目　■志愿团体　——志愿项目增长率　┄┄志愿团体增长率

图 4-3　2016~2021 年志愿服务项目与团体五年增长率

资料来源："志愿北京"信息平台。

(二) 志愿服务扎根社区，专业志愿服务正在兴起

志愿服务对象主要包括社区服务、大型活动、环保等服务的其他类（占比为34%），未成年人（占比为 32%），孤老、残疾和特困人群（占比为 27%）、优抚对象（占比为 7%）。志愿项目涉及的领域是社区服务（占比为 25.57%）、绿色环保（占比为 17.30%）、关爱服务（占比为 12.45%）、文化教育（占比为11.04%）、城市运行（占比为 6.38%）、赛会服务（占比为 3.50%）、医疗卫生

（占比为 3.38%）、在线志愿服务（占比为 3.25%）、应急救援（占比为 2.23%）、京外服务（占比为 0.32%）和国际服务（占比为 0.25%）等多个领域。值得关注的是其他领域志愿项目占比为 14.32%，志愿者参与一些新兴、专业和更加精细化的其他服务，突破了传统志愿项目覆盖领域（见图 4-4）。

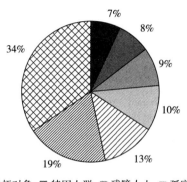

（a）服务对象

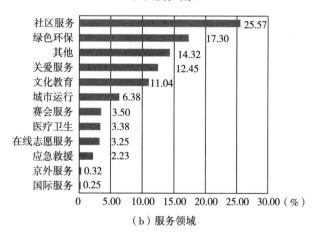

（b）服务领域

图 4-4 志愿项目服务对象与领域

资料来源："志愿北京"信息平台。

（三）志愿服务呈阶梯分布，海淀区、朝阳区位列第一梯队

北京市志愿团体按照属地分布呈现三个梯队。第一阶梯为朝阳区和海淀区，志愿团体数量均超过 10000 个；第二梯队为大兴区、昌平区、通州区、西城区、东城区、丰台区、顺义区、房山区，志愿团体数量保持在 4000~7000 个；第三梯队是密云区、延庆区、门头沟区、平谷区、石景山区、怀柔区和开发区，志愿团体数量均在 4000 个以下。这一分布规律与各区人口分布和经济发展情况基本吻合。志愿服务项目区域分布与团体分布相似，第一梯队的朝阳区、海淀区志愿服务项目数量在 6 万个左右；第二梯队在 2 万~5 万个；第三梯队在 2 万个以下（见图 4-5）。

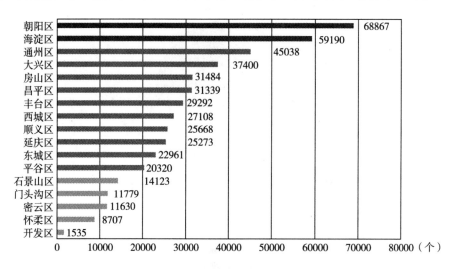

图 4-5　志愿服务项目区域分布

资料来源："志愿北京"信息平台。

（四）志愿服务经济价值累计 130.2 亿元，六年累计增长 55%

根据北京师范大学经济与资源管理研究院 2017 年发布的《北京市志愿服务经济价值测量报告》，北京市 2015 年志愿者总数为 402 万人，占全市人口总参与率为 22.17%，其当年累计志愿服务总时长为 3.39 亿小时，核算经济价值为 83.77 亿元，相当于 2015 年全市 GDP 的 0.36%[①]。课题组借鉴报告中的重置成本法对北京市志愿服务经济价值进行测算。根据 2021 年累计志愿服务总时长 5.7 亿小时计算，北京市志愿服务累计经济价值为 130.19 亿元，比 2015 年增长了 55.31%[②]。

[①] 关成华，张佑辉. 志愿服务经济价值的测量方法及其应用——以北京市为例 [J]. 北京社会科学，2018（01）：4-13。

[②] 资料来源：北京市统计局的《北京市 2021 年国民经济和社会发展统计公报》。2021 年度北京市居民人均工资性收入 45675 元，折算为人均小时工资为 22.84 元。http://www.beijing.gov.cn/gongkai/shuju/tjgb/202203/t20220301_ 2618806.html。

二、首都志愿服务的特色

（一）赛会志愿服务亮点突出，是发挥首都功能的重要参与力量

2008 年被称为中国志愿者元年，也是北京市志愿服务发展的重要历史节点。2008 年北京举办第 29 届夏季奥运会和残奥会，志愿者不仅成为北京的名片，引起了世界和全国瞩目，更点燃了首都市民的志愿精神。自此，北京市志愿服务依托国际和国内重大赛事活动的大规模与高规格要求，从理论研究、法规完善到工作体系、人才培养，全面开启了志愿服务进入快速发展的新阶段，也成为推动中国志愿服务事业发展的急先锋。

以 2022 年北京大型赛会活动为例，报名人数突破 100 万，北京冬奥会共录用赛会志愿者 1.8 万余人[①]。北京冬奥会和冬残奥会共设立 5 个志愿服务项目，如前期志愿者项目、测试赛志愿者项目、赛会志愿者项目、城市志愿者项目、志愿服务遗产转化项目等[②]。赛会志愿者服务涵盖体育竞赛、场馆管理、语言服务、新闻运行等 41 个业务领域。致力于后奥运遗产的转化利用，2021 年 3 月，北京市志愿服务联合会与联合国开发计划署、联合国志愿人员组织、中国国际经济技术交流中心联合签署了"通过北京冬奥会志愿服务促进城市可持续发展"的联合国志愿服务合作项目，将重点围绕促进冬奥志愿服务成果转化，构建奥运城市志愿服务协作网络，深化国际志愿服务人才培养三项目标任务，探索志愿服务在促进城市可持续发展上的创新路径。

（二）应急救援志愿服务在突发事件中发挥不可替代作用

志愿服务在首都疫情防控、抢险救灾、公共安全等应急事件中发挥的作用日益突出。目前，"志愿北京"平台注册应急志愿服务组织有 537 支，实名注册应急志愿者已超过 17 万人[③]。2019 年北京举办了"应急志愿服务在行动"系列活动，通过宣传普及应急避险专业知识，为应急志愿者队伍开展服务和公众提高应急避险能力提供了平台。自 2020 年疫情发生以来，北京市委社会工委、市民政局第一时间发布了《关于社会工作者、志愿者参与新型冠状病毒感染的肺炎疫情

① 1.8 万余名赛会志愿者服务北京冬奥会［EB/OL］. 2022-02-18. https：//m. gmw. cn/baijia/2022-02/18/35527768. html.

② 北京冬奥会和冬残奥会志愿服务工作设立 5 个项目［EB/OL］. 2019-05-11. https：//www. beijing2022. cn/a/20190511/002087. htm.

③ 北京：千名志愿者进社区讲应急知识［EB/OL］. 2018-09-18. http：//www. cncn. org. cn/content/2018-09/153725294348170. html.

防控工作的倡议书》，号召各社会工作服务组织、机构、志愿服务组织、社会工作者和志愿者服从疫情防控统一部署，立足服务本地，配合社区防控，发挥专业优势。在《北京市应急志愿者管理暂行办法》的基础上，2021年北京市突发事件应急委员会等六部门共同发布了《关于进一步加强北京市应急志愿服务工作的指导意见》，着力打造"应急管理部门牵头、多个部门协同、社会力量参与"的应急志愿服务工作格局。2022年5月，北京市面向社会招募核酸采样志愿者。2022年5月24日"志愿北京"平台正式上线核酸采样志愿者招募项目报名通道，截至2022年6月初，核酸采样志愿者报名人数超过4万人。应急志愿者成为首都疫情防控不可或缺的力量。

（三）国际志愿服务不断提升首都国际影响力

近年来，北京市一方面积极推动参与国际志愿文化交流活动，参加国际志愿服务会议，选派优秀志愿者管理人员参加国际志愿者工作协会国际会议交流学习展示风貌；另一方面积极参与双边或多边的志愿服务实践项目，提升首都国际影响力。如2015年10月北京志愿服务联合会与UNV共同主办了首届世界志愿服务交流大会，来自世界五大洲27个国家和地区的95名代表出席了大会。这是中国首次举办中等收入国家志愿服务领域的多边国际会议，对国际志愿服务和中国志愿服务事业的发展都具有重要意义。2016年北京市志愿服务联合会与联合国志愿人员组织启动了"通过南南合作与'一带一路'倡议促进中国参与国际志愿服务发展项目"，北京项目办派出2名志愿者参与泰国、缅甸UNV办公室工作。清华大学和北京市志愿服务联合会签署的国际志愿服务合作框架书，双方将结合事业发展需求及各自资源优势，共同推动在联合国志愿者选派、国际志愿服务人才培养、开展志愿服务项目、国际交流交往等方面开展多层次合作。首都志愿服务已成为国家公共外交的一张崭新名片，彰显国家实力、民族自信和城市形象。

（四）理论先行、科技支撑、政策保障助力首都志愿服务始终走在全国前列

2011年4月9日，北京团市委作为业务主管单位牵头成立"北京志愿服务发展研究会"。这是全国首个专业从事志愿服务研究的社会团体，旨在广泛联系社会各界研究力量，推动志愿服务学术研究成果的固化、转化及推广。成立至今先后编制出版了《北京志愿者手册》、《奥运志愿者工作读本》（2008年）、《北京志愿服务研究系列丛书》（2009年）、《中国志愿服务大辞典》（2014年）、《志愿服务研究学术文库》（2015年）、《中国特色志愿服务理论体系丛书》

（2017 年）等志愿服务研究图书 38 部 41 本，为首都志愿服务事业发展和社会建设提供智力支持。

为提高志愿服务管理效率，早在 2007 年备战奥运志愿者工作中，北京就开发了"志愿北京"网络平台，为高效完成北京奥运会志愿者招募、培训、管理、计时工作等发挥了重要作用。此后，"志愿北京"进一步完善平台功能，广泛宣传了志愿服务知识、志愿精神和志愿服务相关政策法规，有效降低了志愿服务组织的人力资源和运营管理成本，为注册志愿者提供人身意外伤害保险和服务记录与星级评定等支持，大大促进了北京市志愿服务事业的发展。

2008 年至 2022 年 10 月，北京市共出台与志愿服务相关的政策法规和标准约 18 个[①]，为首都志愿服务规范发展、率先示范提供了坚实保障（见表 4-3）。

表 4-3　2008~2022 年北京市志愿服务法律法规汇总

名称	部门	日期
北京市志愿服务促进条例	北京市第十二届人大常委会	2007 年 9 月 14 日
北京奥运会、残奥会社会志愿者总体执行方案	北京奥运会志愿者工作协调小组办公室	2008 年 5 月 26 日
关于进一步加强和改进志愿者工作的意见	中共北京市委北京市人民政府	2009 年 3 月 21 日
北京市社区志愿服务促进办法	北京市民政局	2011 年 12 月 28 日
北京市关于组织全市共产党员、共青团员积极参与学雷锋志愿服务活动实话意见	北京市委组织部、宣传部、首都精神文明建设办	2014 年 2 月 27 日
关于北京市中小学开展志愿服务工作的意见	北京市教育局等	2015 年 8 月 28 日
北京市地震应急预案（2015 年修订）	北京市地震局等	2015 年 12 月 22 日
北京市突发公共卫生事件应急条例	北京市第十五届人大常委会	2020 年 9 月 25 日
北京市志愿服务促进条例（2021 年修订）	北京市第十五届人大常委会	2020 年 12 月 26 日（修订）
北京市大型活动志愿者服务规范	共青团北京市委	2021 年 7 月 1 日
北京市国际交往语言环境建设条例	北京市第十五届人大常委会	2021 年 11 月 26 日
北京市献血条例	北京市第十五届人大常委会	2021 年 11 月 26 日
北京市养老服务时间银行实施方案（试行）	北京市民政局、财政局、共青团市委	2021 年 12 月 16 日

① 资料来源：https：//www.bv2008.cn/cate/bvf_ zcfg/？p=1。

续表

名称	部门	日期
北京市志愿者服务管理办法	北京市社建委领导小组	2022 年 1 月 10 日
北京市新冠肺炎疫情社区防控志愿服务工作指引	北京市社建委民政局等	2022 年 5 月 17 日
北京市应急志愿服务管理办法	北京市突发事件应急委员会办公室等	2022 年 8 月 18 日
北京市"十四五"城乡社区服务体系规划	北京市政府办公厅	2022 年 9 月 13 日
北京市公共文化服务保障条例	北京市第十五届人大常委会	2022 年 9 月 23 日

三、首都志愿服务发展面临的问题及建议

（一）进一步理顺管理体制，提高跨部门协同效率

首都志愿服务涉及市委宣传部、团市委、市民政局等多部门共同管理，在实际工作中难免会出现管理职能交叉导致资源浪费、管理真空等问题。建议进一步强化首都精神文明建设委员会和各区精神文明建设委员会统一领导下的由精神文明建设委员会办事机构牵头、有关部门和单位参加的志愿服务工作协调机制。相关职能部门做好各自领域的志愿服务管理工作。进一步明晰多元管理主体间的角色功能和权责边界。首都文明委牵头完善更加有效的跨部门协同机制，形成管理合力。

（二）加强枢纽型组织建设，培育友好行业生态

枢纽型志愿服务组织是志愿服务行业重要的基础设施。目前北京市枢纽型志愿服务组织数量不多，主管部门和社会各界对志愿服务价值和志愿精神的认识不足，对枢纽型支持型志愿服务组织的扶持力度有限，对志愿领袖和队伍建设的社会激励比较匮乏。建议主管部门和各领域分管部门进一步增强对志愿服务价值的认识，通过扶持培育不同功能、不同专业领域、不同类型的枢纽型志愿服务组织，提升志愿服务行业在资源链接、能力促进、专业咨询、平台数据和传播推广等方面的效能。发挥枢纽组织桥梁纽带作用，协助政府做好志愿服务活动的申报审核、检查督导、管理备案与评估认证等工作。落实志愿者注册、服务记录、安全保障等各项管理制度。鼓励有条件的街道社区或养老、助残等垂直领域，加大志愿服务阵地建设，为开展志愿服务提供更多空间、资源条件。

（三）加大创新驱动实效，使志愿服务成为促进共同富裕的重要力量

北京虽然在志愿服务人数和团队上数量庞大，但志愿服务的精准化、专业化程度与新时代首都发展的要求和群众期盼仍有差距。志愿服务组织普遍面临能力不足、管理落后、志愿者流动性大，主动性不强等问题。建议加大志愿服务供需对接机制建设，完善以"志愿北京"为代表的志愿服务平台和"志愿汇"等App功能，用技术为首都志愿服务发展赋能，促进志愿服务组织的数字化转型，为志愿服务组织管理和服务落地提供更好支撑。鼓励企业志愿服务活动，促进专业志愿服务广泛开展。建立多层次、多种类的志愿者激励表彰奖励制度，推广"志愿服务时间银行""互助服务""服务转换"等有效形式，把提供志愿服务与享受福利政策、升学求职、信用信贷等政策结合起来。通过群众广泛参与志愿服务，提高全民思想道德水平，促进全民精神富裕。努力推动首都志愿服务从注册数量提升阶段向高质量服务阶段转型，形成全社会向上向善的磅礴力量。

第四节　首都韧性社区建设现状、问题及对策

2021年11月，北京市发布《关于加快推进韧性城市建设的指导意见》（以下简称《意见》），要求以突发事件为牵引，立足自然灾害、安全生产、公共卫生等公共安全领域，从城市规划、建设、管理全过程谋划提升北京城市整体韧性。《意见》提出，到2025年，韧性城市评价指标体系和标准体系基本形成，建成50个韧性社区、韧性街区或韧性项目。统筹抓好发展和安全两件大事，建设更高水平平安城市，对在复杂环境下全力以赴稳增长具有重要意义。社区是城市的基本细胞，韧性社区建设是治理体系现代化的重要指标。当前推动韧性社区建设，有需求、有基础，要坚持分类分区管理、标准先行，市场为主、多元参与原则，坚持安全发展理念，让人民美好生活更安全，城市发展更美丽。

一、北京韧性社区建设处于起步探索期

"韧性"源于物理学，用以描述材料恢复形变的能力。1973年，霍林首次将"韧性"思想纳入生态系统研究，主要指"衡量系统持久性及其吸收变化和干扰的能力"。韧性的核心内涵是"适应"；"韧性社区"包括三个主要特征：一是

"稳定性"，社区能够将风险灾害带来的损失控制在可接受的范围内；二是"恢复力"，社区系统功能紊乱后能够恢复秩序；三是"适应力"，社区能够通过自组织对灾害后的新环境进行调适，将对风险灾害的响应过程转化为常态的治理机制和治理能力。社区韧性主要体现在物理空间、组织结构、信息沟通和人口要素等方面。

自全面推进社区建设以来，社区安全一直被列为重要目标，目前，北京市韧性社区建设还处于探索阶段，以韧性小区建设为主的项目，主要依托于全国综合减灾社区创建活动和老旧小区改造开展相关工作。2004 年，首都治安综合治理委员会出台了《关于进一步加强社会治安防范工作的若干意见》和《首都"平安社区（村）认定管理办法"》。首都治安综合治理委员会自 2004 年 4 月起，在全北京市的城镇以社区为单位，开展创建"平安社区"活动，在农村以行政村为单位，开展创建"平安村"活动。2005 年 5 月，首都综治委又进一步提出了《关于全面推进首都基层平安建设工作的意见》，要以平安街道（乡镇）、社区（村）、单位、校园、商市场、旅游景区创建活动为载体，有效整合、创新和发展群防群治队伍。2012 年北京市出台了《智慧北京行动纲要》，计划在"十二五"期间建成 1500 个智慧社区，按照"便民、惠民、利民"的原则，建成智慧社区基础设施网络、智能高效便民的服务体系、安全高效的社区管理服务体系，实现社区居民"吃、住、行、游、购、娱、健"生活七大要素的数字化、网络化、智能化、互动化和协同化。2019 年应急管理局出台了《关于加强安全社区与综合减灾示范社区融合推进意见》（京应急通〔2019〕76 号），提出示范社区建设应遵循"资源整合、全员参与、综合减灾、持续改进"的理念。到 2021 年，"北京市综合减灾示范社区"共有 603 个。社区层面建立起由一把手任组长的综合减灾领导机构，建立了多利益相关者参与的综合减灾协调联动机制。截至 2021 年末，北京市 17 个地区、343 个街道（乡镇、经济体）、7049 个社区共配备灾害信息员 9709 人。其中，市级灾害信息员 8 人，区级灾害信息员 68 人，街道（乡镇）级灾害信息员 1309 人，社区灾害信息员 8332 人[①]。这些举措为保障基本的社区灾害监测预警信息的上传下达奠定了基础。全面推进韧性社区建设，是对疫情暴发以来暴露出的社区应急管理问题的反思和提升。

---

① 北京市应急管理局：《2021 年北京市应急管理事业发展统计公报》。

二、北京韧性社区建设中面临的挑战

北京市人民政府新闻办公室举行的《北京市"十四五"时期城市管理发展规划》新闻发布会上公布，自 2017 年启动新一轮老旧小区改造工作以来，全市已累计确认 1066 个小区、4068 万平方米；完工 295 个小区、1062 万平方米；在施 364 个小区、1567 万平方米。老旧小区改造是北京市建设韧性社区的重要抓手，分类推进实施老旧小区综合整治。全力推动改造工作提质增效，综合改造项目特点分危旧楼改建、抗震节能综合改造、节能综合改造、单项改造及环境整治提升四类推进改造实施。目前，韧性社区建设的路径主要有两个方面：一方面，围绕老旧社区改造和综合减灾社区申报，提升了一批社区基础设施的使用寿命和抗灾能力；另一方面，围绕智慧社区理念，运用相关技术对社区管理的相关硬件和软件进行智能化改造，通过各类平台、终端的建设提升社区在信息收集、发布和传播上的便捷性，提升社区管理的效率和规范性。目前在探索韧性社区建设的多样化路径中存在以下两个方面的挑战：

第一，市场参与有限。综合减灾的措施主要侧重组织设置、机制建立、预案编制和基础知识静态宣教，对于社区"组织韧性"、系统韧性的关注还远远不够。市场参与的积极性多集中在雪亮工程、平安社区建设有关的硬件投入和信息采集软件上，例如摄像头采购安装、人脸识别系统安装和停车管理收费系统。2021 年至今的政府采购数据显示，目前市级层面是由北京市应急管理科学技术研究院采购的中标金额为 155 万元的"韧性城市评价指标和标准化体系构建及应用技术支撑项目"。区级层面有中标金额 197.5 万元的"石景山区安全韧性社区专项规划城市规划和设计服务项目"，主要是规划研究在安全风险识别评估的基础上，从空间综合利用、骨干交通系统、关键基础设施规划等 6 个方面构建全区安全韧性空间框架，结合石景山区特点研究提出安全韧性社区指标体系，并从防灾抗灾能力提升、安全交通流线等各方面提出构建安全韧性社区规划意见和措施。还有怀柔区乡镇街道层面有"清华园街道地震安全韧性评估示范工程建设地震服务项目"，主要是以清华园街道为案例，研究可移植、可推广的地震安全韧性评价框架和标准流程，形成一套考虑城市层面评价指标的社区韧性评价指标体系和评价方法，研发一套地震安全韧性评估平台。

第二，以"治理共同体"为目标的韧性社区建设方向还未形成共识。本质上韧性社区的建设是以社区为基本单元主动统筹配置各类社会资源，增强社区的稳定性、适应性和可持续性。现实中社区的功能主要集中在物业管理和服务功能的完善上。社区承担着基层矛盾解决和社会治理体制创新的双重责任，从"风险社会"风险共担的视角来看，"社区共同体"是韧性社区建设的方向。

三、北京韧性社区建设的路径探索

韧性社区不止于概念的创新，本质上是基层治理体系的探索，所以韧性社区建设应当重点在韧性社区的建设模式、方法和技术上下功夫。"智慧社区""无疫社区""平安社区"等都是对社区单一维度提升的要求，而韧性社区建设强调整体性、结果导向和结构化。

（一）标准先行，规范韧性社区建设方向

一是标准设置要紧紧遵循"以人民为中心"的原则。社区韧性提高的一个关键要素是居民个体脆弱性的降低，个人和家庭的个体经验、社区居民间的知识传播和互助，在风险的早期识别、及时响应中起到重要作用，例如居民疏散的响应速度和步行速度、居民对社区的依附感和认同度。此外，国外将居民参与作为韧性社区评估的重要指标，例如"参与式风险评估""风险和承受力评估"以及"参与式脆弱性分析"。

二是标准的主要内容要突出"组织韧性"的重要性。在各类风险和突发事件面前，社区不是风险传导的末梢，而是风险扩散和爆发的基础和基点，只有社区共同体所有成员（包括居民、社区组织、驻区单位、社区志愿团体等）具备共同体意识、合作精神和集体行动的能力，才能真正发挥社区在风险面前的基层堡垒的作用。伴随工业化、城市化、交通和通信现代化，人们的生产、居住、生活、交往方式发生了很大改变，直接影响了社区的运行机制，而韧性社区建设的重要指标是社区组织是否在灾难面前具有韧性，所以必须吸取、学习和沉淀疫情防控中形成的社区党组织纵览全局、协调各方、引领各方的机制优势，由党委政府牵头，充分体现以人民为中心的治理逻辑，充分发挥社区组织的政治领导力、群众组织力和社会动员力。

（二）市场为主，激发韧性社区建设活力

灾害深深根植于社会关系中，它最显著的破坏性特征是对社会秩序的影响，而社会资本的多元深度参与有助于提高社会结构和社会秩序的韧性，让社区具备"自我复原"的能力。韧性社区建设需要构建政府引导、市场为主、社会力量多元参与的工作模式，运用多种方式鼓励社会资本参与。

一是大片统筹、小区自平衡、政府补贴建设运营方式，吸引市场主体参与。由于韧性社区建设的标准化特点，鼓励各区组织大片区统筹、跨片区组合的方式，将老旧小区与新建小区组合，匹配统一实施主体，减少企业在投资、设计、施工阶段的成本，提高企业的运营韧性社区的收益，也可采用传统的小区自平衡的建设运营模式。对于高风险地区的社区，如若韧性社区建设预期收益不能覆盖投入的项目，采用相关部门付费或可行性缺口补助的方式平衡项目收支。

二是投资建设运营一体化，促进多元经营资产收支平衡。对于市属、区属国有企业或其他自身实力较强的市场主体，可以用项目运营收益和政府授权运营或注入其他资产产生现金流等企业综合收益作为长期建设运营韧性社区的模式，通过小区配套设施、公共服务设施等出租、经营收入和其他多种经营资产的收入等实现收支平衡。

三是注重熟人社区建设，提升居民应急能力、织就居民互助网络。建设韧性社区还要充分挖掘社区的自主能力，筑牢社区韧性的基础。社区应急演练、居民的动员力与突发事件应对的效果有密切关系。社区要注重对居民在社区安全、应急知识、技能、危机学习能力、危机心理等方面能力的培育，使居民在突发事件发生时充分发挥社会网络的积极作用，自助互助、风险共担，使社区整合为一个良好的内循环体系，能够快速灵活应对危机，并从危机中迅速恢复最基本的社会功能。

（三）分类探索多元、精细的韧性社区建设模式

政府要关照不同社区的优势与缺陷，探索不同的畅通的资源支持模式，为突发事件爆发时政府、社会和市场的资源灵活自主进入社区提供保障。由于不同社区具有不同的资源禀赋、社会结构、风险场景和薄弱环节，韧性社区推进应采取"分类试点"，针对不同区域的特征探索不同的韧性社区建设模式。

一是核心区以"城"为重，通过新技术、新理念打造本质安全，通过既有的良好的社区服务团队以点带面，确保核心区"风险不出小区"。

二是海淀区、朝阳区、石景山区在智慧社区建设中前期探索较多，基础较好，可以探索以"社区组团"为主的韧性社区建设模式，统筹盘点本行政区内所有社区的防灾、减灾能力，在此基础上优劣势互补，在韧性社区理念下优化阵列分布，选择重点社区探索实现"风险不出组团"的目标。

三是远郊区县，可以选取综合减灾示范社区建设数量较少的大兴区、顺义区和密云区，基于个性化和差异化灾害风险数据底层数据库，构建有特色的尤其是

在乡村着力发挥好灾害信息员、安全员、综治人员、网格人员等的重要力量，以社区工作人员为抓手和枢纽，组织好培训交流和演练评估，提高专业人员的风险排查、备勤、信息联络核心能力，带动一批志愿者，进而带动居民、村民提高整体防灾减灾能力。

国家和各级政府在减少灾害带来的损失和伤害方面给予了大量的资金和政策支持，减灾不仅是一个需要解决的技术问题，对于城市安全发展而言，更是一个复杂的挑战，我们需要自下而上地创造出有韧性的社区、有韧性的城市去主动抵御未知的和意料之外的不确定性风险。

执 笔 人：于晓静　徐　谱　刘沛罡（第一节）

　　　　　荀　怡（第二节）

　　　　　于晓静　翟　雁　王　鑫（第三节）

　　　　　郑　琛（第四节）

第五章　扎实推进首都文化现代化建设

党的二十大报告提出"发展面向现代化、面向世界、面向未来的，民族的科学的大众的社会主义文化，激发全民族文化创新创造活力，增强实现中华民族伟大复兴的精神力量"。文化现代化是首都现代化的重要组成部分，同时贯穿经济现代化、政治现代化和社会现代化等各个层面。随着经济社会的发展，首都文化现代化的内涵更加丰富和深刻，文化安全建设、文化产业数字化转型、文化开放水平提升是推动"源远流长的古都文化、丰富厚重的红色文化、特色鲜明的京味文化、蓬勃兴起的创新文化"加快现代化发展的重要抓手。

第一节　2021年首都文化现代化年度评价及路径建议

受超预期因素影响，北京市居民线下文化活动等受到影响，但随着全国文化中心建设稳步推进，文化活力、影响力、竞争力等均有所提升，实现了更高水平、更高质量、更有活力、更加安全的文化现代化发展。

一、从关键指标来看，首都文化现代化水平进一步提升

（一）从文化安全指标来看，首都文化安全水平持续提升

一是历史文化遗产保护水平进一步提升，专业技术人才占比显著提高。从历史文化遗产保护综合指数来看，指标数值由 2018 年的 8.032 提高至 2020 年的 11.597。其中，文物保护专业技术人才比例显著提升，文物保护管理机构、文物业专技人才占比分别达 16.07%、24.60%，较 2018 年的 7.40%、18.97% 有显著

增长。随着国家级和省级关于考古机构编制的要求进一步明确，首都文物保护管理事业的人才队伍力量必将不断充实。《北京中轴线文化遗产保护条例》正式实施后，历史文化遗产的保护机制进一步完善，老城历史文脉也将得到更好保护和传承。

二是文化贸易总体规模持续扩大。2021 年，北京市文化贸易总额达 86.3 亿美元，较 2018 年增长 43.3%。从商品贸易来看，北京市文化产品进出口总额达 61.3 亿美元，其中，出口 19.4 亿美元，占比为 31.6%。从服务贸易来看，北京市个人、文化和娱乐服务进出口 25.0 亿美元，其中，出口 8.6 亿美元，占比为 34.4%。

三是文化出口竞争优势持续增强。根据《北京文化产业发展白皮书（2022）》，2021 年，北京市文化贸易出口额 28.0 亿美元，占文化贸易总额比重达 32.4%，较 2018 年 40.3% 的占比有所降低，但游戏等优势产业出口竞争力持续凸显。2021 年，北京动漫游戏企业出口产值达 575.3 亿元，同比增长 27.1%。从重点企业和项目来看，北京市共有 69 家企业、31 个项目入选 2021/2022 年度国家文化出口重点企业和项目名单，入选数量均居全国第一，全国占比分别为 18.7% 和 25.6%。

（二）从文化活力指标来看，首都线下文化活动频次减弱、总体活力不减

一是线下文化活动频次减弱。受疫情等超预期因素影响，居民线下文化活动被迫停摆。从文娱消费来看，2022 年前三季度，北京市居民人均教育文化娱乐消费支出占比为 7.10%，较 2019 年、2020 年、2021 年的 10.02%、9.00%、7.70% 进一步下降（见表 5-1）。从居民文化活动参与度综合指数来看，指标数值为 2.3411，较 2018 年的 6.2132 显著降低，其中，出境旅游、电影观影、公共图书馆等活动人次分别下降 90.00%、72.00%、75.00%，博物馆、群众文化机构等参观活动人次降幅约为 25.00%（见表 5-2）。

表 5-1　北京市和全国居民人均教育文化娱乐消费支出占比变化　　　单位:%

地区	2018 年	2019 年	2020 年	2021 年	2022 年前三季度
北京	10.00	10.02	9.00	7.70	7.10
全国	11.20	11.70	9.60	10.80	10.00

表 5-2　居民文化活动参与度综合指数年度评估

细分指标	权重（%）	2018 年		2020 年		2035 年（万人次）
		2018 年（万人次）	数值/常住人口	2020 年（万人次）	数值/常住人口	
电影观影人次	20	7645.30	3.5490	2117.50	0.9673	10000.00
出境旅游次数	20	484.50	0.2249	47.20	0.0216	600.00
博物馆参观人次	20	2374.80	1.1024	1752.60	0.8006	4000.00
公共图书馆总流通人次	20	1903.00	0.8834	480.00	0.2193	3000.00
群众文化机构文化活动观众人次	20	976.95	0.4535	727.49	0.3323	2000.00
合计		13384.55	6.2132	5124.79	2.3411	19600.00

二是城市文化活力进一步彰显。尽管北京市线下文化活动的半径有所收缩，但数字文化、户外文化等新业态新场景也在持续涌现，不断唤醒城市活力。①数字文化活力不断释放。第九届北京惠民文化消费季线上文化消费 62.7 亿元，占总消费额的 77.9%，共推出 2.4 万场线上活动，较往年大幅增长，线上浏览量 18.32 亿人次，占总参与人次的 99.0%。②户外运动休闲文化从"小众"变"主流"。飞盘、腰旗橄榄球等户外运动项目成为潮流，露营音乐节、露天电影、后备箱集市等"小而精"的文化模式广受热捧，绿色有氧骑游、徒步游等京郊游玩热点不断涌现。2022 年国庆假期，以延庆为例，有 5.3 万游客有氧骑游妫川线，日均骑游游客较该年中秋节增长 468%。③新文化地标带动作用显著。环球主题公园开园运营，开园首月带动周边住宿和餐饮业累计税收收入环比增长 41.5%，成为文旅消费新地标。新首钢园成为"赛博朋克打卡地"，首钢园·六工汇在 2022 年国庆假期期间客流量合计近 20 万人次，创开业以来新高。

（三）从文化软实力指标来看，文化影响力和竞争力持续提高

自疫情以来，对外/港澳台文化交流活动数量锐减，2018 年北京市文化交流活动有 182 个（其中出访活动 38 个），2020 年仅有 6 个（其中出访活动 2 个）。面对近乎停摆的国际文化交流活动，北京如期举办了冬奥盛会，"双奥之城"的品牌力和影响力不断释放。向世界呈现了四场举世瞩目、无与伦比的冬奥会和冬残奥会开闭幕式，冰墩墩、雪融融成为全国"爆款"，甚至在国际"疯狂圈粉"。冰雪文化热潮在北京市广泛掀起，北京市开展冬奥主题城市文化活动 659 项、1.16 万场。北

京市坚持危中寻机、化为危机，持续出台助企纾困政策措施，积极拓展国内市场，文化产业竞争力不断增强。2020 年，北京市文化产业实现增加值 3770.2 亿元，占地区生产总值的比重为 10.5%，高于全国 6.1 个百分点，稳居全国第一。数字出版等文化活动较为活跃，北京市电子出版物出版数量 22124.7 万盒/张，较 2018 年的 19666.6 万盒/张增长了 12.5%（见表 5-3）。

表 5-3　首都文化现代化指标体系年度评估

一级指标		二级指标	2018 年	2021 年	2035 年
文化安全		历史文化遗产保护综合指数	8.032	11.597	19.625
		文化贸易出口占文化贸易总额比重（%）	40.37	32.40	55.00
文化活力		人均教育文化娱乐消费支出占比（%）	10.02	7.70	18.00
		居民文化活动参与度综合指数	6.213	2.341	8.909
文化软实力	文化影响力	世界媒体 100 强入榜企业（家）	3	3	6（至少 1 家进入 TOP10）
		文化交流活动中来访活动占比（%）	26.39	33.00	40.00
	文化竞争力	文化产业增加值占 GDP 比重（%）	9.30	10.50	18.00
		电子出版物出版数量（万盒/张）	19666.6	22124.7	40000.0
文化素养		全球百强智库榜单（美国以外地区）入选数量（家）	6	6	20（至少 2 家进入 TOP10）

注：除世界媒体 100 强入榜企业、全球百强智库榜单（美国以外地区）入选数量分别为 2020 年、2021 年数据外，其余指标均为 2018 年数值。文化贸易出口占文化贸易总额比重、人均教育文化娱乐消费支出占比（%）为 2021 年数值，其余均为 2020 年数据，待统计数据发布后更新完善。

（四）从文化素养指标来看，思想价值创新引领水平不断提升

根据浙江大学信息资源分析与应用研究中心发布的《全球智库影响力评价报告 2021》，全球智库榜单 TOP100 中，美国智库有 25 家、中国智库有 20 家。中国智库榜单 TOP20 中，17 家位于北京，2 家位于上海（上海社会科学院、上海国际问题研究院），1 家位于河北（察哈尔学会）。

二、北京市文化现代化领域的亮点、成效

在文化安全方面，历史文化遗产保护专业技术人才占比显著提高。2020 年，

文物保护管理机构、文物业专技人才占比比 2018 年分别增长 8.67%、5.63%①
（见表 5-4）。

表 5-4　历史文化遗产保护综合指数年度评估　　　　单位：%

细分指标（%）	权重	2018 年	2020 年	2035 年
文物保护管理机构专技人才占比	25	7.40	16.07	30.00
文物业专技人才占比	25	18.97	24.60	40.00
国家级非物质文化遗产项目代表性传承人占全国比重	25	3.43	3.43	4.50
文物业一级、二级、三级品文物藏品占总藏品比重	25	2.32	2.29	4.00
加权平均值		8.03	11.60	19.63

在社会文明建设方面，文明实践、文明创建、文明培育取得新进展。截至
2022 年，北京已建设了近 7000 个②新时代文明实践中心、所、站，基本实现区
街、乡镇、社区村全覆盖，形成独具首都特色的"北京样本"。北京市东城区、
西城区、朝阳区、海淀区、通州区、延庆区已获评全国文明城区。

在公共文化服务方面，公共文化服务品质不断提升，公共文化服务体系建设
政策体系更加完善。2022 年 9 月，北京市公布了《北京市公共文化服务保障条
例》，自 2023 年 1 月 1 日起施行。

在文化产业数字化转型方面，数字文化企业发展较为强劲。2021 年，北京
市规模以上核心数字文化企业占规模以上文化企业营业收入的比重超过六成半③。

在文化贸易方面，企业、基地带动作用较强。根据商务部服贸司的数据统
计，2019~2020 年我国重点文化出口企业超过 300 家，重点项目超过 100 个。天
竺综合保税区政策创新带动园区文化贸易产业税收大幅增长④（见表 5-5）。

表 5-5　近年北京市文化贸易情况　　　　单位：亿美元

指标		2018 年	2019 年	2020 年	2021 年
文化贸易	总额	60.20	72.80	60.70	86.30
	出口	24.30	14.55	14.48	28.00

①　资料来源：《中国文化文物和旅游统计年鉴》。

②　资料来源：京报网。

③④　资料来源：《北京文化产业发展白皮书（2022）》。

续表

指标		2018 年	2019 年	2020 年	2021 年
文化产品	总额	22.40	34.60	37.00	61.30
	出口	—	9.10	7.68	19.40
文化服务	总额	37.80	38.20	23.70	25.00
	出口	—	5.45	6.80	8.60

资料来源：市文资中心《北京市文化产业发展白皮书》，其中文化服务统计口径不完全一致，2020年、2021年按个人、文化和娱乐服务进出口进行统计，2018年、2019年按文化服务（广告、电影音像）进行统计。

虽然首都文化现代化建设取得了不少成效，但是文化安全、公共文化服务、文化产业数字化转型、文化贸易等方面仍面临风险挑战，需按照"以安全为保障、以数字化为加速器、以高水平开放为有效路径"的思路，围绕"筑牢首都文化安全防线、推动文化产业数字化转型、促使对外文化贸易更快更好发展"三大任务，实施有效举措，既推动北京市文化现代化短期内加快发展，也保障北京市文化现代化长期内健康发展。

第二节　增强核心文化竞争力　筑牢首都文化安全防线

国家安全是民族复兴的根基。党的二十大报告再次强调"必须坚定不移贯彻总体国家安全观""以新安全格局保障新发展格局"。文化安全作为总体国家安全观的内容之一，是国家安全体系的重要组成部分。北京作为全国文化中心，需要切实增强核心文化竞争力、筑牢文化安全防线，推动实现高质量文化发展和高水平文化安全的动态平衡。

一、文化安全的内涵剖析

国家文化安全是指一个国家文化相对处于没有危险和不受内外威胁的状态，以及保障、维护和塑造持续安全状态的能力。《国家安全法》第二十三条指出，国家坚持社会主义先进文化前进方向，继承和弘扬中华民族优秀传统文化，培育和践行社会主义核心价值观，防范和抵制不良文化的影响，掌握意识形态领域主导权，增强文化整体实力和竞争力。对首都而言，需要树立底线思维，需要把维护文化安全贯穿至实现首都文化现代化的各方面全过程，有效防范化解各类风险挑战，为率先基本实现社会主义现代化首都提供坚实支撑。

实现文化安全的关键在于培育文化核心竞争力，打造维护文化现代化的"免疫系统"。从基本性质来看，涉及文化主权、意识形态、文化认同、文化传统等方面。文化主权是核心，即国家对于文化制度、意识形态、民族文化等文化利益具有不可剥夺的自主决定权。意识形态是根本，关乎旗帜、关乎道路、关乎国家政治安全，是文化安全的思想防线。文化认同是建立文化自信的源泉，是最深层次的认同，是民族团结之根、民族和睦之魂。文化传统是基本纽带，是确认民族身份的基础条件，也是建立文化认同的重要保证。从具体领域来看，包括文化事业、文化产业、文化传播、文化交流等方面。

在推动实现首都文化现代化的过程中，文化安全是基本保障，也是重要内容。文化安全遭受侵蚀，文化现代化必然无从谈起。一方面，文化安全是实现首都现代化的基本保障。习近平总书记深刻指出，没有文明的继承和发展，没有文化的弘扬和繁荣，就没有中国梦的实现。文化安全是实现文化繁荣的重要前提。只有坚决捍卫文化主权完整独立，才能切实保障文化利益；只有严守意识形态主阵地，才能更好地凝心聚力，有效应对内外部风险挑战；只有维护文化传统、增强文化认同，才能持续增强文化自信，为实现首都现代化注入源源不断的精神动力。另一方面，文化安全是实现首都文化现代化的重要内容。文化是国家存在的合法性和合理化的确证，是民族生存发展的思想基石和精神支柱。统筹推进"五位一体"总体布局、协调推进"四个全面"战略布局，文化是重要内容；推动高质量发展，文化是重要支点；满足人民日益增长的美好生活需要，文化是重要因素；战胜前进道路上的各种风险挑战，文化是重要力量源泉。

二、首都文化安全面临的风险挑战

在百年变局和世纪疫情叠加影响下，首都文化安全面临更加突出的内源与外源共振风险，守好文化安全前沿阵地任重道远。

（一）文化主权安全

一是不同文明加速碰撞威胁文化主权。随着国际力量调整和世界秩序重塑，不同文明之间的冲撞融合愈加激烈，北京面临的各种信息战、舆论战等文化安全威胁愈加复杂，特别是意识形态威胁愈加严峻。

二是新技术新业态加速发展冲击网络文化阵地。疫情倒逼信息化数字化转型提速，进一步扩大了网络安全攻击面，特别是掌握互联网核心技术资源的个别西方国家更加擅长网络空间的"文化战"。2021 年，国家信息安全漏洞共享平台收集整理信息系统安全漏洞 26559 个，较 2019 年同期（16186 个）增长 28.3%，达到历史最高（见图 5-1）。从境内网站被篡改和被植入后门的网站数量来看，地区分布排名第一的均为北京市①。

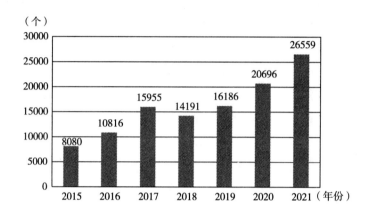

图 5-1　国家信息系统安全漏洞变化趋势

（二）文化身份认同

　　一是传统文化遗产保护存在短板弱项。从物质文化遗产来看，文物保护主体责任落实不到位、安全管理存在隐患和漏洞等问题依然突出，防灾减灾能力仍需增强。从非物质文化遗产来看，"失传"风险需引起警惕。根据目前发布的五批次国家级非物质文化遗产代表性项目名录中的 3610 个子项，北京和中直单位合计 167 项，低于浙江、山西等省份（见表 5-6）。从人才情况来看，传承人队伍年龄结构偏大、青年传承人偏少，根据近年来国家级非物质文化遗产传承人名录，北京市非遗传承人平均年龄在 63 岁②，35 岁以下传承人数量为零。

---

① 源自国家互联网应急中心，具体数据未公布。
② 截至目前名录共发布五批、其中前四批公布年龄，年龄统计按公布名录时的年龄计算。

表 5-6　国家级非物质文化遗产代表性项目和传承人主要名录

地区/单位	国家级非物质文化遗产代表性项目（人）	国家级非物质文化遗产代表性项目代表性传承人（人）
北京	120	105
中直单位	47	86
浙江	257	196
山西	182	149
广东	165	132
河北	162	149
江苏	161	178
四川	153	107
福建	145	143
云南	145	125
新疆	140	112
湖南	137	121
河南	125	126
安徽	99	119
上海	76	120
合计	3610	3063

资料来源：中国非物质文化遗产网，是截至目前的最新数据。

二是传统文化价值观逐步遭受侵蚀。随着社会进步和全球多元文化冲击，部分传统价值观念遭受质疑甚至陷入认同困境。以婚育价值观为例，相比于传统文化中"多子多福"的"重家庭"价值理念，独身主义、不婚主义等"重个人"价值理念逐步流行，而部分媒体机构应对网络舆论欠缺经验和有效手段，传统价值观念在网络阵地下更容易成为舆论焦点并无限放大。

（三）文化核心竞争力

一是智库创新力和引领力需进一步加强。智库具有价值引领、思想创新、政策影响等天然的能力禀赋，对于维护文化安全具有重要作用。当前北京市具有国际影响力的智库数量仍有待提升，研究成果的国际影响力不足，特别是立足中国特色社会主义制度体系，开展本土化理论创新不够，较多依赖西方经济学理论框架；智库机构对外发声渠道不够，难以打开国际舆论场。

二是文化核心产品竞争优势有待提升。2020 年，北京市文化产业实现增加值 3770.2 亿元，占地区生产总值的比重为 10.5%，高于全国 6.1 个百分点，但相较于美国约 30% 的产业比重仍然偏低。文化贸易"进口依赖"较为严重，2021 年，北京市文化产品进出口 61.3 亿美元，其中，出口 19.4 亿美元；个人、文化和娱乐服务进出口 25.0 亿美元，其中，出口 8.6 亿美元。

三是核心文娱项目的国际影响力不足。体育、游戏、艺术等各类赛事活动、社会组织等国际地位不足，尚未形成有足够影响力的国际品牌，缺少足够的国际话语权。借鉴俄乌冲突期间俄罗斯遭受的国际体育项目禁赛、文艺作品下架等文化制裁，可以看出，国际文化地位缺失也将成为极端事件中的不稳定因素，不仅威胁文化安全，也对其他领域造成连带影响。

（四）文化传播交流

一是国际传播渠道需加快健全。西方国家多年来通过各种基金会、非政府组织、外交学术交流等手段进行文化输出，已形成壁垒。脸书、推特、油管等主流国际社交媒体均属于美国。

二是新媒体运营手段需进一步加强。以体育事业为例，从体育主管部门公众号情况来看，北京官方媒体账号运营活跃程度和流量均不及上海，"上海体育"公众号保持每日 3 次共 6 篇文章的推送频率，平均阅读量约为 3500 人次；而"体育北京"公众号更新频率约为每周 1 次，每次推送 4~6 篇文章，且更新时间不固定，8 月平均阅读量约为 800 人次。

三、筑牢首都文化安全风险屏障的对策

一是加强中国特色社会主义思想理论高地建设。深化习近平新时代中国特色社会主义思想研究阐释，打造党的创新理论研究阐释高地。繁荣发展首都哲学社会科学体系，着力打造一批具有国际影响力的新型智库，加强原创性基础理论研究，积极参与国际发声。打造主题教育活动品牌，建设一批高水平爱国主义教育示范基地、党性教育基地、青少年教育基地和红色旅游胜地。

二是加强文化遗产保护利用。建立健全文物资源数据库，完善多层次非遗保护名录体系，常态化开展历史文化名城体检评估。健全文物安全长效机制，强化文博系统火灾隐患整治。加强文化遗产内涵挖掘展示，完善文化 IP 授权机制，鼓励市场主体参与文物开发利用。打造"双奥之城"文化品牌，高标准建设北京奥运博物馆，支持北京奥运城市体育文化节升级为"双奥之城"体育文化节。

三是持续塑造核心文化竞争力。完善文化投融资服务体系，推动设立文化发展基金、文创银行等，培育头部文化企业和骨干特色企业。实施文化精品工程、艺术名家名作推介工程，鼓励创作主旋律精品力作，支持原创音乐、作品、游戏等发展。试点推动构建国家文化安全学科专业体系，加强文化安全学科人才培养。

四是支持文化数字化发展。支持数字化赋能文化保护传承，常态化开展文物线上展览和数字体验活动，鼓励"非遗购物节"等"非遗+直播"业态繁荣发展。支持文化数字产业发展，完善基础设施和服务平台，打造具有国际竞争力的数字文化产业集群，主动引领全球数字文化标准制定。

五是打造高水平文化对外交流展示平台。依托服贸会、中关村论坛、金融街论坛等平台组织高水平文化论坛，推动创新北京周、北京日、魅力北京等品牌文化交流活动提质升级。整合中华文化海外推广、对外影视合作传播等项目，推动优秀文艺作品"走出去"。发挥友好城市、友好商协会、友好区等平台作用，鼓励民间文化交流。

六是提升文化贸易质量效益。拓展文化产业资本运营渠道，发展文化市场多元化服务模式，增加核心文化产品出口比重，增强文化服务核心竞争力。培育大型跨国文化企业集团，推动优质本土文化产品和服务向世界输送。建立对外文化贸易企业库和项目库，加大对国际传播项目的支持，做好合规培训和专业服务。

第三节　着力"内容、模式、场景"创新　推动北京市文化产业数字化转型

文化产业数字化转型是以文化创意内容为核心，依托数字技术进行创作、生产、传播和服务，涵盖网络文学、网络视频、动漫游戏、网络演艺、数字出版、网络直播、网络影视、数字创意设计八大重点领域，具有传输便捷、绿色低碳、需求旺盛、互动融合等特点，有利于培育新供给、促进新消费、助力扩内需、推动稳增长。文化产业数字化转型是北京市经济增长的强力引擎，但也存在内容同质化、商业付费模式不完善等问题，需围绕"优内容、创模式、拓场景、强要素"，持续高质量发展，开拓扩内需、稳增长的新空间。

一、北京市文化产业数字化转型发展水平全国领先

从全球来看，文化产业数字化转型发展呈现欧、美、亚三足鼎立的形势。英国是资源驱动型发展模式，作为世界文化大国，是欧洲最大的 VR/AR 市场，注重发展沉浸式产业。美国是市场驱动型发展模式，是全球第一大数字文化产品和服务出口国，加州梦工厂动画公司是美国经济引擎之一。日本和韩国是政策驱动型发展模式，韩国在文化立国方针政策下从输出音乐和明星向专门输出数字版权转化，全球播放的动漫作品中 60% 以上出自日本。从国内来看，文化产业数字化转型发展以环渤海产业圈（以北京为代表）、长三角产业圈（以上海和杭州为代表）、珠三角产业圈（以深圳为代表）为主导，发展领先区域为北京、上海、杭州、深圳。

北京市是全国文化产业数字化转型发展的头部地区，文化产业数字化转型发展指数连续两年居全国第一①，重点发展地区包括朝阳区、东城区、西城区、海淀区、怀柔区、通州区、大兴区等。

一是数字文化企业营业收入超过万亿元。根据《北京文化产业发展白皮书（2022 年）》，北京市文化企业加快数字化转型步伐，规模以上核心数字文化企业 1708 家，实现营业收入 11409.8 亿元，占规模以上文化企业营业收入的比重为 66.8%（2021 年）。

二是细分领域呈"引领多、亮点多"。北京市为网络文学、网络视频、动漫游戏、网络演艺四大产业发展重地。此外，北京市入选国家级数字出版的项目数量全国最多（2019~2021 年），网络影视内容出品数量全国第一（2020 年），天坛建筑群系列数字藏品登陆元宇宙市场发售、秒罄（见表 5-7）。

表 5-7 北京市文化产业数字化转型发展八大重点领域情况及亮点

重点领域	发展情况及亮点
网络文学	北京市网络文学企业数量约占全国的 70%，包括掌阅科技、中文在线、纵横文学、豆瓣阅读等头部企业

---

① 据新元文智-文融通测算，2021 年，北京、上海、杭州、深圳的城市文化产业数字化转型发展指数高于其他城市，居于第一梯队，指数水平分别达 76.51、60.17、45.56、43.30，排名与 2020 年一致，分列第一至第四位。

续表

重点领域	发展情况及亮点
网络视频	爱奇艺视频、优酷视频集中了北京市绝大部分用户、内容和流量，与腾讯视频三大平台拥有国内八成以上的市占率，除头部视频平台外，北京市还拥有咪咕文化、乐视视频、暴风影音、风行视频等综合视频平台，以及抖音、快手、火山小视频、西瓜视频等短视频平台
动漫游戏	北京市动漫游戏产业总产值为 1203.1 亿元，约占全国动漫游戏产业产值的 23.7%（2021 年）[a]
网络演艺	北京与上海、广州共同构成了三大网络演艺产业阵营，走在全国前列
数字出版	北京市数字出版产业收入规模达 3604.2 亿元（2020 年），入选国家级数字出版的项目数量居各省份之首（2019~2021 年）
网络直播	北京市将打造"5G+8K"特色直播产业，推动千亿级产业集群加速形成
网络影视	北京市网络影视内容出品数量全国第一（2020 年）
数字创意设计	北京市是国内四大"设计之都"[b]城市之一，依托科技和文化两大优势助力传统文化的数字化拓展与大众传播，较具代表性的"万人中轴字"数字藏品极具收藏价值、天坛系列数字藏品是国内首款数字互动藏品，头部电商京东正式上线灵稀数字藏品交易平台

注：a. 资料来源于北京商报网。b. 国内被命名为"设计之都"的四个城市分别为深圳、上海、北京、武汉。

三是主要有三类商业模式。①直接消费，代表性模式为爱奇艺影片购买、爱奇艺付费点播（于 2021 年 10 月取消）、掌阅电子书籍购买、中文在线收费小说等。②"免费+收费""基础免费+增值收费"代表性模式为知乎付费会员、爱奇艺付费会员、掌阅数字阅读平台、蓝港互动网络游戏虚拟物品销售等，"用户免费+第三方付费"代表性模式为百度网络营销、人民网广告及宣传服务、快手线上营销服务（广告业务）等。③差异化收费，代表性模式为快手直播打赏、知乎高质量问答社区等。

二、北京市文化产业数字转型发展面临的挑战

北京市加快推动文化产业数字化转型也面临内容生产、付费模式、场景拓展等方面的挑战。

一是部分领域存在内容创作同质化问题。网络文学领域，陷于二次元虚拟世界，缺乏实地采风，比如掌阅科技拥有作品 50 多万册，作品储备达到了一定规模，但仍存在作品内容同质化问题。短视频领域，大规模的 UGC（用户原创内容）在制作短视频时，多局限于平台提供的技术框架和内容模板，存在二次内容搬运情况，PGC（专业生产内容）较为稀缺且内容存在多平台同步的情况，快手和抖音存在相互模仿的问题。

二是付费模式不健全。主要表现为付费来源较少、付费率较低、渠道分发成本高。例如，网络视频领域仍较大依赖广告收入，而国外主流媒体视频平台主要依靠用户订阅。游戏产品广告和渠道导量是主要的营收渠道，发行平台渠道攫取50%~70%的营收，而世界主流的游戏应用平台 Apple Store、Google Play、Steam 对全球游戏开发者的抽成比例仅为 15%~30%。

三是消费场景拓展不充分。差异化、个性化定制类以及线上线下结合深度体验类数字文化产品供给不足。例如，在数字出版领域，由于对接市场资源等较难，企业提供个性化数字印刷品存在难度；网络视频、网络演艺领域，一些云演播内容是由线下平移到线上，未能展现出数字化体验的亮点；在文旅融合方面，北京市乡村文旅发展局限于民宿、乡村演出、节庆文化等传统模式，与数字创意设计相结合的"乡村夜游"开发不足。

四是部分领域存在监管滞后、不到位的情况。文化产业数字化转型发展过程中创新活跃、新业态不断涌现，容易出现监管滞后的情况。例如，网络文学领域版权保护不足，存在盗版多、维权难、维权贵等问题，因此北京作协网络文学创作委员会等 20 个省市级网络作家协会与 522 名网络作家联名发出了《倡议书》，希望搜索引擎和各大应用市场停止侵权；网络直播、网络视频等领域仍存在虚假宣传、数据造假等问题。

三、优内容、创模式、拓场景、强要素，推动北京市文化产业数字化转型更好发挥扩内需、稳增长的引擎作用

文化产业数字化转型发展既是北京市经济发展的强劲动力，也是建设全国文化中心和全球数字经济标杆城市的重要组成部分。面对新一代信息技术迅猛发展以及人民日益增长的精神文化需要，北京市文化产业数字化转型要围绕"优内容、创模式、拓场景、强要素"，持续高质量发展，助力扩内需、稳增长。

（一）重原创、畅流通，优化内容生产

一是做优网络文学、网络影视内容生产。网络文学是 IP 源头，与网络影视联动，需加强引导掌阅小说网等原创内容网文平台牵头完善作品挖掘机制，着重推介走出二次元世界、基于大量田野调查、增强人民精神力量的作品。

二是做强网络视频、动漫游戏内容生产。疫情强化了数字文化生产的个体化、自主化趋势，支持优酷、爱奇艺、快手、抖音等通过放开短视频时长、加强应用大数据等新一代信息技术，降低 UGC 制作门槛，集大众智慧创作微短剧、自制综艺、互动节目等优秀 IP，支持通过"视频+直播"等模式发展沉浸式设计，以 PGC 专业制作结合特定功能产品对红色经典 IP 等进行二次创作。

三是做细数字出版、数字创意设计内容生产。顺应用户分层和个人化倾向越发明显的趋势，依托数字出版基地、文化创意园区等，集聚优质资源，推动大众传媒向分众传媒转化，深挖图书、艺术品等专业细分领域，打造一批个性化、差异化的原创"京味儿"IP。

（二）重细分、拓渠道，健全付费商业模式

一是发展网络视频等领域垂直内容付费模式。推动网络视频等平台从流量用户增长向存量用户价值深耕挖掘方向转型，在现有的以直播打赏、广告为主的收入结构基础上，依托 5G 技术及新兴应用场景，着力发展面向特定领域、用户群的"小而优"垂直细分知识付费平台模式①。

二是拓宽动漫游戏等领域产品分发渠道。推动动漫游戏运营平台等有机结合传统分发②与社会化分发，加强玩家分享、话题讨论等 UGC 渠道的运用，促使实现动漫游戏等数字文化产品多渠道发布、多网络分发、多终端呈现，降低分发成本，提升用户质量。

三是提升网络视频等平台用户订阅付费比重。引导优酷、爱奇艺、抖音、快手等视频平台不断加强内容的深度运营、优化作品推荐体系以及丰富内容分发渠道，增强用户对优质作品的订阅付费意愿。

（三）提体验、拓市场，丰富消费场景

一是深入推进网络演艺等领域线上线下一体化体验。推广国家京剧院联手咪咕演播京剧的经验，通过运用"5G+4K 超高清"等前沿数字技术赋能文化艺术，不断提升网络演艺等领域产品品质、拓展服务种类、深度融合线上与线下，带给消费者极致体验。

二是做好数字出版、数字创意设计等领域市场联合开发。依托中国北京出版创意产业园、大兴星光影视园等，推动数字文化头部企业与中小企业加强协同，

---

① 垂直内容凭借精准的用户定位和深度的产业资源链接，在商业模式和变现渠道探索中有显著优势。

② 传统分发渠道以各种应用商店为主，主要分发方式是应用商店广告位、榜单曝光、搜索优化。

联合开展柔性数字出版物制作、开发虚拟人等数字创意设计产品，既满足消费者个性化需求又创造差异化消费场景。

三是大力发展沉浸式"乡村夜游"。坚持以文塑旅、以旅彰文，充分发挥生态涵养区生态优势，依托乡村民宿与周边自然资源，运用数字影像技术、文创设计，打造全息灯光秀、传统文化展示、乡村集市经济等业态为一体的乡村沉浸式夜游综合体。

（四）通堵点、补短板，加强要素支撑

一是推动文化数据互联互通。配合国家文化大数据体系建设，推动影视、动漫、视频、直播、演艺、出版、创意设计等领域机构接入国家文化专网，推动数字文化资源数据库互联互通，延展文化数据供应链，推动不同层级、不同平台、不同主体之间文化数据分享，同时依托大数据交易中心，促进关联数据评估和交易的专业化、公开化、市场化，以及形成文化数字内容。针对文化数据采集、加工、交易、分发、呈现等环节，加快制定安全标准。

二是深入推进数字版权质押融资。按合理比例构建融资担保机构、再担保机构、融资担保基金、银行四方数字版权质押风险分担机制，推动政府、银行、担保、评估多方共担融资风险。依托文化产业数字化转型类产业园区、北京国际版权交易中心所掌握的企业专利等信息，与银行等金融机构之间建立数字版权质押融资"企业白名单"推送机制，提升数字版权变现能力。

三是强化网络文学、数字出版、数字创意设计等领域版权保护与运营。依托中国（北京）知识产权保护中心、北京知识产权法院等，建设北京数字版权数据库，采用区块链、大数据提取、云识别、信息比对等技术手段加强跟踪搜索引擎和各大应用市场，对数字版权进行动态监测。建立数字版权服务与争议维权调解中心，助推企业维权降成本、提效率。依托北京国际版权交易中心、艺术品交易中心等，加强版权作品登记中心、版权综合交易市场和版权资本运作平台建设，加快培育数字版权全产业链。

四是推动公共文化设施数字化运营改革。推动博物馆、文化馆、天文馆、图书馆等公共文化机构在数字基础设施建设、数字平台开发、数字资源建设、运营推广等环节加强引入市场力量，如与抖音、快手等通过 PPP 模式、委托经营等，激活资源、提升效率，创新实施文化惠民工程，提升现代公共文化服务品质。

第四节　大力发展虚拟人产业　助推北京市文化数字化发展

虚拟人又称虚拟数字人、数字人，是指通过计算机图形渲染、动作捕捉、深度学习、语音合成等手段创造使用在非物理世界中，具有多重人类特征的综合产物[①]。虚拟人是元宇宙目前最可操作的虚拟应用场景，关注度前所未有，比如冬奥盛会虚拟人"小雪"、虚拟员工（万科崔筱盼）、虚拟偶像（京剧"翎"）、虚拟歌手（初音未来）等。北京市虚拟人产业规模超百亿元，处于国内前列，应用场景多、消费潜力大，可立足自身优势，坚持发展、治理、要素三足并进，发力"影视、主播、偶像、游戏、员工、文旅"六条赛道，推动北京市虚拟人产业实现快速、健康、持续发展，既推进平台企业转型发展、培育壮大潜在独角兽企业，又有效实现文化产业数字化转型、加快北京市数字经济走深走实，支撑全球数字经济标杆城市建设，助力北京市经济稳增长增添新动能。

一、北京市虚拟人产业整体处于国内前列，亟须推动将相对领先优势转变成发展优势

全球范围内虚拟人呈现差异、多元发展局面。美国侧重虚拟身份，基于技术和平台层优势，偏向泛娱乐方向[②]；欧洲侧重于虚拟陪伴，应用场景包含医疗顾问、日常陪伴等；日本、韩国侧重虚拟偶像，日本基于二次元文化环境，最早形成虚拟人商业化的市场，韩国应用场景集中在娱乐领域及生活服务业[③]。

国内虚拟人处于产品孵化期、场景探索期、市场加速期。国内虚拟人处于发

---

① 因处于发展初期，虚拟人目前有虚拟数字人、数字人、AI数字人、数字虚拟人等不同称呼，但主体内容基本一致，本书统一使用虚拟人这一概念。目前应用中有 ToB 和 ToC 两个发展方向，ToC 方向的虚拟身份型虚拟人借力元宇宙发展迅猛，也是社会各界所普遍认知的虚拟人。

② 美国以英伟达、EpicGames 为代表的科技、游戏巨头布局虚拟人市场，推出不少虚拟人制作平台。

③ 韩国三星、LG 等韩国大型集团瞄准虚拟人在生活服务行业的可能，而韩国泛娱乐领域，则涌现出多个虚拟人开发初创企业，如 Sidus-X、DOBStudio、Pulse9 等。在韩国虚拟人市场，虚拟人开发公司 Sidus-X 率先推出 Rozy 等虚拟模特以代替真人代言广告，Pulse9 则推出虚拟女团进军虚拟偶像市场。韩国头部游戏公司通过与此类 AI 初创企业的合作进行虚拟人布局，四大娱乐社则专注于真实艺人的虚拟形象打造，对虚拟偶像抱以观望姿态。

展初期，核心技术及设备与美国、日本、韩国等相比相对落后，但有市场规模优势和场景优势。2020 年我国虚拟人市场规模约为 2000 亿元，到 2030 年将增长至 2700 亿元①。应用场景包括文娱类、服务类等，比如身份型虚拟人"一禅小和尚""洛天依""柳夜熙"，以及服务型虚拟人万科"崔筱盼"、新华社"小诤"、屈臣氏"屈晨曦"等。

北京市数字经济发达，以次世文化、中科深智为代表的京企带动北京市虚拟人产业发展迅猛，形成了较为完善的技术与市场互促局面。

一是产业规模超过百亿元。依据北京市 13 家规模超过 1 亿元虚拟人企业公开财务数据，这 13 家头部企业总规模超 90 亿元，初步估算市场总规模超过 110 亿元，其中技术综合类厂商和虚拟 IP 厂商占比重大（见表 5-8）。

表 5-8　北京市虚拟人产业代表性企业规模（1 亿元及以上）　单位：亿元

企业	虚拟产品	规模
次世文化	明星虚拟形象、超写实虚拟人、品牌数字 IP 形象开发	32（估值）
火山引擎	表情驱动、虚拟主播、虚拟形象生产平台	20（营收）
百度	虚拟主播直播、虚拟形象智能交互解决方案	16（营收）
犀牛数码	VR 培训、服务、乐园等	5（营收）
中科深智	创梦达、创梦加、创梦易及云小七	5（估值）
图形起源	动作捕捉、3D 建模	3（估值）
标贝科技	智能客服、虚拟数字员工、虚拟主播、恐龙贝克	3（估值）
世博寰宇	3D 人物建模、渲染	1（营收）
智京未来	虚拟主播、虚拟形象	1（营收）
秀满天下	虚拟形象、虚拟动漫	1（营收）
摩塔时空	虚拟偶像、虚拟演出；"集原美"和 And2girls	1（估值）
云舶科技	小 K 直播姬、虚拟直播设备产品	1（估值）
世悦星承	超写实虚拟偶像、时尚虚拟人	1（估值）

二是应用场景集中在娱乐、传媒及终端服务领域。娱乐领域主要是虚拟偶像，比如爱奇艺推出小茉莉等多个虚拟主播，次世文化制作出国内首个超写实虚拟 KOL "翎-LING"等。传媒领域主要是虚拟主播，北京卫视则推出虚拟人"时间小妮"。终端服务领域即 ToB 段，比如百度曦灵成为服务型虚拟人头部品牌。

---

① 资料来源：量子位《虚拟数字人深度产业报告》和头豹研究院《虚拟数字人产业发展研究系列报告 2021》。

三是产品影响力较大。北京市拥有较多知名虚拟人品牌，"2021年十大虚拟偶像"中"翎-LING"（主打京剧国风）和"A-SOUL"（虚拟团体偶像）上榜，清华大学的虚拟学生"华智冰"走红网络，中科深智运营的虚拟偶像IP"一禅小和尚"在抖音拥有粉丝4700万。

二、北京市虚拟人产业发展面临的风险挑战

虚拟人产业是文化产业、设计产业、数字经济、智能技术的综合产物，是目前元宇宙最可操作的虚拟应用场景。北京市出台了《北京市促进数字人产业创新发展行动计划（2022—2025年）》，具有发展虚拟人产业的综合优势，但也要全面认知评估所面临的系列风险挑战，稳扎稳打实现新发展。一是总体成本较高，建模成本在十万元至百万元不等，运营成本主要是通过图文、短视频等营销获粉成本，1条图文成本约1万元，1条短视频成本在百万元左右（国内虚拟偶像单曲成本为200万元）①，高级虚拟人成本更高，瑞银报告指出，先期投入成本平均为3000万元，如虚拟团体偶像A-SOUL，单曲制作成本约200万元，一场线下演唱会成本约2000万元。二是商业变现渠道窄，目前虚拟偶像是主要变现渠道，2021年国内虚拟偶像核心市场规模为60亿元左右，不到行业总规模的3%。三是潜在治理风险多，作为前沿科技，尚未有规范性监管政策出台，是监管空白区，更无相关法律界定，虚拟人应用会带来安全、隐私保护等问题，以及所引发的关于"人格"等讨论，可能产生人和机器边界模糊的社会问题。

三、迎势而上把握新赛道，发展治理要素三足并进，推动北京市虚拟人产业规范快速发展

立足北京市数字经济强劲、技术要素充沛和人力资源丰富等优势，把握虚拟人新赛道新机遇，坚持发展与规范并重，聚焦"泛娱乐"（虚拟影视、虚拟主播、虚拟偶像）、游戏、智能服务（虚拟员工、文旅虚拟人）三大领域六条赛道，在推动虚拟人六大产业发展的同时，提前设置好"红绿灯"，促进要素自由组合、通畅流动，推动北京市虚拟人产业实现快速、健康、持续发展。

（一）立足优势聚合新增量，培育壮大六大虚拟人产业

一是推动平台企业培育虚拟人产业独角兽后备军。加快推动平台企业向硬科

---

① 艾媒咨询数据显示，现阶段国内单支虚拟偶像单曲的制作，包括编曲、建模、形象设计、舞台方案定制等，成本可达200万元。

技转型，对已经进入元宇宙、虚拟人领域的字节跳动、京东、爱奇艺等平台企业、推动其基于既有业务拓展增量，对尚未进入但有一定技术能力的美团、滴滴等平台、推动其基于主体业务增设虚拟应用场景。

二是重点培育壮大泛娱乐领域虚拟人产业。聚焦内容、运营、应用环节壮大影视虚拟人产业，引导华录百纳等有序进入虚拟人领域，在首钢园布局虚拟人演艺产业集群。突出合理性、特色化壮大虚拟主播产业，推动抖音、快手、小红书等虚拟人内容运营平台探索稳定运营模式，打造京味特色虚拟主播产业链。强化提品质、建集群壮大虚拟偶像产业，推动爱奇艺、此世文化等虚拟人头部企业加快提升虚拟偶像品质，依托文化创意产业园及艺术工场集聚虚拟偶像企业，搭建产业发展联盟。

三是推进游戏领域虚拟人产业快速发展。实施原创虚拟人工程，开发一批具有京味特色的精品游戏 IP 品牌，提升玩家沉浸式游戏体验。做强虚拟人企业集群，依托北京精品游戏研发基地等积聚研发企业，完善产业生态。

四是加快服务领域虚拟人产业升级发展。丰富场景生态壮大金融虚拟员工产业，探索以北京银行"京匠工程"为牵引推出服务型虚拟人项目。拓展应用维度壮大文旅虚拟人产业，在故宫、环球主题公园、恭王府等加强虚拟导游、虚拟讲解员等应用，打造"文化+商业+科技体验"商业模式。

（二）治理并行增强规范性，健全虚拟人产业监管体系

一是健全完善版权规则。完善影视虚拟人应用的版权规则，加强网络游戏虚拟人版权保护，清晰认定网络游戏虚拟人物角色的可版权性标准，合理制定虚拟主播、虚拟偶像等"二次创作"侵权判定标准，保障公众创作自由。

二是健全行业标准。完善行业准入标准，依据不同发展和不同类型企业确定虚拟主播、虚拟偶像等行业准入标准。建立金融虚拟数字员工应用标准。

三是健全监管体系。建立动态监管机制，加强对虚拟人发展动态的关注，及时反馈出清风险。着力加强金融业虚拟员工"沙箱"监管，探索在主播、偶像等领域建立虚拟人保险制度。

（三）要素配置保障可持续，优化虚拟人产业要素聚合

一是提升六大赛道技术创新力。推动百度、网易、商汤科技等技术服务商加快在 3D 建模技术、声库技术、全息成像技术等取得更多突破。支持畅游、昆仑等在人机交互、互动化传播、沉浸化体验等联合攻关。推动耐德佳、凌宇智控等加快人工智能技术与 XR 技术的融合创新，为文旅、金融行业提高虚拟人智能水平。

二是加快培育虚拟人人才。着眼高端、专业领域，储备一批虚拟人领域高端专业人才。依托首钢园、朝阳区国家文化产业创新实验区等，打造连接学校、企业、人才三方的平台，"产教融合"加强高端复合型人才培养。

三是拓展虚拟人融资渠道。推动中科深智、标贝科技等进入"专精特新"目录，并联动北交所。借城市副中心打造元宇宙发展基金契机，加快发展元宇宙发展子基金，支持虚拟人企业孵化和融资。

第五节　内外兼修　推动北京市对外文化贸易再上新台阶

党的二十大报告提出"增强中华文明传播力影响力"。多年来，北京市持续发展对外文化贸易，推动北京文化"走出去"取得成效。但是，北京市对外文化贸易发展仍面临进出口结构错位、原创内容国际竞争力不强、海外运营模式单一、版权贸易监管尚未与时俱进、专业与复合型人才支撑不足等问题，需按"内外兼修"思路，着重围绕演艺、电影、图书、动漫、游戏、文化旅游、艺术品、创意设计八大领域拓展合作渠道网络、建设文化贸易平台、数字化引领模式创新、推动版权监管创新，分类推进人才培养，促进北京市对外文化贸易更快更好发展。

一、北京市文化贸易发展在全国处于领先水平

从全球来看，全球文化贸易以欧美国家为主导，美国、英国、德国文化贸易规模位居前三。从全国来看，文化贸易前五大进出口市场是美国、中国香港、日本、荷兰、英国，文化商品贸易多为顺差，文化服务贸易多为逆差。北京市文化贸易发展较快。

一是北京市是文化出口企业、项目重点集聚区。根据商务部服贸司的数据统计，2019~2020年我国重点文化出口企业达335家，重点项目达129个。其中，北京市是重点文化出口企业和重点项目的集中地区之一①。尤其是以四达时代、华韵尚德、东方嘉禾为代表的多家文化出口重点企业，制作的节目覆盖18个语

---

① 资料来源：《北京文化产业发展白皮书（2022）》。

种，在世界多个国家和地区传播①。

二是文化出口基地为北京市文化产品出口提供有利条件。目前，北京市有三个区获得了国家文化出口基地资质，分别为北京天竺保税区、东城区、朝阳区，有助于推动优质文化资源集聚、对外贸易深化发展。根据《北京文化产业发展白皮书（2022）》，天竺综合保税区实现文物在综保区内存储期限延期等 5 项政策功能创新，带动园区文化贸易产业税收同比增长 560%。

三是国际贸易平台成为文化产品"走出去"桥梁。2022 年服贸会文旅专题"一带一路"沿线国家特色文化展示活动邀请 30 余个"一带一路"沿线国家驻华使馆和机构开展交流活动。根据《北京文化产业发展白皮书（2022）》，第二十八届北京国际图书博览会作为全球疫情背景下首个恢复线上线下结合办展的重要大型国际书展，海外展商占比超过 65%。

二、北京市文化贸易主要面临五大问题

北京市拥有国家对外文化贸易基地、国家级文化贸易研究智库、优质文化企业等，持续推动文化贸易"质量齐升"有基础、有优势、有成效，但在进出口结构、原创内容国际竞争力、海外运营模式、版权贸易监管与人才等方面存在问题。

一是文化产品贸易逆差较大。根据北京海关发布的数据，2015～2021 年北京市文化贸易表现为逆差，其中 2015～2020 年贸易逆差程度逐渐扩大，2021 年贸易逆差程度有所减小，达 146.1 亿元（见图 5-2）。

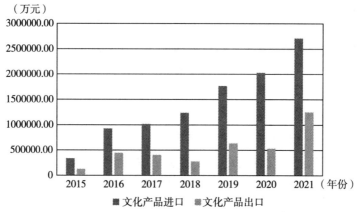

图 5-2　2015～2021 年北京市文化产品进出口情况

---

① 资料来源：《北京文化产业发展白蓝皮（2022）》。

二是原创内容国际竞争力不强。北京市动漫行业从业人员掌握的技术、对市场需求把握存在不足，原创内容品质与先进国际水平相比存在差距，动漫作品较难完全打开国际市场，调查显示，在抽样的28家企业中，约35%的企业在国外设立了分支机构，且多为营销性质机构，近42%的企业有产品出口，多数限于港澳台、东南亚等地区①。文旅产品和服务项目较为缺乏与京津冀协同发展与共建"一带一路"相适应的系统性、针对性和精准性内容。

三是海外运营模式不健全。北京市动漫和艺术品产业中衍生品环节薄弱，而且没有形成完整的海外贸易运作管理模式和盈利模式，一些优质IP的衍生品配套供应不完善，与海外用户的多元需求之间不匹配；北京市798文创园等地的画廊开发艺术品衍生品意识和能力不强。演艺企业业务板块单一，缺少布局演艺全产业发展的企业。图书领域企业缺乏与国际知名版权代理商的合作。

四是版权贸易监管创新不足。此问题普遍存在于文化贸易的细分领域。目前的版权监管照搬了产品监管方式，不适用于版权贸易。中国（北京）自贸试验区、国家对外文化贸易基地（北京）和国家文化出口基地未能发挥政策先行先试的优势、创新版权贸易监管服务。

五是缺乏版权贸易专业人才及复合型人才。在专业人才方面，较为缺乏熟练掌握版权贸易专业知识和法规的从业人员。在复合型人才方面，较为缺乏精通专业知识且具备较强交际、谈判能力的从业人员，比如一些中小型出版企业从业者的多维度业务知识积累不够②。

三、聚焦"渠道、平台、模式、监管、人才"，推动北京市文化贸易深入发展

加快发展对外文化贸易对于提高北京市文化企业的国际影响力和竞争力，在更大范围、更广领域和更高层次上参与国际文化合作与竞争具有重要意义。北京市需"内外兼修"，既增强内在实力又优化外部环境，着力优化文化产品进出口结构、提升内容生产国际竞争力、丰富文化贸易海外运营模式、创新版权贸易监管、优化人才体系，推动文化贸易持续深入发展，使北京成为向全世界展示中华文化的首要窗口。

（一）拓展合作渠道网络，促进文化产品出口

一是拓展文化产品出口渠道。依托国家文化出口基地（北京）的聚集性、

---

① 资料来源：http://www.cfdsc.com.cn/04061168/。

② 李嘉珊，林建通．首都文化贸易发展报告［M］．北京：社会科学文献出版社，2022.

引领性、政策性优势，推动企业运用跨境电商等新模式、新渠道拓展古都文化、红色文化、京味文化、创新文化相关产品的海外市场。

二是聚焦重点市场深化合作。落实 RCEP 规则，继续筑牢与日韩和东南亚等传统市场的合作优势。对标欧美等发达国家市场标准，提升文化产品和服务品质。挖潜需求，深入拓展共建"一带一路"国家文化产品市场。

（二）建设文化贸易平台，提升内容生产国际竞争力

一是搭建演艺贸易服务平台。支持构建"一站式"演艺贸易服务平台，实现政府信息与资源的及时公布与共享，为北京市演艺企业、院团等提供系统化的"走出去"服务，有效减少国际政策、市场、法律等方面的信息不对称，推动演艺内容供给有效对接国际市场需求。

二是打造原创动漫游戏产业高地。依托石景山动漫基地，推动动漫企业与国内外知名动漫创作者合作，合理打造不同品类的优质原创动漫品牌，并以此为基础，开发并推出配套游戏作品，有效推动通过原创与市场有机结合。

三是搭建区域间文旅贸易平台。针对共建"一带一路"国家和地区的需求特点，打造北京旅游特色精品项目，提供更加系统性、针对性的文化旅游产品和服务，促进北京特色文化在共建"一带一路"国家和地区传播。完善京津冀三地交通、通信等体系建设，增强相关资源要素信息共享，开发极具创造力和吸引力的文旅产品和服务。

（三）数字化引领模式创新，优化文化贸易海外运营

一是打造动漫和艺术品领域 IP 与衍生品互促共进的良性循环模式。建立优秀动漫 IP 与衍生品相互推动的良性循环模式，加强数字技术应用，推动优秀动漫创作者和优质动漫文化贸易企业协同加快游戏、服饰、书籍、玩具、家具等动漫 IP 及相关衍生品开发，利用线上线下平台，拓宽国际营销渠道。建立艺术品 IP 与衍生品相互推动的良性循环模式，充分发挥北京市数字技术、网络优势等，围绕美国、德国、日本、英国、荷兰、新加坡等北京市艺术品主要出口国的人文文化，开发符合当地市场需求特点的艺术品，优化外贸易结构。

二是创新图书与演艺领域对外贸易合作模式。推动演艺企业、院团加强协作，将"云演艺"等数字化演艺模式推向全球市场。推动以高校出版社为代表的图书版权贸易机构与国际知名版权企业加强合作，深入开展数字化转型，针对不同地域特点，建立以商业逻辑为核心进行的分区域版权贸易合作模式。

（四）推动版权交易、保护环节服务创新，提升版权监管效能

一是完善版权交易咨询服务机制。由政府知识产权管理部门牵头，联合知识产权代理公司、相关法律咨询机构、学术研究机构等多部门协同建立文化贸易版权交易与咨询服务联盟，对文化贸易中涉及的知识产权申请、确权、交易、使用等提供标准化流程服务，对版权诉讼案件的成败提供上诉前评估服务，为北京市文化贸易企业"走出去"提供便利，减少企业国际化经营过程中的版权纠纷成本。

二是建立版权评估价值体系。借鉴中国技术交易所等专业机构构建知识产权价值评估体系的经验，建立更能与北京市版权贸易实际情况与需求相匹配，能够直观反映海外市场需求的版权价值评价体系，引导企业建立完善的版权保护制度。

三是完善版权贸易信用体系。依托国家对外文化贸易基地（北京）和国家文化出口基地的设立和运行，针对文化贸易细分领域，建立个人和机构的信用记录，严格打击造假、售假的从业者，提升版权交易规范性。

（五）分类推进人才培养，优化版权贸易人才体系

一是优化专业人才培养模式。支持高校、科研院所增设国际文化贸易人才培养相关专业中，并以专家进课堂、学生进企业、教师进车间等方式强化课程实践内容。

二是加强复合型人才培养。支持高校制订实施特色人才培养计划，加强引导企业完善版权贸易从业人员定期培训机制，为版权贸易领域培养紧跟时代步伐、与国际市场接轨的具备创意、设计、营销、管理等方面综合能力的复合型人才。

执笔人：包　颖　高　瞻（第一节）

　　　　包　颖（第二节）

　　　　高　瞻（第三节）

　　　　高　瞻　冯　丹（第四节）

　　　　高　瞻（第五节）

第六章 以人民为中心推进首都社会现代化

社会现代化是首都现代化的重要组成部分，关乎民生、连接民心，承载着人民日益增长的美好生活需要。推进首都社会现代化就是要把实现人民对美好生活的向往作为现代化建设的出发点和落脚点，在发展中保障和改善民生，紧紧围绕"七有"要求和"五性"需求，健全基本公共服务体系，提升公共服务均衡性和可及性，不断增强人民群众实实在在的获得感、真真切切的幸福感、时时处处的安全感。

第一节 2021年首都社会现代化发展评价及路径建议

一、2021年首都社会现代化发展评价

2021年是"十四五"开局之年，首都社会现代化工作紧紧围绕统筹疫情防控和民生服务保障工作主线，加快补齐社会公共服务短板，为首都发展涵养持续动能，首都社会现代化进程持续推进，为冬奥会举办和党的二十大召开营造了良好环境，人民生活水平稳中有升。

（一）抗疫情、保民生、谋发展，首都社会现代化行稳致远

一是坚持保民生、优保障，加力承担经济下行条件下政府兜底责任。印发北京市"十四五"时期社会公共服务发展规划，从"保基本、扩普惠、提品质、优布局"四个方面构建公共服务体系建设的任务框架，将社会公共服务进一步细

化分类为基本公共服务、普惠性公共服务、纯市场化供给生活服务。制定北京市基本公共服务实施标准（2021 年版），提出九大领域、22 个方面、89 项服务内容，逐项明确了政府向市民提供基本公共服务的底线范围。调整社会保障待遇标准，企业职工养老金平均水平达 4637 元，比上年增加 217 元，城乡居民养老保障基础养老金和福利养老金待遇分别达每人每月 850 元和 765 元，均增加 30 元。失业保险金标准每档上调 218 元（共有 5 档），平均标准上调至 2088 元，为 12.35 万人发放基本生活救助金 13.78 亿元。

二是坚持提能力、强防控，牢牢守住新冠肺炎疫情的多轮冲击。统筹做好疫情应急处置和常态化防控，持续跟踪研判境内外疫情趋势，不断完善流行病学调查和密切接触者追踪机制。全力推进疫苗接种，首都人群免疫屏障基本构建。新冠肺炎疫情快速监测联防联控平台建成投用，北京市审批验收、登记备案的核酸检测机构达 279 所，最大单样本检测能力达 168 万份/日。持续加强预检分诊和院感防控，成立医疗救治专家组和危重患者救治专家组，全力做好患者救治。加强首都公共卫生应急管理体系建设，积极推进区级疾控机构标准化建设，开设 88 个发热门诊，市疾控中心新址开工建设，负压病房同比增加 1420 间、负压救护车增加 197 辆。

三是坚持解民忧、纾民困，着力缓解"一老一小"民生痛点问题。在"一老"方面，制定《北京市积极应对人口老龄化实施方案（2021 年—2025 年）》，印发《北京市养老服务专项规划（2021 年—2025 年）》，积极构建应对人口老龄化的制度体系。持续推进养老服务设施建设，累计建成运营养老照料中心 287 家、社区养老服务驿站 1112 个、农村邻里互助点 300 个。启动"物业服务+养老服务"试点，2000 张养老家庭照护床位建设任务超额完成 3500 张，建成 1015 个养老助餐点，29 个社区被评为全国示范性老年友好型社区。在"一小"方面，开展托育机构规范化建设，规范发展多种形式的婴幼儿照护服务机构，备案登记托育机构 102 家，建成 45 家示范托育机构。扩增约 1.3 万个普惠性学前教育学位、新增中小学学位 2.8 万个，建设一零一中学怀柔校区、北大附中石景山校区等一批优质中小学项目。在 8 个区开展义务教育学校校长教师交流轮岗试点，推动优质师资力量流动。坚持"治乱、减负、防风险"与"改革、转型、促提升"并重，扎实推进"双减"工作，启动"营改非""备改审"工作，稳妥推进校外培训机构压减转型。丰富课后服务供给，做到义务教育学校全覆盖、学生全覆盖、周一至周五时间全覆盖。

四是坚持稳就业、促增收，首都共同富裕迈出坚实步伐。延续实施援企稳岗政策，全面推行失业保险费返还"免申即享"服务模式，累计核准发放补贴资金 149.4 亿元，惠及 954.8 万人次。实施以训兴业培训补贴，2021 年开展补贴性培训 120.6 万人次。促进重点群体就业，完善引进毕业生管理办法，北京地区各高校毕业生总体就业率达 96.9%，帮扶城乡就业困难人员就业 19.7 万人，北京市城镇新增就业 26.9 万人，城镇调查失业率、城镇登记失业率控制在年度预期目标之内。北京市居民人均可支配收入同比增长 8.0%，符合稳步增长的年度目标，北京市法人单位从业人员工资总额增速保持两位数增长，高于 8% 的年度目标。城乡收入比为 2.447，较 2020 年缩小 0.063 个点。

五是坚持重医体、促健康，健康北京建设与冬奥筹办相结合促进全民健康。制定"十四五"健康北京规划，印发《北京市医疗卫生设施专项规划（2020年—2035 年）》，积极推进健康北京行动，居民健康素养水平达 36.4%，居全国之首，北京市户籍居民人均期望寿命提高到 82.47 岁。加强医药科技创新，协和医院、阜外医院、北大人民医院等获首批"辅导类"国家医学中心创建单位，北京市研究型床位总数达 1704 张。改善医疗服务，完成"基层卫生预约转诊服务平台"建设，居民基层首诊率达 51.9%。冬奥会、冬残奥会竞赛场馆全部按时完工，举办倒计时一周年等系列活动，配合冬奥筹办创建 41 个全民健身示范街道和体育特色乡镇，建成 367 处体育健身活动场所。

（二）首都社会现代化指标取得积极进展

2021 年，在应对疫情冲击的同时，社会现代化指标基本保持稳定，以 2035年目标值倒推年度变化来看，大多符合预期。在服务供给维度方面，公共服务支出在公共财政支出和国民生产总值中占比均逐步提高，指标增长符合预期，全社会公共服务支出增速与经济发展保持基本同步。在服务水平维度方面，基本公共服务清单项目达标率持续保持 100%，开展国家义务教育优质均衡区申报工作，北京市基本公共服务供给的均衡性、公平性提升。在服务覆盖维度方面，养老、公共文化、社会保险等领域指标增长均高于预期，仅千人托位数增幅不及预期，居民就近就便入托需求尚未得到有效满足。在服务成效维度方面，城镇调查失业率控制在 5% 以内，人均健康期望寿命和新增劳动力平均受教育年限均持续增加，与预期目标相符，北京市"七有""五性"民生保障指数保持在 105 以上，居民幸福感、获得感、安全感稳步提升（见表 6-1）。

表 6-1 首都社会现代化主要指标进展情况

序号	指标维度	具体指标	2020 年	2021 年	目标值
1	服务供给维度	公共服务支出占公共财政支出比重（%）	约 50	约 55	50~60
2		公共服务支出占国民生产总值的比重（%）	约 10	约 11	10~15
3		全社会公共服务支出增长率（%）	与经济发展基本同步	与经济发展基本同步	与经济发展基本同步
4	服务水平维度	基本公共服务清单项目达标率（%）	100	100	100
5		义务教育均衡发展区	以区为单位全面建成	启动国家义务教育优质均衡发展区申报	以市为单位全面建成
6		以区为单位关键衡量指标的方差	—	待评估	逐步缩小
7	服务覆盖维度	每千名常住人口拥有 3 岁以下婴幼儿照护设施托位（个）	—	1.22	4.50
8		每千名常住人口养老床位数（张）	4.78	6.30	9.50
9		养老机构护理型床位占比（%）	—	60.5	80
10		社区养老服务驿站（个）	915	1112	全覆盖
11		公共文化设施覆盖率（%）	>98	基本全覆盖	>98
12		社会保险收缴率（%）	>98	>98	>98
13	服务成效维度	人均健康期望寿命（岁）	—	82.47	84.00
14		城镇调查失业率（%）	<5	4.1	<5
15		新增劳动力平均受教育年限（年）	15.7	15.7 左右	15.8 左右
16		"七有""五性"民生保障指数	—	105 以上	超过 110

（三）首都社会现代化进程仍存在一些短板

首都社会现代化稳步推进的同时，发展中面临的矛盾问题仍然凸显，"双减""三孩"和人口老龄化程度加深等背景下，市民对教育、医疗、养老、托育等公共服务需求更加迫切，青年群体特别是大学生就业压力增大。

一是受人口生育小高峰影响，义务教育学位缺口仍存在，优质教育资源布局仍不均衡。与"双减"配套的增量措施还需加快跟进，学校作为教育主阵地的作用仍需强化，校园服务对学生回归校园的吸引力不强亟待解决。

二是托育服务缺口大与质量不高并存的问题更加突出，千人托位数仅为

0.91，远低于 4.5 的"十四五"目标，纯商业全日托托育机构平均收费（含餐费）7039 元，远高于幼儿园收费。

三是养老设施总量缺口大与存量资源利用率低并存的问题仍然没有得到很好解决，北京市养老机构总入住率仅为 51.9%，入住率总体上呈现出中心高、外围低的趋势。

四是多层次多支柱的社会保险体系尚不健全，社会公共服务供给机制尚不完善、管理效能有待提升，政府投资公共服务设施项目用地规划、功能设计单一，在功能集成、复合设置、共建共享等方面的不足仍待破题。

五是大学毕业生总量与结构双重矛盾凸显，毕业人数增加、用人需求减少、毕业生结构和就业预期与市场需求不匹配，就业形势严峻复杂，在疫情影响经济下行背景下，积极稳妥做好大学生就业工作尤为重要。

二、推进首都社会现代化发展的路径建议

现代化发展是一项长期工程，持续推进首都社会现代化建设要坚持以人民为中心的发展思想，紧扣"七有"要求和"五性"需求，重点聚焦社会保险体系、大学生就业、"一老一小"服务供给三大领域，加快补齐民生服务短板，不断在发展中保障和改善民生，不断提高人民的生活品质，不断实现人民对美好生活的向往。

一是进一步健全多层次社会保险体系。以养老保险和医疗保险为重点，推进多层次的社会保险体系建设。落实养老保险全国统筹任务部署，完善多支柱养老保险体系，扩大企业年金覆盖范围，适当放宽中小微企业参与企业年金的限制条件，开展"两区"企业年金先行先试工作。增强商业养老保险产品供给，鼓励养老保险公司推出差异化、普惠化的商业养老保险措施，加大第三支柱养老保险的宣传力度，鼓励市民自主购买商业养老保险。实施健康绩效导向的基本医疗保险运行机制，树立医疗卫生机构健康促进导向，提高医务人员做好预防保健、健康管理和规范诊疗的积极性。建立职工基本医疗保险分档缴费机制，明确不同缴费水平的门诊及住院就医待遇。建立多层次、多样化的商业健康保险服务体系，优化产品设计，推进普惠健康保险可持续发展。引导商业健康保险更加注重健康管理功能，推进健康管理重心前移。扩展基本医疗保险个人账户使用范围，将税优范围放宽至长期护理保险、失能保险等。推动建立针对新就业形态从业人员的职业伤害保障制度，开展职业伤害保障试点。

二是积极应对大学生就业压力。拓宽大学生就业市场化渠道，发挥中小企业创造岗位数量多、成本低的优势，增强就业吸纳能力。打造大学生就业社区微场景，紧抓服务业增加就业弹性的着力点。完善大学生创业支持政策，引导更多创业孵化机构为大学生创业提供全方位服务，促进创业带动就业。做好就业信息供需对接，推进公共就业服务、市场就业服务、专业志愿服务进校园，探索"直播带岗"新模式，促进人岗精准匹配。做好急需人才、政策性岗位、灵活就业三类群体的政策优化。鼓励各区为吸引重点发展领域急缺人才提供生活补贴、从业补贴、人才公寓、创投资助等优惠政策。完善政策性岗位招聘流程，合理简化人社局事业单位综合管理系统招聘审核流程，推出机关事业单位招聘公告基础模板。探索完善灵活就业制度，研究推进灵活就业人员参加住房公积金制度试点。建立高校人才培养与市场需求联动机制，完善高校专业调整与人才培养机制，开展多主体联合育人，建立以创新创业为导向的新型人才培养模式，提高毕业生就业创业能力。推动职业教育高质量发展，促进职业教育与普通教育协调发展，缓解就业结构性矛盾。

三是促进"一老一小"服务有效供给。面对"一老一小"服务消费快速增长需求，要着力深化供给侧结构性改革，破解深层次矛盾，正确处理政府与市场关系，发挥政府保基本、促普惠、育市场、树品牌的主导作用，坚持多元化、便利化、精准化、品质化发展，充分激发市场活力，扩大有效供给，提升"一老一小"服务能力。降低普惠服务的用地、设施、运营等成本，合理确定不同层次普惠服务标准和价格，避免"一刀切"的普惠政策，着力促进普惠养老托育服务提质扩容。聚焦补短板，完善社区"一老一小"服务设施，聚焦提升功能，提高服务专业化水平，打造便利的"一老一小"服务消费场景。打通政策堵点，盘活存量资源，加强投融资支持，稳定养老托育服务人才队伍，拓展养老托育服务发展空间。推动规模化、连锁化、品牌化发展，培育一批管理规范、服务专业的养老托育行业龙头企业，打造有影响力的"一老一小"服务北京品牌。

第二节　构建多层次的社会保险体系

党的二十大报告提出，发展多层次、多支柱社会保险体系。养老保险和医疗保险的保障人数多、基金规模大、社商融合广，在社会保险中占有重要位置，是积极应对人口老龄化、构建多层次的社会保险体系、支撑首都社会现代化发展的重要制度。基于社会保险的险种特点，本节重点研究北京市养老保险和医疗保险体系构建。

一、以"保基本"为主体的多层次社会保险体系初步建成

（一）养老保险已建立三支柱体系

1. 从第一支柱来看，城镇职工养老保险和城乡居民养老保险已从制度全覆盖到人群全覆盖

城镇职工养老保险。2013~2021 年北京市城镇职工养老保险参保单位、参保人员和离退休人员数量均呈现上涨趋势（见图 6-1）。

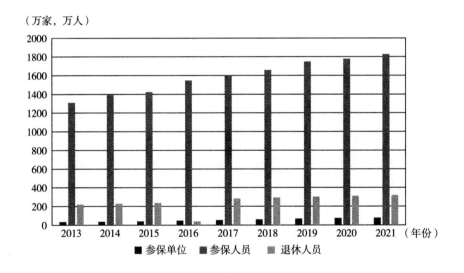

图 6-1　北京市城镇职工养老保险参保人数

资料来源：《北京市社会保险事业发展情况报告》2013~2018 年、《北京市养老保险、失业保险、工伤保险事业发展情况报告》2019~2021 年。

2013~2021 年北京市城镇职工养老保险基金收入和支出都呈现逐年上涨的趋势，相对而言基金支出增长幅度更大。2020 年新冠肺炎疫情暴发后，北京市出台了一系列的惠企保民生政策，社保待遇按时足额发放，基金当年缺口 34.63 亿元，由历年滚存结余弥补（见图 6-2）。

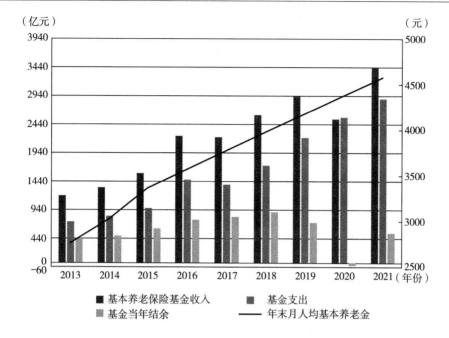

图 6-2 2013~2021 年北京市城镇职工养老保险基金收支情况

资料来源：《北京市社会保险事业发展情况报告》2013~2018 年、《北京市养老保险、失业保险、工伤保险事业发展情况报告》2019~2021 年。

北京市退休人员基本养老金逐年提高，由 2013 年的 2758 元增长到 2021 年的 4582 元，增长了 66.13%（见图 6-2）。促进基本公共服务均等化是推动京津冀协同发展的重要内容，2016~2018 年，城镇职工养老保险京津冀结转占全部结转业务比例的 20.00%。2019~2021 年，北京市城镇职工养老保险向天津、河北转出的净人口数和转出净金额均呈上升趋势（见表 6-2）。

表 6-2 2019~2021 年城镇职工养老保险京津冀结转情况

指标 年份	2019	2020	2021
向天津转出净人口（人）	2310	5787	5000
向天津转出金额（亿元）	0.6	1.5	0.8
向河北转出净人口（人）	8020	9833	16000
向河北转出金额（亿元）	0.9	1.5	2.0

资料来源：《北京市养老保险、失业保险、工伤保险事业发展情况报告》（2019~2021 年）。

城乡居民养老保险的参保人员呈现上涨又缓慢下降的趋势（见图6-3）。从基金收支情况来看，2013~2021年城乡居民养老保险基金收入和支出均呈现逐年上涨趋势（见图6-4）。

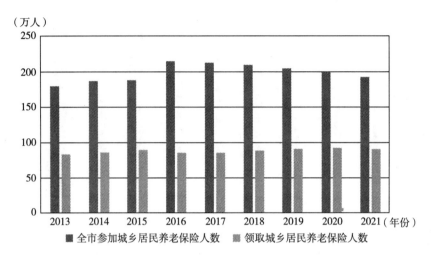

图6-3　2013~2021年北京市参与城乡居民养老保险参保人数情况

资料来源：《北京市社会保险事业发展情况报告》2013~2018年、《北京市养老保险、失业保险、工伤保险事业发展情况报告》2019~2021年。

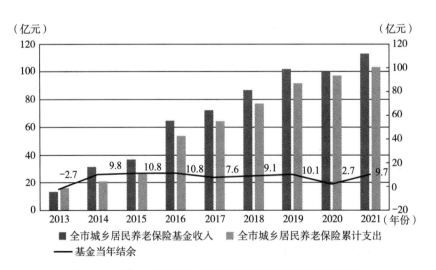

图6-4　2013~2021年北京市城乡居民养老保险基金情况

资料来源：《北京市社会保险事业发展情况报告》2013~2018年、《北京市养老保险、失业保险、工伤保险事业发展情况报告》2019~2021年。

2. 从第二支柱来看，企业年金规模弱于职业年金规模

企业年金。北京市参与企业年金企业数量稳步增长（见图6-5）。从人均企业年金金额来看，2021年北京市人均企业年金为11万元，与全国第一的福建省相差0.2万元，处于国内较高水平①（见图6-6）。

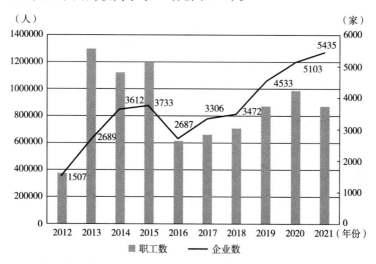

图6-5 2012~2021年北京市建立企业年金的企业数量、职工数情况

资料来源：《全国企业年金基金业务数据摘要》（2012~2021年）。

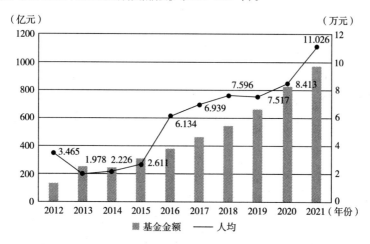

图6-6 2012~2021年北京市企业年金金额与人均额情况

资料来源：《全国企业年金基金业务数据摘要》（2012~2021年）。

---

① 资料来源：《全国企业年金基金业务数据摘要》（2012~2021年），人力资源社会保障部社会保险基金监管局。

职业年金。2015 年，北京市出台《北京市机关事业单位工作人员养老保险制度改革实施办法》。2019 年北京市机关事业单位职业年金开始投资运营，并向社会公布基金收支情况（见图 6-7）。

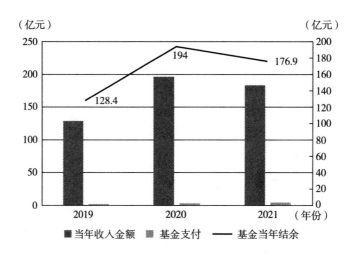

图 6-7　2019~2021 年北京市职业年金收入、支出和结余情况

资料来源：《北京市养老保险、失业保险、工伤保险事业发展情况报告》（2019~2021 年）。

3. 从第三支柱来看，个人养老金与商业养老保险相继出台实施

第三支柱包括个人储蓄型养老保险和商业养老保险。2022 年 4 月，国务院办公厅出台《关于推动个人养老金发展的意见》（国办发〔2022〕7 号），为发展我国第三支柱做出了战略部署。其后，人力资源社会保障部等发布《个人养老金实施办法》（人社部发〔2022〕70 号），对个人养老金参加流程等方面做出具体规定。2022 年 11 月 25 日，人力资源社会保障部宣布个人养老金制度在北京等36 个城市或地区先行落地。课题组 2022 年 10 月中下旬对北京市公众调查结果显示，近八成受访者有参与个人养老金的意愿，其中，个人年收入 30 万元以上的中高收入群体参与意愿最高，达 92.7%，具有股票、基金及商业养老保险投资经验的群体参与意愿都在 80% 以上。此外，银保监会决定从 2023 年 1 月 1 日起，在北京等 10 省市开展养老保险公司商业养老金试点业务，也为北京市壮大第三支柱个人养老金规模，满足人民群众多样化养老需要提供了新路径。

（二）医疗保险已形成以基本医疗保险为主体，大病医疗保险、商业健康保险共同发展的体系

1. 基本医疗保险已覆盖大部分居民

2001 年北京市建立了门诊统筹和住院统筹相结合的城镇职工基本医疗保险制度。2018 年，北京市整合城镇居民医保与新农合两项制度，建立城乡居民基本医疗保险制度。从基本医保参与情况来看，截至 2021 年，参保人数共有 1886.8 万人（见图 6-8）。从保障水平来看，在职职工门诊报销比例达 70%，退休人员达 85% 以上，在社区卫生机构报销比例均为 90%。在职职工住院报销比例达 85% 以上，退休人员住院报销比例达 90% 以上，住院封顶线为 50 万元。北京市城乡居民门诊报销比例达 50% 以上，封顶线为 4500 元；住院报销比例达 75% 以上，封顶线为 25 万元。从基本医保基金收支情况看，截至 2021 年职工基本医疗保险结余 1613.1 亿元，居民基本医疗保险结余 61.6 亿元。居民基本医疗保险结余压力较大（见图 6-9）。

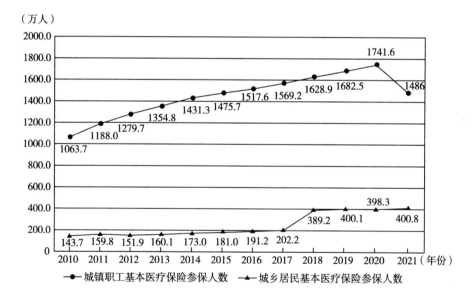

图 6-8　2010~2021 年北京市城镇职工、城乡居民基本医疗保险参保人数

资料来源：《国家统计年鉴 2022》（2017 年前为城镇居民基本医疗保险，2017 年起经城乡居民基本医疗保险制度整合，口径调整为城乡居民基本医疗保险）。

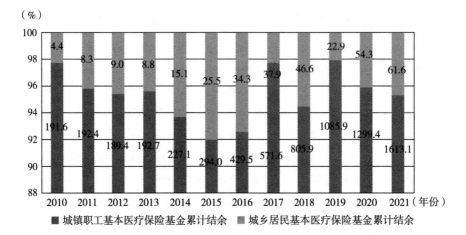

图 6-9　2010~2021 年北京市城镇职工、城乡居民基本医疗保险基金累计结余

资料来源：《国家统计年鉴 2022》（2017 年前为城镇居民基本医疗保险，2017 年起经城乡居民基本医疗保险制度整合，口径调整为城乡居民基本医疗保险）。

2. 补充医疗保险由大病保险、长期护理保险、企业补充保险三种形成

北京市分别于 2013 年、2020 年建立城乡居民、城镇职工大病保险制度。从参与情况来看，北京市大病医疗保险覆盖所有参加基本医疗保险的人群，从保障水平来看，对参保人员发生的医保内高额医疗费用给予"二次报销"，报销比例为 60%~70%，上不封顶。低保、低收入、特困、低收入农户四类困难人员起付线减半，报销比例提高 5 个百分点。2021 年，城乡居民大病保险惠及 2.13 万人，减轻个人负担 2.78 亿元；城镇职工大病保险惠及 1.5 万人，减轻个人负担 1.37 亿元。从基金收支情况来看，大病保险实行全市统筹，城乡居民大病保险按照基本医保筹资额的 5%，城镇职工大病保险按照每人每月 3 元的标准筹资。大病保险基金若无结余将从当年基本医疗保险基金中补入。

2020 年，北京市在石景山区推进长期护理保险扩大试点，参保对象为辖区内参加城镇职工基本医疗保险和城乡居民基本医疗保险的人员（暂不含学生、儿童）。截至 2021 年，石景山区已有 42.2 万人参保、3228 人享受待遇。筹资标准暂定为 180 元/人/年，城镇职工筹资由单位和个人共同分担，城乡居民筹资由财政和个人共同分担，分担比例均为 5∶5。城镇职工单位缴费由职工基本医疗保险统筹基金划转。

2001 年，北京市实施企业补充医疗保险，作为基本医疗保险的补充形式。

参保对象为参加了北京市基本医疗保险企业中的单位职工和退休人员（外商投资企业限于中方职工）。补充医疗保险覆盖人群无统计口径，可承担个人负担医疗费用的35%左右。补充医疗保险费的提取额在本企业上一年职工工资总额4%以内的部分中列支，可采取企业自主运营或委托商业保险机构经办方式运营。

3. 健康保险的保障作用初步显现

2015~2019 年，北京市健康保险稳健发展，健康保险密度连续 5 年保持全国第一。2019 年健康保险密度①为 1861.65 元/人，健康保险深度②为 1.13%，健康保险投保金额约 407.7 亿元。经营健康险业务的公司 112 家，健康险产品 5000余个，涵盖医疗、疾病、失能收入损失、护理以及医疗意外保险五大类，逐步满足了消费者多层次的医疗保障需求。2021 年推出普惠性商业健康保险产品（北京普惠健康保），产品紧密衔接基本医疗保险，为参保人提供医保内门诊和住院自付费用、医保外住院自费费用、109 种国内外特药费用三层保障，首年投保307 万人，投保金额约 6 亿元。

二、多层次社会保险体系存在基础保障强与市场保障弱的结构性矛盾

（一）基本养老保险"保基本"与基本医疗保险"保大病"还存在一定短板

1. 基本养老保险发挥的替代作用处于低位

"十四五"期间，北京市基本养老保险的参保率实现了制度和人群全覆盖，但替代率③水平与制度建立之初 70%的目标有较大差距。另据《北京市老龄事业发展报告（2021）》，北京市已迈入中度老龄化社会。2013~2021 年，北京市城镇职工养老保险基金收入增长了 2.91 倍，支出却增长了 3.52 倍，老龄化加速及人口预期寿命延长考验着基本养老保险基金的支付能力。

2. 基本医疗保险正面临深刻调整的要求

基本医疗保险实现了"保基本、广覆盖"的目标，但医疗保障仍存在缺口及深度不足的问题，突出体现在：重特大疾病个人负担的医疗费用支出较高、对医保目录外创新诊疗项目或药品有更多需求等。如恶性肿瘤、尿毒症等重大疾病居民个人自费负担过重，除去基本医保和大病保险报销后，个人仍要承担检查、治疗、药品等不在报销目录内的数十万元的自费医疗费用，导致家庭陷入因病致

---

① 保险密度是指按限定的统计区域内常住人口平均保险费的数额。

② 保险深度是指某地保险费收入占该地国内生产总值（GDP）之比。

③ 养老金替代率是某年度新退休人员的平均养老金与同一年度在职职工的平均工资收入之比。

贫、返贫的处境。

（二）养老、医疗商业保险补充作用不充分

1. 商业养老保险市场发育不足

一是商业保险占比低，据北京银保监会调查，2021 年共有 51 家在京人身保险机构开展个人养老金保险业务，保费收入 88.26 亿元，仅占全部保费收入的 4.1%。二是产品缺乏竞争力，从收益能力来看，个人养老金持有至平均寿命时的收益率为 3.5% 左右，而同期股票型基金 2021 年上半年平均收益率为 5.9%，高于个人养老金产品收益率①。

2. 商业健康保险市场仍处于起步阶段

仅依靠基本医疗保险一重保障无法分散高额的疾病治疗和康复训练风险，需要商业健康险进行补充。根据 2019 年的统计北京市健康保险密度为 1861.65 元/人，健康保险深度为 1.13%，均明显低于世界平均水平（3532.8 元/人、8%），普惠性商业健康保险产品（北京普惠健康保）投保率仅为 14%，低于全国平均水平（20%）。健康保险产品种类单一，主要为医疗保险，在售产品数量占比超过 97%，而长期护理保险、失能保险等在售产品数量占比极少。

（三）企业年金覆盖率有待补齐

央企、国企等年金市场已经接近饱和，而中小企业建立企业年金动力不足，在经济下行压力不断增大的情况下难度加大。据《全国企业年金基金业务数据摘要 2021 年度》，2021 年北京市有 5435 个企业建立企业年金制度，占北京市法人单位数的 0.24%，参加企业年金的人数为 88.1 万人，占城镇职工基本养老保险参保人数的 4.82%②。

（四）医疗保险体现健康促进的激励约束能力不足

北京市深化基本医保支付方式改革仍以保障基金运行安全为首要前提，基本医保基金作为战略购买者的激励约束作用仍体现充足。商业保险仍基于投保人生病以后高额赔付，扩展特效药使用范围等吸引投保的传统模式。但在以治病为中心向以健康为中心转型的背景下，建立以健康绩效管理为导向的医疗保险激励约束机制仍未有效建立，医疗保险仍主要发挥报销作用，对疾病预防、健康促进的导向作用体现不够。

---

① 郭左践. 商业养老保险产品市场现状、存在问题及发展建议［J］. 保险理论与实践，2022（3）：134-142.

② 北京市法人单位数、北京市法人单位从业人员人数来源于北京市统计局。

三、完善北京市多层次社会保险体系的建议

（一）积极推动企业年金扩面

一是适当放宽中小微企业参与企业年金的限制条件。实行企业年金自动加入机制。加大税收递延优惠力度，对企业为职工缴纳企业年金的部分全额抵税，激励企业参与积极性。增加职工参与企业年金激励，通过完善制度设计、增加企业年金免税额度，提升参保人获得感。二是开展"两区"企业年金先行先试工作。结合"两区"建设和企业需求，加强制度创新和机制创新，在北京市"两区"试点推进驻区企业自主确定参加片区人才企业年金。

（二）规范发展第三支柱养老保险

一是做好先行城市的政策宣传工作。加大对养老金融产品的科普力度，提高居民对建立养老第三支柱重要性的认知，引导其及早谋划和为未来老年生活做准备。二是稳步推进个人养老金工作。根据国家统一部署，建立跨部门的监管协同机制，实现基金监管数据共享，做好资金安全监管服务。持续优化居民参与个人养老金的体验，丰富个人养老金投资产品，满足人民群众的多样化需求。三是开展商业养老保险金试点工作。吸引新兴产业、新业态从业人员和灵活就业人员开展商业养老保险业务，为构建首都多层次多支柱的养老保险体系开展探索实践工作。

（三）实施健康绩效导向的基本医疗保险运行机制

一是充分发挥医保基金战略性购买作用，树立医疗卫生机构健康促进导向，将开展健康教育和健康促进纳入基本医疗保险绩效考核范围，突出区域健康发展水平贡献、居民健康促进成果等因素。根据医疗卫生机构健康管理过程和结果实施基本医疗保险总额预付，结余资金可统筹用于本机构医务人员薪酬支出，提高医务人员做好预防保健、健康管理和规范诊疗的积极性。二是建立职工基本医疗保险分档缴费机制。按照国家适应新业态发展，完善灵活就业人员参保缴费方式的要求，根据不同人群就业特征，按照多缴多得、少缴少得的原则，设立分档缴费方式参加职工基本医疗保险。灵活就业人员可以在医保档次间转换，不影响连续缴费年限。明确不同缴费水平的门诊及住院基本医保报销待遇。

（四）建立多层次、多样化的商业健康保险服务体系

一是推进普惠健康保险可持续发展。优化产品设计，稳定参保人群长期保障预期，增加参保人群黏性。加大普惠健康保险的宣传力度，提高公众知晓度。拓

展增值服务，提升健康管理能力，发挥医药服务及健康管理综合作用，增加公众购买意愿。二是引导商业健康保险更加注重健康管理功能，推进健康管理重心前移，为被保险对象做好预防宣传、科普教育、慢病管理和定期体检等工作。三是鼓励商业健康保险公司增加险种设计，优化税优健康险产品政策利好，将税优范围放宽至长期护理保险、失能保险等，为公众提供多样化的健康保险选择。四是扩展基本医疗保险个人账户使用范围，职工医保个人账户结余可为本人及家庭成员购买更多种类的商业健康保险产品。

第三节　直面疫情挑战稳住大学生就业

2022 年全国大学生毕业人数达 1076 万人，首次突破千万大关，同比增加 167 万人，北京地区高校毕业生达 26.8 万人，创历史新高。综合考虑疫情延续、经济下行、技术替代、政策效果、就业预期等因素叠加影响，北京市高校毕业生将面临更加严峻的总量与结构性矛盾，就业形势严峻复杂。

一、疫情加剧大学生就业三重矛盾

2021 年一季度，全国高校毕业生就业景气指数为 0.71，不及整体景气度的一半，降至 2020 年疫情暴发以来最低点。2021 年 7 月全国 16~24 岁人口调查失业率为 19.9%，创近几年新高，大学生就业压力空前，突出体现为以下三重矛盾。

（一）毕业生规模创新高与用人需求减弱叠加，供需矛盾空前加大

从毕业人数来看，2022 届北京地区高校毕业生达 26.8 万人，较上年增加 1.6 万人。主要受 2020 年因疫情研究生扩招影响，新增毕业生以硕士研究生为主，第二学位学生本科毕业生数量小幅增加，专科毕业生规模变化不大。参考历史数据，预计超 10 万名应届毕业生将在京就业。受疫情等多重因素影响，留学生回国就业比例大增，北京是海归群体投递简历最多的城市。

从用人单位需求来看，2022 年一季度京津冀地区大学生就业景气指数降至 0.49，即招聘岗位数量不及求职人数的一半，显著低于全国平均值（0.71）、长三角（0.64）、珠三角（0.66）。技术进步的就业替代效应日益显著，GDP 增速

对新增就业的弹性越来越小。2019 年北京市 GDP 增速每增加 1 个百分点，可带动新增就业 5.8 万人，到 2021 年则降低至 3.2 万人。按照 2022 年 GDP 增速 5%的预期，新增就业人数预计 15.8 万人。按往年北京地区高校毕业生约占其中三成推算，今年可解决 5 万人就业。和预计超 10 万应届生将在京就业比，如果毕业生不调整就业方向和预期，岗位缺口可能超过 5 万个。

（二）毕业生结构与就业市场需求冲突，结构矛盾更为尖锐

北京文科类毕业生多，理科类毕业生少，疫情进一步扩大了高校专业设置与市场岗位需求的偏差。调研发现，用人单位招聘理工科类岗位多、男生多，文科类与艺术类岗位少、女生少，而高校毕业生结构则相反。以近期互联网大厂裁员为例，裁撤、停招的以支持管理岗为主，对应专业包括财会、法律、人力、经管等，但技术研发岗位的招聘还在增加。部分景气行业如集成电路、生物医药、大数据行业岗位需求强劲，而高校相关专业人才供给又十分有限。

毕业生普教多，职教少，专业技能型人才培养跟不上产业发展需要。北京地区高校毕业生学历结构为粗纺锤型，技能型培养方向的高职（大专）毕业生仅占高校毕业生的 10%。有研究显示，在京单位对高职（大专）学历的用人需求最大，以 2021 年 6 月网络招聘数据为例，占比达 34.8%。在毕业生职业技能上，还存在专业与市场需求不匹配、技术学习滞后于产业发展、应用型本科毕业生技能优势不明显等现象。

（三）毕业生预期与市场变化不同步，认知矛盾愈加突出

毕业生就业预期高，"慢就业"群体有增无减。自疫情暴发以来，经济下行压力持续加大，毕业生还抱有过去的思维惯性，越来越难找到心仪的工作。家长和学生求稳心态高涨，更偏好体制内岗位、解决北京户口。即便疫情使招聘流程一再延后，毕业生仍把考取公务员、事业编作为首选。还有部分等待再次"考公"的学生，为保留应届生身份主动选择不就业。学生扎堆考研，即使落榜也不就业的"考研专业户"不在少数。智联招聘《2021 大学生就业力调研报告》显示，更有 12.8%的应届生既不工作也不升学，比 2020 年增长了 1 倍多。

疫情影响招聘进程和信息对称，毕业生摩擦性失业风险增加。线下双选会数量大幅减少，招聘双方缺少面对面交流，用人单位招聘更加谨慎。线上虽已成为学生求职主渠道，但信息的梳理、推送还不够精准。事业单位招聘程序繁琐、效率不高，受疫情影响招考推迟、过程冗长。转向灵活就业的毕业生增加。未落实工作的毕业生面临更加突出的职业迷茫、受挫压力、求职焦虑。

二、稳住大学生就业的对策建议

落实李克强总理在全国稳就业工作会议上的批示精神，北京市要统筹疫情防控与大学生就业，统筹落实首都城市战略定位与当前稳市场主体，统筹市场决定性作用与更好发挥政府作用，全力做好大学生就业促进工作，为服务首都发展提供人才支撑。

（一）聚焦重点行业、重点区域高质量发展，拓宽大学生就业市场化渠道

一是聚焦国际科技创新中心建设，吸引高校理学类毕业生就业。以"三城一区"主平台，支持企业与在京高校院所建立特色研究院、交叉学科实验室、工学一体人才培养项目等，促进高校毕业生到在京三大国家实验室、重点实验室、工程技术中心等新型研发机构就业。

二是支持高技术产业及企业发展，吸引高校工学毕业生就业。引导支持中芯国际、北方华创、科兴生物等行业头部企业，适度增加大学生就业岗位。加快小米智能工厂、小米汽车、理想汽车制造基地投资建设，引导企业增加应届生招聘数量，做好人才储备。

三是挖掘国家金融管理中心新兴行业潜力，吸纳金融、法律、会计等专业毕业生就业。支持国民养老保险公司发展。做大、做强北交所，增加上市公司数量，带动券商、律所、会计师事务所等金融业中介机构扩展在京业务，吸纳毕业生就业。

四是补齐现代农业短板，定向吸引农业院校毕业生。加快农业中关村建设，聚焦现代生物育种、有机农业、设施农业、农业大数据、未来食品制造等领域，引育一批现代农业企业，促进农学专业毕业生就业。

五是打造大学生就业社区微场景，紧抓服务业增加就业弹性的着力点。鼓励街道乡镇与大学生创业园区、企业孵化器合作，利用街道社区公共空间，落地经创业导师筛选出的适合社区场景的就业创业项目。增加社区服务类企业及社会组织就业见习岗数量，给予见习补贴。

（二）做好就业信息供需对接，促进人岗精准匹配

一是提高线上招聘效率。强化招聘信息整合及智能推荐功能。增加中小微企业、社会组织、女大学生网络专场招聘会次数。组织开展远郊区校协同线上双选会，促进郊区生源毕业生就近就地就业。

二是探索"直播带岗"新模式。以新经济领域、中小微企业、基层就业单

位为重点，通过直播增加招聘双方的了解度和信任感，减少信息不对称造成的供需错配。

三是善用"学生能力素质画像"等智能化工具。支持高校自行开发或与人力资源云服务提供商（如天才在线科技有限公司）合作，运用能力素质画像系统、职业能力匹配算法等工具，帮助用人单位智能化筛选求职毕业生，帮助学生推荐适宜岗位，提高就业服务精准匹配效率。

（三）做好急需人才、政策性岗位、困难群体毕业生和灵活就业群体的政策优化

一是优化政策吸引急需人才。围绕"四个占先""四个突破"等关键核心技术领域，扩大应届本科毕业生落户重点发展区域的绿色通道。以怀柔科学城、大兴生物医药基地、顺义中德和大兴中日产业园等新城为试点，放宽高校毕业生落户政策。鼓励各区为吸引重点发展领域急缺人才提供生活补贴、从业补贴、人才公寓、创投资助等优惠政策。

二是加快政策性岗位招聘进程。优化机关事业单位招聘计划预审环节，缩短审核时间。合理简化人社局事业单位综合管理系统招聘审核流程，加快审核速度，促进全流程各环节的顺畅衔接和高效运转。建议学校、医院招聘，由主管部门牵头统筹，集中招考，加快进程。

三是加强对困难群体毕业生的托底保障。各高校要优先为其提供一对一心理辅导、职涯规划咨询、就业能力培训，推荐适宜岗位。鼓励有条件的高校、院系对困难毕业生增设求职专项补贴。公共人力资源服务机构要主动对接高校，将离校未就业毕业生纳入重点人群，保证就业服务"不断线"。

四是探索完善灵活就业制度保障。完善灵活就业的认定监管，增加定期核查、谎报惩戒机制。扩展毕业生灵活就业社保补贴范围，探索增加工伤保险和生育保险。研究推进灵活就业人员参加住房公积金制度试点。对灵活就业大学生提供求职登记、职业指导、岗位推荐、跟踪回访等"不间断"公共就业服务。

（四）家校社协同，引导大学生树立正确的就业观、成才观

一是加强高校职业生涯规划教育服务。落实 1∶500 师生比要求，充实高校专职就业服务师资队伍，征集职业规划、心理咨询专业志愿者，补充服务力量，防范因就业困难引发个人极端事件。鼓励高校引入企业家、资深 HR、校友担任外聘讲师，构建更贴近职场实际的生涯规划教学、咨询体系。探索"思政+职涯"教学改革。通过社团活动、社会实践等"第二课堂"，促进学生形成正确的

就业观和清晰的职业意向，尽早做好职业准备。

二是落实家庭教育，促进家校协同育人。为营造有利于大学生就业的家庭教育环境做好前置准备。通过购买服务、公益创投等方式，培育非营利性家庭教育指导机构。壮大家庭教育指导服务专业队伍。

三是把握舆论方向，引导毕业生合理预期。组织市属媒体主动发声，矫正"躺平""内卷"等悲观论调，树立"幸福都是奋斗出来的，奋斗本身就是一种幸福"等积极向上的价值观、成才观。围绕就业形势，开展一系列客观报道，帮助学生及家长理智研判就业形势，引导大学生先就业再择业。

（五）建立高校人才培养与市场需求联动机制，提高毕业生就业创业能力

一是压缩就业率低的文科招生比例，增加"新工科""强基计划"理工科招生比例。依据就业质量、人口数据、产业投资等要素研制学科专业设置监测模型，实现专业"红绿灯"预警，为科学调整高校专业设置、招生规模、学历层次提供决策支撑。紧贴产业发展趋势修订和完善专业人才培养方案。

二是扩大职业教育向河北及周边地区招生规模。促进京津冀职业教育协同发展，在集成电路、生物医药、农业科技、学前教育、养老护理等技能人才紧缺专业，面向河北和周边地区适当扩大招生范围。探索职教联盟新模式，采用定向招生、联合培养等方式，实现"入学即入职、工学交替、校企协同"。

三是扩大"1+N"校企合作试点高校范围。以就业为导向，分专业、分年级设计实施递进式社会实践教学计划。扩大"1+N"校企合作试点，对参与联合培养企业比照产教融合型企业给予财税支持。对应用型本科高校建设提供政策支持。建立政产学研信息互通长效机制。

四是完善创新创业人才培养模式。完善高校双创指导教师到行业企业挂职锻炼的保障激励政策。实施高校"双创"校外导师专项人才计划，鼓励校外导师带项目、带岗位开展双创实训，帮助大学生"在岗创业"。联合知名企业孵化器和公益组织，建设双创品牌服务基地，为大学生创办商业企业、社会企业、社会组织提供能力建设和资源支持。

第四节　促进多元供给　有效满足"一老一小" 服务需求

做好"一老一小"服务是落实"以人民为中心"的直接体现，是积极应对人口老龄化、推动生育政策落地见效的重要抓手，也是增强首都发展韧性、撬动服务消费市场的关键举措。北京市要按照多元化、便利化、专业化、精准化、品质化发展思路，全力破解制约"一老一小"服务的痛点、堵点问题，深化供给侧结构性改革，增加有效服务供给，在满足人民群众对美好生活需要的同时，激发扩内需稳增长的潜力。

一、"一老一小"服务消费进入发展新阶段，既是改善民生的着力点，也是扩大服务消费的重要支撑

（一）从发展经验来看，处理好政府与市场的关系是提升"一老一小"服务质量的关键

从国际经验来看，"一老一小"服务根据各国经济社会发展水平、财政负担能力、执政理念、文化传统等因素而有所区别。在"一老"方面，一些发达国家经历了从机构照顾到"去机构化"，从政府直接提供到间接提供，从国家福利到混合福利，从单一供给到多样化服务的"四大转变"。在"一小"方面，机构托育主要有市场主导、政府主导和多元合作三种模式。市场主导模式下，英国、美国的托育机构大多数是私营机构，依靠市场化运营，政府为低收入家庭提供一定补贴。丹麦、瑞典等北欧国家的托育服务主要由政府提供。韩国、法国等注重发挥家庭的主导作用，政府出台家庭支持政策，并鼓励社会机构提供托育服务。

正确处理好政府与市场的关系，有利于使市场在资源配置中起决定性作用和更好发挥政府作用，有利于吸引各类主体扩大服务供给、提高服务质量，推动"一老一小"服务向高品质和多样化升级。

（二）从发展规律来看，"一老一小"服务已进入多元化发展的新阶段，服务消费进入快车道

发达国家规律显示，在人均 GDP 超过 2 万美元后，随着中高收入人群占比

提高、消费能力增强，社会化、多元化、品质化的"一老一小"服务需求将进入加速增长阶段。

从北京市来看，2021 年北京市人均 GDP 超过 2.85 万美元，排名全国第一，城镇居民人均可支配收入超过 8 万元，排名全国第二，居民住户人均存款和中等收入群体比重居全国首位，消费潜力巨大。

在"一老"方面，2021 年北京市 60 周岁及以上常住人口达 441.6 万，占比为 20.2%，80 岁以上高龄老人超过 60 万，领取失能补贴的老人约 26 万，医疗健康、养老护理、生活照料等服务需求巨大，随着家庭小型化、老人家庭空巢化态势持续加剧，亟须社会化养老服务支持。此外，北京市 60 岁及以上老年人口中，拥有大学专科及以上文化水平的占比为 20.6%，对品质生活、文化体验、社交娱乐等方面需求快速增长。随着新中国成立后"婴儿潮"一代逐渐步入老年，我们将迎来有史以来最富裕和最庞大的老年群体，这部分人群渴望收获更高品质、更快乐、更有尊严的晚年生活，"医食护娱"将取代"衣食住行"成为老年群体的消费重点。

在"一小"方面，北京市 0~14 岁以下儿童达 259.2 万名，占比为 11.8%。随着鼓励生育政策落地实施，"二孩""三孩"家庭有望增多，托育服务需求将持续增长，儿童居于家庭消费核心的趋势日益增强。新生代家长学历高、收入高，有意愿、有能力为子女养育教育进行投入，代位消费、亲子消费成为拉动家庭消费的重要动力。

二、"一老一小"服务供给主要受五大矛盾制约

近年来，北京市始终把人民对美好生活的向往作为奋斗目标，"一老一小"服务取得了积极的进展，但一些深层次的矛盾制约了居民多层次多元化需求的有效满足，"一老一小"消费潜能未能得到充分释放。

（一）服务供需上存在居民多元化需求与相对单一供给的矛盾

随着北京进入高收入经济行列，居民对社会公共服务的需求更加丰富和多元，从"有没有"向"好不好""优不优""近不近"转变，从基本需求的满足转变为日趋多元的对优质公共服务的无限需求，层次相对单一的服务供给与居民多元化、专业化、个性化的服务需求不相适应。

从服务主体来看，北京市 578 家养老机构中，民办非营利和公办养老机构占比超过 80%，营利性机构 91 家，仅占 15.8%，缺乏有影响力的品牌和行业龙头。托育服务则绝大部分是民办营利性机构，普惠性服务不足。北京市实际运营托育机构 351 家，其中 95% 为民办营利性机构，"托幼一体化"机构（公办）比重不到 5%，远低于上海（66%）、河北（83%）等省份。

从服务内容来看，"新业态、新模式、新机制、新技术"的发展特征体现不明显，能够凸显出高科技含量、高附加值的服务仍显缺乏，供给难以满足需求。在"一老"方面，智能化设备、居家适老化改造、医疗康复发展不足，无法满足老年人医康养相结合的养老需求。在"一小"方面，家庭急需的"教育养育一体化"服务缺失，"只托不育、只育不托"成为托育服务、早教服务发展常态，部分家庭"工作日送托班、周末跑早教课"，时间金钱成本叠加加重家庭养育负担。居民期望的家庭指导、亲子定制服务等多样化需求得不到满足。

（二）服务布局上存在服务设施布局与居民服务需求不相适应的矛盾

基层服务设施和服务能力不足，与居民就地便捷需求还不适应。养老用地紧缺、成本偏高，部分乡镇还存在养老服务设施空白现象，一些老年人口密集地区社区养老服务能力无法满足需求。医疗康复护理服务、日间照料、老年教育、陪诊服务、智慧养老等老年人亟须的服务在部分社区未能得到有效回应①。托育服务布局与需求不匹配，74.1% 的居民希望托育机构设置在居住区内或邻近社区，而目前北京市托育机构主要设在写字楼或商圈，距离远、停车难、空间局促、环境欠佳，家长接送不方便。

（三）服务资源利用上存在资源总量不足与闲置、挪用、流失并存的矛盾

北京市"一老一小"服务资源总量不足与资源利用率不高并存，部分服务设施闲置甚至被挪用。从总量来看，2021 年底，北京市养老床位 10.9 万张，每千常住人口养老床位不到 5 张，与 2025 年每千常住人口养老床位数 7 张的规划目标还有较大的差距。北京市共有托位 2 万个左右，常住人口千人托位数为 0.91个，仅为全国平均水平（2020 年全国千人托位数为 1.8 个）的一半，与"十四五"规模目标（4.5 个）差距巨大。从服务利用来看，北京市养老机构入住率在50% 左右，乡镇敬老院平均入住率不足 40%，大部分养老设施处于闲置状态。社区养老服务专业化程度不高，可替代性较大。婴童家庭对就近、安全的托育服务需求迫切，受制于布局等因素影响，北京市托育机构实际利用率不足 40%，部分托育设施处于闲置状态。

（四）服务投入上存在过多倚重政府与社会投资进入难的矛盾

养老服务领域政府投入较多，但未能精准有效对接多层次多样化的实际需

---

① 北京市经济社会发展研究院于 2022 年 7 月开展的居民社区消费调查。

求，为失能失智等刚需老人提供的护理型床位较少，为活力老人提供的适老化环境和多样化服务不足。非营利和普惠导向对社会投资形成抑制或挤出效应。养老服务设施投入大、资金回笼慢，非营利机构无法分红、抵押。营利性社会投资拿地难、人力和运营成本不断高涨，资本进入门槛高。托育领域政府推行普惠化办托模式存在"一刀切"倾向，加剧社会资本投资顾虑，担心"被普惠化""被低价化"，导致没有盈利空间甚至亏本，不愿进入托育行业。

（五）运营监管上存在服务需求高度社会化与服务资源高度部门化的矛盾

社会领域服务供给大多垂直管理、条块分割较为严重，"一老一小"服务涉及民政、卫健、教育、发改等多个部门，相关部门每年均投入大量人力物力，但部门间数据缺少沟通交换，资源和政策缺少统筹整合，协同治理和发展合力不足，难以形成优化服务的合力。以养老助餐服务为例，民政部门支持政策主要针对养老驿站等养老服务机构，社会餐饮企业等非养老机构无法享受；商务部门对连锁餐饮企业、中央厨房、绿色餐饮等项目有资金支持，但对参与养老助餐缺少支持。市区两级部门对托育供给投入较大，但以单线作战为主、缺少统筹衔接。

三、深化供给侧结构性改革，促进"一老一小"服务有效供给

面对"一老一小"服务消费快速增长需求，要着力深化供给侧结构性改革，破解深层次矛盾，正确处理政府与市场关系，发挥政府保基本、促普惠、育市场、树品牌的主导作用，充分激发市场活力，扩大有效供给，提升"一老一小"服务能力。

（一）明确定位，分类支持"一老一小"服务体系建设

一是聚焦保基本，全力做好"一老一小"兜底保障。坚持政府保基本、兜底线的功能定位，结合实际需求和存量设施情况，支持区级、街乡镇级公办兜底养老、儿童福利设施建设和改造提升。充分发挥政府投资引导作用，加快制定北京市普惠托育的固定资产投资和财政补贴办法，市区两级按比例对托育改造费用进行支持。

二是聚焦降成本，着力促进普惠养老托育服务提质扩容。降低普惠服务的用地、设施、运营等成本。盘活现有疏解腾退及闲置设施资源，低价或无偿提供给普惠养老托育机构，降低普惠养老、托育成本，促进价格普惠、保本微利，实现居民可负担、运营可持续。对营利性企业提供的普惠性养老托育服务和非营利机构同等享受政府购买服务、税费减免、财政补贴、投融资、人才等方面的优惠扶持政策。

三是聚焦优环境，鼓励社会力量提供多样化、品质化"一老一小"服务。放宽养老服务市场准入，鼓励社会力量参与扩大"一老一小"服务供给。积极落实养老、托育服务土地、财税等各项优惠支持政策。及时清理妨碍公平竞争、市场运行的规定，按居民需求和市场规律确定和适时调整政府购买服务项目。

（二）激发供给主体活力，增加"一老一小"服务多元供给

一是充分调动市场主体参与。积极发挥国企"领头羊"作用，推动市属国企与市政府投资平台合作建立养老托育资产管理运营公司，集中购置、改造、运营管理养老托育设施，增加养老托育服务供给。鼓励物业服务企业开展老年订餐、老年家政、定期巡访等形式多样的养老服务，联合教培机构开展亲子活动、家庭指导、托管服务等托育服务。鼓励平台企业推出老年服务板块，提供更多适合老年人的特色化服务，满足老年人多元化的服务需求。鼓励早教机构办托，引导教培机构转型发展托育服务，提供全日托、半日托等多种类型的婴幼儿照护服务。

二是充分发挥社会组织的作用。鼓励宋庆龄基金会、老龄基金会、儿童基金会等社会公益组织以资金资助、项目资助等方式参与养老和托育服务。鼓励社会组织开展养老、助托服务，为养老和托育机构提供咨询评估、能力建设、资源对接等帮扶行动，提升养老托育服务的专业化水平。

（三）完善社区服务体系，打造便利的"一老一小"服务消费场景

一是聚焦补短板，完善社区"一老一小"服务设施。鼓励专业化连锁养老服务机构在养老照料中心空白区域补充养老服务设施。鼓励大型连锁托育机构建立集中管理运营的社区托育服务网络。做实搞活社区儿童之家，确保儿童服务有场所、有设施、有制度、有专业人员、有活动经费，持续提升儿童之家管理和服务效能。

二是聚焦提升功能，提高服务专业化水平。推动乡镇街道养老照料中心等存量养老机构改造，增加失能失智老人照护功能。增加养老机构护理型床位，在养老服务机构内设置认知症照护单元，通过居家式、人性化的空间布局重构，提供专业照护服务。加强社区儿童服务功能建设，重点提供0~3岁托育、课后托管等社区服务，提升一刻钟社区生活圈中的儿童服务职能。促进社区"一老一小"服务融合化发展，推动社区老幼复合型公共服务设施共建共享，营造老幼"代际融合"社区生活场景。

（四）打通政策堵点，强化"一老一小"服务要素支撑

一是盘活存量资源，拓展养老托育服务发展空间。参照培疗机构转型发展康

养的改革路径，支持利用疏解腾退空间等存量资源改造为"一老一小"服务设施。支持在老旧小区、超大型社区等养老、托育资源紧缺区域，通过租用民房、改建设施、空间复合利用等方式，新建或改扩建养老、托育服务设施。以社区卫生服务设施转托育为试点，推动闲置配套设施转型利用。

二是加强"一老一小"服务投融资支持。鼓励金融机构开发养老托育特色信贷。利用央行普惠养老专项再贷款政策，支持金融机构为普惠养老服务机构提供优惠利率贷款，降低普惠养老服务机构的融资成本。支持保险机构开发养老托育相关责任险和运营险。

（五）支持新业态新模式发展，促进"一老一小"服务需求持续释放

一是鼓励发展休闲养老、旅居养老等新业态。支持社会资本利用农村闲置资产，对村民住房进行高标准翻新和改造，发展绿色田园休闲康养，鼓励城区老人利用城区住房租金"下乡养老"。鼓励建设一批具有示范效应的休闲养老、健康养老等基地，为老年人进行"旅游养老""候鸟式养老"创造良好环境。结合京西转型、延庆最美冬奥城建设，充分发掘自然、历史人文和冬奥资源，开发适合老年人的康养旅游、红色旅游、冬奥休闲游等精品线路，促进老年康养、休闲旅游消费。

二是丰富养老金融服务和产品。鼓励金融机构开发符合老年人特点的理财、储蓄、信托等养老金融产品。借鉴各大银行、大型保险集团经验，在推出适合养老需求的理财、保险产品的同时，提供健康管理、在线医疗、智慧养老等服务。健全"互联网+护理"服务监管和评价制度，将护理服务从机构延伸至社区、家庭。借鉴西班牙等国的经验，开展"消费换养老"服务。推动适合老年人需求的智慧养老应用，制定完善智慧养老相关产品和服务标准，拓展居家、社区、机构养老等多种应用场景，支持发展社区居家"虚拟养老院"，培育一批智慧养老应用示范点。

三是结合传统商圈改造升级打造亲子消费新空间。联动商场、教育、旅游、体育、酒店、餐饮等商旅文体多元业态，开展"亲子市集""亲子运动惠""亲子趣课堂""国潮亲子行""亲子特惠地图"等活动，带动家庭亲子服务消费提质升级。

执 笔 人：刘　烨　张少雪（第一节）
　　　　　陈洪磊　郭　玮（第二节）
　　　　　于晓静（第三节）
　　　　　段婷婷　王　洋（第四节）

第七章　坚持绿色发展推动首都生态文明建设

习近平总书记在党的二十大报告中指出，中国式现代化是人与自然和谐共生的现代化。尊重自然、顺应自然、保护自然，是全面建设社会主义现代化国家的内在要求。北京生态文明建设关乎国家和首都的形象，是建设伟大社会主义祖国的首都、迈向中华民族伟大复兴的大国首都、国际一流的和谐宜居之都的重要支撑。必须牢固树立和践行"绿水青山就是金山银山"的理念，站在人与自然和谐共生的高度谋划发展，全面推进首都生态文明建设。

第一节　2021年首都生态文明年度评价及路径建议

2021年是"十四五"开局之年，北京市深入贯彻习近平生态文明思想和习近平总书记对北京一系列重要讲话精神，深入实施绿色北京战略，坚定不移走生态优先、绿色发展之路，生态文明建设实现新进步，人民群众获得感、幸福感显著增强。

一、北京市生态文明建设年度综述

（一）空气质量全面达标

2021年，北京市细颗粒物（PM2.5）、二氧化硫（SO₂）、二氧化氮（NO₂）、可吸入颗粒物（PM10）、一氧化碳（CO）、臭氧（O₃）六项大气污染物浓度值首次全部达到国家空气质量二级标准。2021年空气质量优良天数达288天（达标天占比为 78.9%，同比增加 12 天，比 2013 年增加 112 天），其中一级优天数为 114 天（比 2013 年增加 73 天），蓝天底色更纯、含金量更足，空气质量改善被联合国环境规划署誉为"北京奇迹"。2022 年前三季度，北京市空气质量进一步改善，细颗粒物（PM2.5）平均浓度为 28 微克/立方米，同比下降 15.2%，在京津冀及周边"2+26"城市中最优。

（二）水量和水质实现双提升

地下水资源得到有效涵养，平原区地下水位连续六年回升。2021 年北京市平原地区地下水平均埋深恢复至 16.39 米，比 2020 年提升了 5.61 米，为近 20 年来最高（见图 7-1）。联合调度外调水、本地地表水等资源实施生态补水，永定河、潮白河等五大河流全部重现"流动的河"并贯通入海。

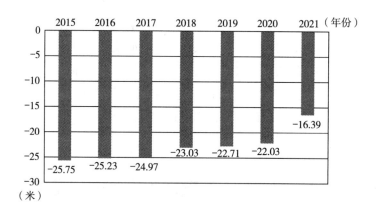

图 7-1　2015~2021 年北京市平原地区地下水埋深情况

深化"三水统筹"，水生态环境质量持续提升。北京市深化水资源、水环境、水生态"三水统筹"，以河长制为抓手加强河湖管理管护，水生态环境治理取得显著成效。

北京市共监测五大水系有水河流 97 条段，长 2435.8 公里。2021 年全市Ⅰ~Ⅲ类水质河长占比达 75.2%，比 2020 年提高了 11.4 个百分点；Ⅳ~Ⅴ类水质河长占监测总长度的 24.8%，无劣Ⅴ类河流，水质改善成效显著。地表水环境质量明显改善，100 个考核断面中，Ⅰ~Ⅲ类水质断面占比 70%，无劣Ⅴ类断面，水生态状况良好。五大水系水质明显改善。地表水水体中水库水质较好，湖泊、河流水质次之。在监测的 22 个湖泊中，Ⅰ~Ⅲ类水质湖泊面积占监测水面面积的

56.1%。密云水库等集中式地表水饮用水源地水质符合国家饮用水源水质标准。2021年,全市污水处理厂处理能力达707.9万立方米/日,污水处理率达95.8%。

（三）土壤环境状况总体良好

土壤环境风险有效管控。农用地实施分类管理,建设用地实行风险管控,未利用地强化巡查保护,土壤环境风险得到有效管控。2021年,北京市监测结果显示,全部国控土壤背景点中重金属等污染物含量均低于《土壤环境质量农用地土壤污染风险管控标准》（GB 15618-2018）中的风险筛选值。与"十三五"时期土壤背景点监测结果相比保持稳定。

建章立制,压实耕地保护责任。2021年北京市全面推行"田长制",由各级党政负责人分别担任市、区、乡镇、村四级田长,对责任区内耕地和永久基本农田的监督管理与保护利用工作负责,成为全国第一个层层压实省（市）、区、乡镇、村耕地保护党政同责的城市。

大力推进复耕复垦,超额完成年度任务。截至2021年底,北京市落实复耕复垦地块约35.25万亩,完成年度计划的142.77%。完成撂荒地摸底整治,针对第三次全国国土调查耕地中未种植地块开展全面摸底,2021年恢复撂荒地种植16万亩,基本实现能种尽种、应种尽种。

（四）低碳转型成效显著

2021年,北京市可再生能源开发利用总量达849.3万吨标准煤,占能源消费的比重接近12%。能源利用效率持续提高。2021年北京市万元地区生产总值能耗、二氧化碳排放较2012年累计下降37.8%和48.0%,单位地区生产总值能耗和碳排放强度保持全国省级地区最优水平,成为全国唯一连续14年超额完成国家下达节能任务的省级地区。能源结构历史性调整,清洁低碳转型特征明显。2021年,北京市清洁能源比重为69.9%,比2012年提高26.7个百分点;北京市煤炭消费量由2012年的2179.6万吨下降到2021年的130.8万吨,占北京市能源消费比重由2012年的25.2%下降到2021年的1.4%,平原地区基本实现"无煤化";北京市外受电通道13条28回路,输送能力3400万千瓦,输送能力比2012年增长54.5%;北京市16个区全部连通管道天然气,平原地区基本实现管道天然气"镇镇通"。

（五）绿色空间不断拓展,环境质量持续向好

第二轮百万亩造林有序推进,生态空间不断拓展。2021年,北京市新增造林绿化16万亩,再添2个万亩以上郊野公园。在第二轮百万亩造林工程中,共

营建人造灌木丛 2200 处，生物多样性保育小区 295 处、小微湿地 491 处，设置人工鸟巢 5027 个、昆虫旅馆 1338 处，配植食源蜜源性植物 120 万余株。通过植树造林，原本的"生态孤岛"被贯通起来，逐步被串成"绿廊"、织成"绿网"。

环境质量和稳定性持续向好。2021 年，北京市生态环境质量指数（EI）① 达70.8，生态系统质量和稳定性持续提高。北京市森林覆盖率达 44.6%，比 2012年提高 6 个百分点；城市绿化覆盖率达 49.3%，比 2012 年提高 3.1 个百分点；公园绿地面积 36397 公顷，人均公园绿地面积达 16.6 平方米，比 2012 年增加1.1 个百分点。

（六）强化制度建设

自 2021 年以来，北京市印发实施了《北京市"十四五"时期生态环境保护规划》《北京市深入打好污染防治攻坚战 2021 年行动计划》《北京市深入打好污染防治攻坚战 2022 年行动计划》《关于深入打好北京市污染防治攻坚战的实施意见》；修订了《北京市大气污染防治条例》《北京市水污染防治条例》，出台了《北京市土壤污染防治条例》，法治保障更加有力；发布了《北京市碳达峰实施方案》，将为我国如期实现碳达峰、碳中和目标愿景作出北京贡献。

二、北京市生态文明建设存在的问题

（一）蓝天保卫战进入攻坚期

现阶段北京市细颗粒物（PM2.5）主要来源于中本地排放近六成，其中移动源、生活源、扬尘源、工业源分别占比 46%、16%、11%、10%，汽车尾气排放压力突出，挥发性有机物（VOCs）等产业污染物排放不容忽视，VOCs 也是形成臭氧的前体物之一；区域传输超四成，津冀地区产业结构偏重，对北京空气质量有较大影响。夏季臭氧污染有所凸显，近三年 6 月超标率超过 60%。

（二）水资源占有量低与水污染并存，水生态环境仍需持续改善

一是北京市人均水资源占有量依然很低。人均水资源量虽然提高到 150 立方米左右，但仍远低于联合国认定的年人均水资源量 500 立方米的极度缺水标准。二是水质状况不稳定。由于初期雨水、雨污合流等原因，中下游地区水生态状况相对较差。三是农村地区污水处理能力不足。

---

① 生态环境质量指数（Ecological Index，EI）是反映区域生态环境的整体状态的综合指数，数值范围为 0~100，将生态环境分为五级，即优（EI≥75）、良（55≤EI<75）、一般（35≤EI<55）、较差（20≤EI<35）和差（EI<20）。

（三）农田生态功能有待进一步提升

一是撂荒地地力有待恢复。前期耕地撂荒导致的耕地营养流失，土壤硬化，地力下降，对生态健康产生威胁。亟待出台对恢复种植的耕地或撂荒地地力恢复的行动计划。二是农业投入品及农业废弃物是农用地土壤污染的主要来源。农业生产产生的农药、肥料包装废弃物随意丢弃，废旧农膜回收不及时、不彻底，散落在田间地头、沟渠路边。

（四）能源刚性需求高，降碳难度大

建筑和交通领域的能源消费量占北京市能源消费总量的比重超过七成，且呈现增长态势。本地可再生能源有限，华北区域电网碳排放较高也难以迅速脱碳。绿色低碳前沿技术攻关和应用发展较慢，储能、氢能与碳捕获、利用与封存等碳中和核心技术研发应用不足。北京市碳交易市场化程度有待提高，产品交易方式仅限于现货交易，交易主体较为单一，仍以控排企业为主。

（五）人工造林多，生态系统稳定性差

经过两轮百万亩平原造林，北京市生态建设空间格局基本形成，但生态系统不稳定。一是平原生态林仍处于逐步郁闭成林阶段，森林生态系统还不够稳定，生态服务功能等效益发挥还不足。营造的人工林尚未形成规模化的复层异龄混交结构，森林生态系统的水源涵养、水土保持和生物多样性保护等生态功能发挥不足。二是山区森林中幼龄林占比较大，纯林较多，树种配置和林分结构还不合理，森林质量有待精准提升。三是新的自然保护地体系有待完善，重要生态空间管控需加强。四是冬季少青绿未有明显改善。由于人工绿化树种阔叶林比重高、针叶林比重低，导致冬季自然景观单一，绿量不足，彩叶难寻。

（六）政策制定和执行还有完善空间

外调绿电供应、绿色出行和新能源汽车支持配套等部分领域顶层设计尚有不足；生态补偿制度框架还不清晰，生态补偿涉及经济、生态、法学等多重领域，目前尚未形成统一、权威的概念，导致生态补偿定位不清晰，影响立法和制度构建工作；生态产品价值实现机制尚处于起步探索阶段，度量难、交易难、变现难、抵押难问题突出；生态环境区域协同机制有待进一步深化，生态环境联建联防联治领域还需拓宽。

三、下一步生态文明建设重点任务

推动北京市生态文明建设实现"四个转变"，即推动污染防治向更加精细精准管控转变；推动植树造林向生态系统修复转变；推动治理耕地撂荒向提高耕地质量转变；推动降碳由以企业参与为主向全民参与转变，助力率先基本实现人与自然和谐共生的中国式现代化。

（一）深入推进"一微克"行动，持续改善大气质量

一是优化交通出行结构，大力发展新能源汽车。打造轨道交通、地面公交、自行车和步行系统协调发展的绿色出行网络。鼓励市直机关和各企事业单位优先采购纯电动汽车，提倡专用车（含电力、电信、邮政、环卫、物流等）及其他客车（含旅游、通勤等）在新置及更新时采购新能源汽车。二是优化产业结构，强化产业污染治理。大力发展高技术制造业和服务业。推进低 VOCs 原辅材料源头替代，对炼油石化、化工、汽车制造、工业涂装等重点行业企业开展 VOCs 全流程管控，支持企业开展绿色化技术改造。三是推动大气区域协同治理。充分发挥京津冀三地生态环境联建联防联治常态化机制作用，加强重污染期间应急联动。

（二）节约与减污并举，实现水量水质双提升

一是全面落实《北京市节水条例》，实施用水总量和强度双控，提高用水效率。二是科学精准开展水环境治理。加快城镇地区污水收集处理体系提质增效，因地制宜采取工程和生态措施推进农村生活污水处理。三是积极探索提升水生态功能。加强河湖水系连通，提高河湖自净能力。开展河湖生态缓冲带修复与建设试点。

（三）加强耕地质量建设，提升农田土壤碳汇能力

一是持续开展高标准农田建设，提升耕地地力。探索开展耕地质量评价。支持推广粮食生产绿色高质高效技术。二是探索建立耕地生态保护修复制度，加强土壤培肥，增加土壤有机碳储量，提升农田土壤碳汇能力。三是健全完善耕地和永久基本农田数据库和动态监测监管系统。四是加快建立废旧农膜和农药、肥料包装废弃物等回收处置体系，促进农膜基本实现全回收，地膜残留量实现负增长。

（四）锚定"双碳"目标，扎实推进节能降碳

一是加快推进节能降碳技术创新。加大碳中和关键技术研发攻关，推进绿色低碳科技革命。鼓励企业联合科研机构、高校等建立碳中和技术创新联盟进行氢能、高效率光电光热、分布式储能、智能电网、碳捕获、利用与封存等关键核心技术协同攻关，支持智能化、多元化的能源供应和管理系统创新，加强储能设施

安全技术研究。二是推动建筑和交通领域低碳发展。建立健全超低能耗建筑政策标准体系，大力推广超低能耗建筑，推进既有公共建筑、城镇老旧小区和农村住宅建筑节能改造。加快推进公交车、出租车、网约车电动化进程；通过资金激励和路权引导等综合措施，加快社会存量燃油车的电动化替代；进一步淘汰老旧柴油车辆，持续推动公转铁；探索在大兴、顺义临空经济区推进生物航空燃料示范应用。三是健全碳市场运行机制。积极探索碳金融期货产品，支持碳基金、碳债券、碳保险、碳信托等金融创新。

（五）完善生态建设思路，由绿化向生态系统恢复转变

一是坚持以自然恢复为主，适度人工修复，加强浅山区生态修复和深山区生态保育，提升山区森林生态功能和质量。二是以平原地区绿化为重点，丰富城乡生态景观，构建连片成规模、连通成体系的平原区大尺度绿色空间组团。三是重视生物多样性保护。营造贴近自然的栖息环境，保护北京雨燕、长耳鸮等城市标志性野生动物的生存环境。加强生物多样性就地保护，连通重要生态空间和物种栖息地。

（六）加强顶层设计，提升生态环境治理能力

拓展与山西、内蒙古、吉林、山东等省份绿电合作；研究制定插电式混合动力汽车（PHEV）替代燃油车的机动车牌照和通行权支持政策；完善生态补偿实施细则等配套政策；制定出台生态产品价值实现相关规范，探索建立省级生态系统生产总值（GEP）核算体系；严格落实《"十四五"时期京津冀生态环境联建联防联治合作框架协议》，不断完善生态环境区域协同机制。

第二节　碳达峰碳中和背景下北京市能源结构调整路径研究

一、北京市自"十三五"以来能源结构调整的做法及现状

自"十三五"以来，北京市不断优化调整能源结构，体制机制不断完善，煤、油品等化石能源使用不断压减，可再生能源消费占比不断提高，设施能力建设和能源使用效率稳步提升，把科技创新作为关键支撑，推进重点行业能源结构

调整和节能降碳，努力构建首都能源安全保障体系，朝着"安全韧性、绿色低碳、智慧高效"能源结构不断迈进。

一是推动能源结构优化的体制机制不断完善。筹建市"双碳办"，统筹首都"双碳"工作。充分发挥市能源与经济运行调节领导小组办公室统筹协调作用。组建市城市管理委，城市能源运行管理的综合性、整体性和协调性显著增强。成立首都电力交易中心，电力市场化改革稳步推进。全国煤炭交易中心正式运营。

二是煤炭、油品等化石能源消费占比大幅下降，清洁能源消费占比稳步提升。能源消费总量从 2012 年的 6564.1 万吨标准煤增长至 2021 年的 7103.6 万吨标准煤，以年均 0.88% 的较低能耗增速支撑了年均 6.4% 的经济增长。煤炭消费量由 2012 年的 2179.6 万吨大幅压减到 2021 年的 130.8 万吨，占北京市能源消费的比重由 25.2% 下降到 1.4%，天然气、调入电力占能源消费比重分别由 17.1% 和 25.8% 上升到 36.2% 和 28.7%。外调绿电规模成倍增加，由 2015 年的 45.0 亿千瓦时增加到 2021 年的 194.7 亿千瓦时以上，增长了 3.3 倍。北京市电力消费占比达 28.7%，比 2020 年提高 2.2 个百分点，比 2015 年提高 6.7 个百分点（见图 7-2 和表 7-1）。

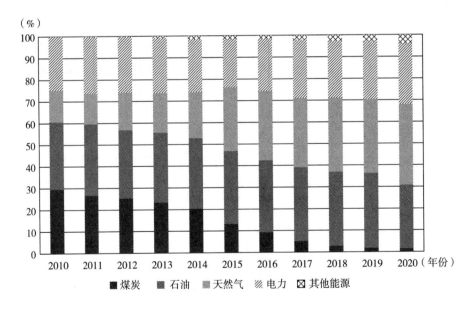

图 7-2　2010~2020 年北京市能源结构变化情况

表 7-1　2010~2020 年北京市分部门能源消费情况

单位：万吨标准煤，%

年份	能源消费总量	第一产业		第二产业		第三产业		居民生活	
		消费量	占比	消费量	占比	消费量	占比	消费量	占比
2010	6359.5	98.4	1.6	2365.5	37.2	2653.9	41.7	1241.7	19.5
2011	6397.3	98.3	1.5	2160.1	33.8	2818.9	44.1	1320.0	20.6
2012	6564.1	98.1	1.5	2082.1	31.7	2967.0	45.2	1416.9	21.6
2013	6723.9	97.3	1.4	2079.2	30.9	3109.1	46.2	1438.3	21.4
2014	6831.2	91.7	1.3	1998.4	29.3	3236.5	47.4	1504.6	22
2015	6802.8	74.6	1.2	1902.7	28.0	3312.6	48.7	1502.9	22.1
2016	6916.7	80.4	1.2	1870.8	27.0	3414.4	49.4	1551.1	22.4
2017	7088.3	72.0	1.0	1844.2	26.0	3519.3	49.7	1652.8	23.3
2018	7269.8	60.7	0.8	1835.2	25.2	3681.4	50.6	1692.4	23.3
2019	7360.3	55.8	0.8	1850.7	25.1	3762.5	51.1	1691.4	23.0
2020	6762.1	50.9	0.8	1751.5	25.9	3246.9	48.0	1712.8	25.3
"十三五"时期年均增速	-0.1	-9.7		-1.6		-0.4		2.6	

三是可再生能源利用规模和质量同步提升。2021 年，北京市可再生能源开发利用折合 849.3 万吨标准煤，占能源消费比重由 2015 年的 6.6% 提高到 12.0%。2021 年，北京市可再生能源发电装机容量为 242.2 万千瓦，比 2016 年增长 64.6%；可再生能源电力消纳总量达 244 亿千瓦时，占全社会用电量的 19.8%，提高 9.3 个百分点（见图 7-3 和表 7-2）。

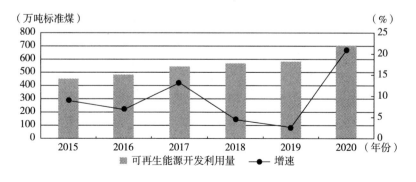

图 7-3　2015~2020 年北京市可再生能源开发利用量及增速

表 7-2　2015～2020 年北京市分品种可再生能源开发利用量

单位：万吨标准煤，%

年份	太阳能		地热能及热泵系统		风能		生物质能		水能		外调绿电	
	利用量	比重	利用量	比重	利用量	比重	利用量	比重	利用量	比重	利用量	比重
2015	**161.3**	35.8	**61.1**	13.6	**7.5**	1.7	**65.8**	14.6	**19.4**	4.3	**135.0**	30.0
2016	**164.8**	34.3	**65.7**	13.7	**9.0**	1.9	**66.2**	13.8	**19.4**	4.0	**155.4**	32.3
2017	**169.1**	31.1	**67.6**	12.4	**9.4**	1.7	**109.8**	20.2	**30.8**	5.7	**156.4**	28.8
2018	**44.2**	7.8	**70.8**	12.5	**9.38**	1.7	**78.64**	13.9	**26.4**	4.7	**329.9**	58.2
2019	**48.7**	8.4	**80.7**	13.9	**9.18**	1.6	**107.2**	18.4	**27.4**	4.7	**294.3**	50.6
2020	**54.0**	7.7	**84.1**	12.0	**10.0**	1.4	**136.0**	19.3	**30.6**	4.3	**388.8**	55.3
"十三五"时期年均增速	—		6.6		5.9		15.6		9.5		23.6	

注：2018 年起北京市太阳能开发利用量统计范围及折标系数有所调整。

　　四是设施能力建设稳步提升。重点功能区绿色能源体系加快建设。坚持高起点规划、高标准建设，城市副中心行政办公区建成国内规模最大地源热泵综合能源系统。北京大兴国际机场建成全球最大机场综合能源系统，三星级绿色建筑占比达 70% 以上，建成全国民航业规模最大的地源热泵系统和国内首个飞行区跑道旁铺设的光伏系统，成为全国应用可再生能源比例最高的机场。一手促通道，推进区域协同发展，与山西、河北等省份签订战略合作协议，协同推进跨区域送电工程规划建设，增强域外绿色电力进京能力；一手抓基地，支持市内能源企业"走出去"，在域外布局建设大型新能源基地。

　　五是加强重点行业能源结构调整和节能降碳。实施建筑领域节能降碳。大力提升新建建筑绿色低碳水平。大力发展绿色建筑、装配式建筑，积极推广超低能耗建筑；有序推进既有建筑节能改造。调整交通能源结构。制定推广新能源车实施方案，大力推动机动车"油换电"；提高货运绿色水平，持续推进大宗生产生活物资运输"公转铁"；推动氢燃料汽车规模化应用，推动建设京津冀燃料电池汽车货运示范专线。深化工业节能低碳改造。把优化工业结构和提高能效作为推进工业节能降碳的重要途径，加快形成绿色生产方式，培育制造业绿色发展新动能。

　　六是强化能源科技创新引领。以重点区域、重大工程、重大活动为依托，加快推动先进可再生能源、新型电力系统、氢能和氢燃料电池、储能等绿色低碳技术攻关和推广应用。高水平建设怀柔国家实验室，打造"能源谷"先进能源产业高地，加快大兴国际氢能示范区等重大示范应用建设。推进能源新技术与智慧城市融合发展。

七是深化区域能源协同合作。多层次、宽领域推动区域能源资源开发、设施建设、要素市场等协同发展，制定实施《京津冀能源协同发展行动计划（2017年—2020年）》，协同推动一批跨区域电力、燃气、供热重点项目建设；与河北、天津、内蒙古、山西等周边省市多层次能源交流合作取得新进展。

二、北京市能源结构调整面临的主要挑战

受国际形势、地缘政治、全球突发公共安全事件、全球气候变化等不确定因素影响，我国能源安全风险挑战进一步加大。北京作为能源资源高度依靠外部的超大型城市，未来可能面对国际天然气、原油市场波动加剧的供给侧风险，这使北京市能源结构调整，建立多元安全、自主可控能源供应保障体系的要求更为紧迫。北京市能源结构调整主要面临以下挑战：

一是自身可再生能源禀赋不足。经评估，在现有技术条件下，北京市可开发的增量资源为 1305.7 万吨标准煤/年，按 2030 年北京市能源消费总量达 8500 万吨标准煤计，在现有技术条件下，北京市自身可开发利用的可再生能源可支持 19.2% 的能源消费量，与国家设定的 2030 年我国实现可再生能源占能源消费量的 25% 还相差较远。

二是自身可再生能源开发利用不足。北京市生物质能利用主要为生活垃圾发电，受有关政策制约，世界范围内技术成熟、应用广泛的农林废弃物成型颗粒燃烧发电、供热并没有开展，随着北京市园林绿化面积的逐年扩大，园林绿化废弃物也日益增加，产生量已达每年 500 万吨，若将其全部制成生物质成型燃料用于燃烧发电，相当于每年新增 240 万吨标准煤，城市木质垃圾和可燃烧塑料每年可产生约 300 万吨燃烧值等同于 200 万吨标准煤。

三是提高外调绿电存在挑战。因 2022 年起新增可再生能源将不纳入能源消费总量控制，北京市主要绿电来源地区都在减少绿色电力外送规模，北京市绿电调进压力增大。

四是科技创新支撑能源结构调整任重道远。关系到源输荷储用各层面系统性变革的技术、关系到重点行业工业流程再造的关键瓶颈及核心技术都鲜有攻破。

五是能源体制机制改革仍需不断深化。与能源结构调整相适应的能源政策、法规、标准和价格体系亟待健全完善。

三、北京市能源结构调整的路径

北京市能源结构调整包括可再生能源对传统化石能源的替代，也包括提高重点领域能源使用效率、强化能源科技创新引领、体制机制改革、建立首都安全保障体系等。

一是实施可再生能源替代。以光伏为重点提高太阳能利用。加强居民住宅、大型商业综合体、商务楼宇重点领域光伏应用。大力推进以地热、生物质成型颗粒等为能源的清洁低碳供暖系统重构。扩大浅层地源热泵应用。推动再生水源热泵供暖应用。有序开发利用中深层地热能资源。推动生物质能颗粒成型燃料供热。

二是有序减少化石能源使用。持续推进剩余农村地区村庄清洁取暖工作。深度推进供热系统重构，推动供热系统能源低碳转型替代全面布局新能源和可再生能源供热。推进以电力为主体的地面交通能源供应体系。推动生物燃料、天然气作为航空燃料的替代。

三是提高电力作为直接能源的比例。构建以新能源为主体的新型电力系统，稳妥有序发展新型储能，提高绿电比例。

四是提高重点领域能源使用效率。大力提升新建建筑绿色低碳水平，有序推进既有建筑节能改造，深化工业节能低碳改造，推进新型基础设施节能降耗。

五是强化能源科技创新引领。加强能源重点技术攻关和示范应用。以绿色低碳为方向，超前开展前瞻性、战略性技术研究，协同攻关一批绿色低碳关键技术，依托重点区域、重大工程、重大活动，持续推进先进可再生能源、新型电力系统、氢能、新型储能等能源领域首台（套）重大技术装备示范应用。加强可再生能源、氢能、新型电力系统等重点领域重点技术攻关突破。

六是完善能源发展体制机制。加强能源法规标准体系建设，加强顶层设计，强化引导约束，不断完善能源法规标准体系，健全能源绿色低碳导向目标考核机制。深化能源价格机制改革，完善绿色低碳财税金融政策，创新能源绿色发展市场化机制。

七是创新区域能源合作机制。加强区域绿色低碳合作。发挥北京科技优势，推动京津冀区域创新资源开放共享，促进区域节能环保、新能源开发、新能源汽车等领域合作，支持头部企业加强资源对接，推动区域产业绿色化改造，实现区域产业低碳转型升级。推动京津冀规模化、协同化布局氢能产业，打造氢能产业集群，联合开展氢燃料电池核心技术攻关、新材料研发和商业化应用。合作扩大绿色生态空间，积极开发区域林业碳汇项目，促进跨区域生态补偿。深化国际合作。积极参与应对气候变化国际合作，学习借鉴国际先进经验，深化与国际友好城市和国际组织的低碳政策对话、务实合作和经验分享。支持科研机构联合开展技术研发，推动低碳技术转移和服务输出。

第三节 加快氢能发展推动北京能源转型研究

氢能被认为是绿色、高效的二次能源，是全球能源技术革命和转型发展的重大战略方向，也正式纳入我国能源战略体系。近年来，在碳达峰碳中和战略驱动下，北京在氢能技术研发、氢能示范应用及氢能产业发展等方面都走在全国前列，发布了多项氢能相关政策，积极探索氢能发展的路径。

一、北京氢能发展现状

（一）氢能技术研发能力全国领先

北京氢能技术研发在我国起步最早，整体技术水平与产业化能力全国领先。北京是我国石化原料制氢和工业副产品制氢的主要技术方案研制和供给方，已形成液氢和绿氨两条大规模氢储运路线。在前沿领域的质子交换膜电解水、固体氧化物电解水、液氢核心装备及液氨、甲醇等氢储运媒介等关键技术与零部件均启动研发布局。在膜电极、双极板、空压机等质子交换膜燃料电池关键材料、部件环节已基本实现自主化，质子交换膜、催化剂、炭纸等依赖进口的领域已实现突破，电堆、动力系统全国领先。

（二）氢能产业基础较好

北京在氢能领域聚集了一批具有核心技术和产业化能力的企业主体，初步形成涵盖氢气制、储、运、加环节，燃料电池发动机、整车制造和整车应用的京津冀氢能全产业链。截至 2020 年底，北京市氢能产业相关企业、机构数量约 150家，其中，氢能供应领域 73 家，燃料电池领域 89 家。2020 年，北京市氢能产业实现产值约 30 亿元。北汽福田是最早实现燃料电池商业化运营的车企之一，在城市公交、旅游、定制班车及城市配送等多种场景开展了规模化应用。北京亿华通研发的燃料电池系列产品被国内 30 家主流整车企业选用。在北京冬奥会、冬残奥会上首次选用氢气作为奥运会火炬唯一燃料，首次批量化、规模化投入氢燃料电池汽车作为奥运会运输工具。

（三）初步形成集聚发展的产业布局

依托大兴国际氢能示范区、昌平"能源谷"和房山中关村氢能产业园，在北部区域打造氢能产业关键技术研发和科技创新示范区，在南部区域打造氢能高端装备制造与应用示范区。昌平区以建设全球领先的氢能技术创新高地、氢能领域国家战略科技力量的创新高地、国内一流的氢能前沿技术策源地、关键技术主阵地、京津冀氢能科技示范和产业高端装备制造先行区为目标，打造"科创氢城、未来氢城、世界氢城"。大兴国际氢能示范区对氢燃料电池交通产业链、氢能供应产业链、分布式能源产业链以及产业服务配套四个维度进行产业布局。房山区着力打造"一园三区"中关村氢能与燃料电池特色产业园。京津冀区域氢能产业协同发展初见成效。

（四）氢能产业标准和政策逐步完善

氢能产业的国家级标准化机构秘书处均设在北京，目前已组织开展了数十项国家标准的编制和转化工作。已出台《北京市氢能产业发展实施方案（2021—2025 年）》等氢能产业规划、科技创新、设施保障等方面的扶持政策。

二、存在的问题及挑战

（一）示范应用规模小，在能源消费中占比低

目前氢能示范应用仍主要集中在交通领域，示范应用规模小，占北京市能源消费的比重不足 0.1%。

（二）核心装备与技术水平仍有待提高

高压管件阀门、加氢枪、质子交换膜、催化剂、炭纸等部分核心材料与零部件尚未完全实现自主可控，电堆等关键装备的部分重点指标与国际先进水平仍存在一定差距，全产业链综合成本较高，尚不能满足产业规模化发展的需求。

（三）应用场景开放的深度及广度有限

截至 2022 年 11 月，北京市已建成加氢站 11 座，推广氢燃料电池车辆 1528 辆，且终端用氢价格较高。无论是加氢站还是燃料电池汽车推广，均与《北京市氢能产

业发展实施方案（2021-2025年）》目标有较大的差距。另外，在工业、能源、电力、建筑及民生等各领域的示范推广与融合发展模式目前尚未实现突破。

（四）政策法规与公共服务体系有待健全

氢气作为能源产品的安全监管体系尚不完善，配套标准法规和支持政策尚不健全，导致产业化应用和市场化推广受到限制。产业公共服务能力缺失，无法有效支撑氢能产业的健康有序发展。

（五）区域氢能产业链协同难度较大

氢能产业链较长且涉及多个环节，相关企业涵盖能源、化工、运输物流等多个领域，需要构建跨区域、集群化的协同发展模式。

三、围绕"四个突出"，加快氢能发展推动北京能源转型

充分发挥科技和人才资源聚集的优势，强化政策引领和产业培育，推动氢能技术创新、示范应用和产业发展，努力把北京建设成为具有国际影响力的氢能城市。

（一）突出创新驱动，打造全球领先的氢能技术创新高地

一是加快关键核心技术攻关。重点支持制氢、储运、加注和燃料电池等核心领域关键共性技术、前沿技术研发，组织实施一批重大科技联合攻关项目，加强与国家重大科技项目的对接，逐步实现关键技术自主可控。重点提高可再生能源制氢转化效率和单台装置制氢规模，突破氢能基础设施环节关键核心技术，加快推进质子交换膜燃料电池技术创新。提前布局突破生物质、太阳能等前沿制氢技术。

二是建设高水平创新平台。依托央企、高校等加快集聚人才、技术、资金等创新要素，健全产学研协同创新机制，建设高水平氢能科技创新平台。支持中国石油大学、华北电力大学等高校和科研院所、企业加快建设重点实验室、前沿交叉研究平台，开展氢能应用基础研究和前沿技术研究。依托中石油、中石化等央企整合行业优质创新资源建设氢能产业创新中心、工程研究中心等创新平台。

三是强化氢能产业创新人才集聚与培育。强化与国际氢能协会、国际氢能委员会等国际机构的合作交流。加强与国内外"高精尖缺"人才团队的主动对接，依托在京重点高校和研究机构加强氢能领域学科建设，共建人才培育基地。

（二）突出清洁低碳发展方向，鼓励发展绿氢

一是逐步提升绿氢比例。持续推进绿色低碳氢能制取、储存、运输和应用等各环节关键核心技术研发。积极探索和鼓励风能、光能等可再生能源项目与氢能

耦合发展，在北京适宜区域及域外周边地区布局绿氢产业。

二是探索张家口—北京绿氢运输最优路径。积极探索张家口至北京的长管拖车运氢、天然气掺氢、特高压输绿电—就地制氢、液氢输氢等运输路径的最优组合。

三是多措并举降低绿氢成本。通过规模化应用和关键核心技术的国产化突破，大幅降低电解槽的生产成本和储运成本。研究探索可再生能源发电制氢支持性电价政策，完善可再生能源制氢市场化机制，将绿氢纳入碳市场交易。

（三）突出应用牵引，支持氢能多元化示范推广

一是重点突破交通领域示范应用。以京津冀燃料电池汽车示范城市群建设为抓手，加快建设燃料电池汽车示范城市。用好政府采购政策，在城市公交、市政工具车购置时优先支持燃料电池汽车。以冷链物流车、环卫车、自卸/搅拌车、重型牵引车等商用车为重点，推进燃料电池汽车在重点产业园区、城市建设等领域示范应用。探索氢燃料电池在轨道交通、无人机等领域的应用示范。在国内外重大会展论坛活动中优先安排氢燃料电池接待用车。

二是探索"风/光发电+氢储能"一体化应用新模式。发挥氢能作为储能介质的作用，连接风能、太阳能、生物质能等多种能源，通过可再生能源电解水制氢，实现大规模储能及能源调峰。

三是拓展清洁低碳氢能在化工行业替代的应用空间。开展以氢作为还原剂的氢冶金技术研发应用。探索氢能在工业生产中作为高品质热源的应用。积极引导合成氨、合成甲醇、炼化等行业发展低碳工艺，促进高耗能行业绿色低碳发展。

四是试点推进氢能社区建设。充分利用氢—电转换优势，因地制宜布局氢燃料电池分布式热电联供设施，探索在机关、学校、医院等公共建筑布局燃料电池分布式发电/供热设施。试点开展天然气掺氢项目示范。

五是强化京津冀区域氢能产业协同发展。深化产业链上下游协同，增强联动协调，形成集聚发展优势、提升产业集中度，有力推进氢能产业快速发展和深度推广应用。

（四）突出制度先行，完善政策法规和标准体系

一是建立健全氢能政策体系。制定完善氢能制备、储运、加注等环节建设管理程序，加大对绿氢生产和消费的支持补贴力度，落实《北京市氢燃料电池汽车用加氢站发展规划》，规范加氢站审批流程。支持保障氢燃料电池车辆路权，支持氢能关键领域攻关项目，用好"首台套""首批次"政策支持新技术新产品

新材料应用。引导金融机构加大对氢能产业发展的支持力度，支持氢能专精特新企业在北交所上市。

二是健全氢能发展地方标准。推动完善氢能制、储、输、用标准体系，重点建立健全氢能质量、氢安全等基础标准，构建燃料电池技术标准，落实加氢站设计、建设标准规范。鼓励龙头企业积极参与各类标准研制工作，支持有条件的社会团体制定发布相关标准。推进氢能产品检验检测和认证公共服务平台建设，推动氢能产品质量认证体系建设。

三是加强全链条安全监管。加强氢能安全管理制度和标准研究，建立健全氢能全产业安全标准规范，强化安全监管。加强氢气泄漏检测报警以及氢能相关特种设备的检验、检测等先进技术研发。研究制定氢能突发事件处置预案，及时有效应对各类氢能安全风险。

第四节　构建新型林场体系　推动山区绿色转型发展

目前北京市已建立起国有林场、新型集体林场以及山区生态林管护制度相并行的管理体制。门头沟区在推行新型集体林场试点过程中积累了经验，要进一步探索林场发展新模式，走出推动山区绿色转型发展的新路子。

一、新时期林场发展需要加快体制机制变革

（一）大规模造林任务基本完成，绿化建设进入内涵式发展阶段

随着 2022 年新一轮百万亩平原造林收官，市域范围内大面积绿化造林任务基本完成。但从森林生态质量来看，存在人工林居多、自然林偏少，密林过密、疏林太疏，灌木多、乔木少等问题，门头沟是其中的典型。今后绿化建设的重点，是加快太行山脉困难地自然恢复，因地制宜推进灌木林向乔木林改建培育，实现近自然林逐步替代人工林。这对优化营林造林方式、增强专业力量、调整组织模式等都提出了新要求，对林场的功能定位及运营管理方式也提出了新课题。

（二）人口经济环境矛盾出现新变化，生态涵养区进入要素融合发展期

以门头沟为例，2020 年全区 83% 的人口集中于新城地区，山区人口占比由2010 年的 25.3% 下降至 2020 年的 17.0%，村庄空心化趋势明显，形成 60 个无人

村。伴随人口格局变化，山区经济结构逐步向绿色化、高端化转型。山区要实现更进一步的发展，必须促进各类要素相互融合，城市、乡村和山区之间的人才、资本、土地和技术要素有序流动，实现城、乡与山区融合发展，促进森林生态综合服务功能不断提升，使一二三产业融合发展成为绿色发展的主流。

（三）要素条件逐渐发生根本转变，林场体制机制改革箭在弦上

在"人"方面，养林护林员队伍老化严重、缺口较大，门头沟在岗集体生态林管护员较核定岗位尚缺 28.6%，60 岁以上老人占比达 30.0%，林地管护或将"后继无人"。在"地"方面，深山、浅山和平原地区造林已集中连片，但国有、集体和民营林场管理范围仍延续历史、零散棋布，无人村、废弃工矿土地缺乏统筹使用。在"财"方面，人工林进入成熟期之后，碳汇功能和价值逐步彰显，"输血"变"造血""以林养林"具备实施基础，森林健康经营等营林抚育项目资金将逐步增加，林业财源不断丰富。在"技"方面，通过优化林木抚育方式，灌木林向灌乔复合林、人工林向近自然林演化时间大大缩短，无人机、遥感卫星等智能化、信息化技术在规模化林场的病虫害防治、森林防火等方面已有探索应用，开展大规模林场管理运营的技术支持条件日渐成熟。

二、加强统筹，探索构建新型林场体系

新型林场体系是以国有林场牵头组建的林业联盟为主体、社会专业林业力量为支撑，统筹山、水、林、田、湖、草等全域生态资源和生态产业资源，开展森林健康经营、生态产品价值开发和全域文化资源保护利用等业务，接受政府行业管理、整体考核、综合评价的一种新型森林管理组织形态。

（一）整合林场产权主体，搭建集团化的组织架构

在确保国有和集体林场所有制属性不变的前提下，推动国有或集体林场通过股份合作、合作经营等方式，将私人承包林场纳入统一的林场体系，推动现有集体林场完善现代公司经营体制和法人治理结构。林场体系初步可以建设成为松散的、以技术互助和业务交流为主的林业联盟，其后逐渐转变为紧密的、以人才流动和业务合作承担的林业综合体，在适当时机可以成立国有控股的林业集团。

（二）挖掘人力资源，升级专业人才架构

将现有护林员、林场职工、林业站职工等不同条线的林业工作人员队伍逐步精减整合。推动"三长联动"融入林场体系，以林长制为主体，探索与河湖长制、田长制联动融合，统筹实施森林林地、河湖湿地、农田巡查、耕地保护等生

态资源管护工作，促进林水田生态环境一体化保护与利用。开发多元多样的职业晋升体系，围绕林场承担的森林健康经营、生态产品价值实现、森林综合服务等开发森林健康经营师、林场规划师、碳汇评估师、景观营造师等多样化的林场相关职业体系或专业技术职称。

（三）适应形势发展变化，完善业务体系架构

推动林场体系成为实施生态工程建设、加强生态资源管护、开发利用生态资源的"三位一体"综合运营主体，通过政府购买服务方式，承担荒山造林、村庄绿化、生态修复、护林防火、巡河保水、生物多样性保护等生态建设与管护任务。支持林场充分利用生态空间和生态资源发展林下经济，探索开发森林碳汇、绿色金融等新兴生态产品，加快生态产品价值实现。推动新型林场在承担人居环境整治、应急抢险、疫情防控等任务基础上，进一步承担重大活动服务保障、社会舆情引导、乡风文明建设等基层社会治理任务，逐步延伸林场体系服务涵盖范围。

（四）统筹管理各类资源，拓宽林场发展基础

统筹林木资源管理，将各类工程造林纳入林场体系管护范围，将集体林场与国有林场纳入统一的林场体系，解决各自管护范围由包围、镶嵌、隔离造成的管护不便等问题，实现林区集中成片规模化管理。统筹生态资源管理，逐步将森林湿地、野生动植物、古树名木等各类生态资源全部纳入林场体系管护范围，实现林场体系对全域生态资源全方位、立体式管护。统筹绿色生态产业资源管理，鼓励村集体和个体经营户将果园、农场、鱼塘，以及闲置低效建设用地、闲置农宅等经营性资源的经营权流转至林场，由林场对绿色生态产业资源实行规模化经营管理。

（五）统筹使用各类资金，提升林场自我发展能力

统筹集成使用财政支持资金，将平原造林管护费、调整功能的退耕还林养护费、美丽乡村绿化成果养护费、山区生态林护林员补助、部分生态效益补偿资金、河湖综合管护资金、支农惠农补贴资金统筹集成拨付至专用账户。结合生态资源管护成本及林场生态产品保值增值情况，研究建立管护及补助资金动态调整机制，促进林场自我发展。给予林场基础设施建设投资支持，将新型林场基础设施建设纳入市政府固定资产投资支持范围，对林场防火、周边配套路网、森林公园、湿地公园建设等项目，给予一定比例的市政府固定资产投资补助。

（六）统筹多方力量参与，形成林场发展合力

强化林口部门行业指导和监管，在森林防火、生物多样性保护、水体水质保护、基本农田监护等方面严格设定责任目标和实施监督手段。鼓励林场积极引进社会力量参与林下经济运营、盘活闲置资源利用、开发建设景区公园等，与社会力量共同开发生态经营项目。鼓励林场加强与相关院校和科研院所对接，建立林场大学生实习教学基地、科研基地，设立林场专项科研基金支持院校科研项目。

三、加大支持，推动新型林场体系落地见效

（一）育才引才相结合，建立生态人才队伍

完善生态经营领域职业经理人制度，鼓励林场率先建立现代企业制度，聘用职业经理人，孵化一批懂专业、会经营、能管理的职业经理人队伍。充分发挥在京农林学院和农林专业学科优势，为林业科技人才到林场就业提供户口指标、人员编制和"三支一扶"政策倾斜，将林场建设成为首都生态人才队伍的后备军和储备库。

（二）完善林业用地制度，促进生态用地复合利用

积极推进集体农用地流转经营，鼓励由农户承包的耕地、园地、林地经营权流转到村集体，并委托林场统一经营管理，发挥规模效应，用于发展经营性项目。支持合理利用生态空间，允许在林间、湿地修建木栈道、健康绿道等道路，生态厕所、生态停车场、避雨亭等必要服务设施和小水塘、小泵站、储物间等必要的生产生活设施。充分用好林场配套设施用地指标，将一部分无人村和废弃工矿建设用地指标统筹集约使用，重点用于林场综合服务功能提升。

（三）加强科技赋能，提升生态建设品质

推进科技赋能林场经营管理，利用无人机巡航、红外相机配置和机械化采伐等手段，支持大数据手段和林业管理软件开发，提高森林抚育与资源开发的精准性和有效性，打造"无人林场""数字林场"生态示范。加强关键核心技术攻关，研究培育更有利于水土保持、更适宜北京市土壤气候条件的乔木树种，研究促进森林生物多样性恢复的技术措施。

（四）发展林下经济，促进生态产品价值实现

支持林场充分利用生态空间和生态资源发展林下种植、养蜂、森林旅游、森林康（疗）养、森林体验教育、林木废弃物开发利用等多种模式的林下经济。发挥门头沟中药种植生产优势，重点开发黄芪、甘草、麻黄等中药品种，建设生

产、加工、康养、文旅一体化的中医药产业园。依托"灵山绿产"品牌，做优苹果、香白杏、京白梨、香椿、樱桃等特色林果产品。依托北京城市生物多样性恢复与公众自然教育示范项目，发展生态科普教育。

（五）大力发展林业金融，拓展金融支持绿色发展路径

完善森林保险制度，将林场体系逐步纳入覆盖，鼓励商业性森林保险开发，同时探索林权抵押险和森林公园险等新型险种，为林业开发提供全方位保障。积极争取碳汇林建设项目在林场落地实施，推动林场以法人身份尽快接入北京市碳排放权电子交易平台，实现林场打包上市碳汇交易。国家 REITs 争取将林场作为基础设施纳入发行范围，做好林场 REITs 上市发行的产权确权等前期准备工作。

第五节　集约高效建设现代设施农业　提升蔬菜保供稳价和农民增收潜力

自新冠肺炎疫情暴发以来，受外埠省市蔬菜供应及新发地批发市场局部疫情影响，北京市出现了阶段性蔬菜调运紧张和菜价明显上涨的现象，对首都城市运行保障和居民生活造成了一定影响。面对菜地资源不足和农业劳动力老龄化等多重约束，北京市应充分发挥资金和技术优势，加快传统农业设施升级改造与建设现代农业设施并举，提高设施蔬菜复种指数，增加绿叶类蔬菜种植占比，持续提高蔬菜保供稳价水平，激活农民增收潜力。

一、蔬菜生产自给率过低，保供压力大，增收效应减弱

（一）生产规模连续下滑态势得到遏制

为全面落实"菜篮子"市长负责制，2020 年，北京市出台了《关于促进设施农业绿色高效发展的指导意见》，鼓励蔬菜种植，蔬菜生产连续多年下滑局面得到扭转，2021 年蔬菜播种面积恢复至 67 万亩，同比增长 17.5%，产量达 160 万吨，同比增长 16.0%，自给率恢复至 14.0%，但距离 20.0% 自给率的要求还有一定差距（见图 7-4）。

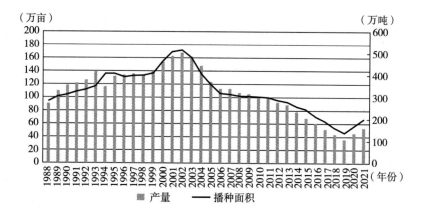

图7-4 1988~2021年北京市蔬菜产量及播种面积

资料来源:《北京统计年鉴2021》、北京市农业农村局。

（二）设施蔬菜对北京市蔬菜生产的支撑作用大

设施农业是北京市现代农业的主要产业形态。北京市设施菜地面积占北京市菜地总面积不足四成，但设施蔬菜播种面积、产量占北京市蔬菜播种面积和总产量的比重均在六成以上。2020年，北京市设施蔬菜播种面积37.5万亩（复种指数①为371%），占北京市蔬菜播种总面积的65.8%，产量为86.2万吨，占北京市蔬菜总产量的62.5%，是本地蔬菜供应的主体（见图7-5）。

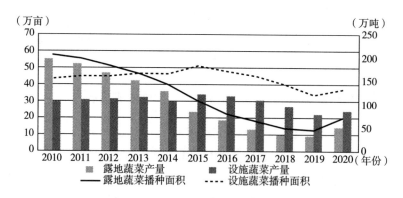

图7-5 2010~2020年北京市露地蔬菜和设施蔬菜生产情况

资料来源：根据《北京统计年鉴2021》公布数据计算所得。

---

① 复种指数指一定时期（一般为1年）内在同一地块耕地面积上种植农作物的平均次数，通常以百分数表示，计算公式：复种指数=全年播种作物的总面积/耕地总面积×100%。

（三）蔬菜供应主要依赖全国大流通

北京市蔬菜产销缺口大，从外埠采购的蔬菜约占北京市蔬菜总消费量的九成。不同季节从不同省市采购蔬菜是北京保障蔬菜供应稳定的主要做法。大运量、长距离运输尤其是叶类菜运输，不仅物流成本高、运输损耗大，而且极容易受雨、雪、雾等极端天气影响，应急保供经常处于高压紧绷状态。

（四）种菜收益对农民增收的效应减弱

种植业收入是农户经营性收入的重要组成部分，相比较而言，种菜收益高于种粮。但是，从近几年农户收入结构来看，受蔬菜生产规模下降影响，北京市农民经营性收入同步持续下降，种菜对支撑农民增收的作用逐步减弱。从北京市农村居民人均经营性收入来看，2015 年农村居民人均经营性收入为 1959 元，占农村居民可支配收入的比重达 9.5%；2020 年农村人均经营性收入下降至 1613 元，比 2015 年减少了 17.7%，占可支配收入的比重为 5.4%，比 2015 年下降 4.1 个百分点。

二、提高北京市蔬菜产能需处理好四对矛盾

提高蔬菜产能既需要科技、资金、土地、劳动力等生产要素支撑，更需要产销精准对接，然而当前北京市在这些方面存在四对矛盾。

（一）消费需求庞大与自给率过低并存

北京拥有庞大的蔬菜消费需求。2021 年北京市常住人口为 2188.6 万，年蔬菜消费量在 1100 万~1300 万吨，批发金额约 400 亿~500 亿元①。自 2020 年以来，虽然北京市蔬菜生产实现三连增，但自给率仅一成多。假如北京市蔬菜自给率提高至 20%，按照目前的蔬菜批发金额匡算，蔬菜产值将增加 24 亿~30 亿元，每家种植主体毛收入平均可增加 5.1 万~6.4 万元，带动农民增收效果非常显著。

（二）农业科技资源丰富与蔬菜生产方式落后并存

北京市集聚大量农业科技资源，具有强劲的农业科技实力。北京市已建成全球最大的蔬菜种质资源和品种的 DNA 指纹数据库，培育自主知识产权的蔬菜新品种 500 多个，主要蔬菜品种连续多年入选农业农村部推介蔬菜主导品种。与此同时，北京现有农业设施落后，大多数农业设施建设于 2008~2012 年，使用年限长达 10 年以上，棚矮、墙体保温差，墙体坍塌、棚损比例高，产出效益低且影响生产安全。

---

① 根据 2021 年 1~12 月新发地批发市场 30 种蔬菜平均价格与 1100 万吨蔬菜消费量初步匡算。

（三）市场资金充沛与农民贷款意愿低并存

作为全国金融管理中心，北京市金融资产总量已超过 170 万亿元，占全国金融资产一半以上。住户储蓄全国最高，截至 2020 年底，北京市住户存款余额达 42889 亿元，在全国 45 个重点城市中排名第一。虽然市场资金充沛，但是由于农业生产周期长、风险大、比较效益低等原因，农民主动贷款扩大农业生产的意愿不高。

（四）菜地资源总量不足与菜地闲置撂荒并存

北京市菜地资源总量不足，名义上拥有菜地 40 万亩，但由于蔬菜种植劳动强度大，部分菜地已被林果业挤占。另外，由于北京市就业机会多、蔬菜种植比较效益低等原因，农民种菜意愿低，大量菜地被转租给外省份人员，位置相对偏僻的菜地甚至闲置撂荒。目前，外省份在京种菜的菜农占北京市蔬菜种植主体的比重已超过六成，菜农年龄大多在 50~60 岁，青壮年劳动力和专业技能人才短缺。

三、发挥自身优势，转变发展方式，集约高效建设现代农业设施

面对菜地资源总量不足和农业劳动力不足等不利因素，北京市应充分发挥科技、资金等优势，加强要素支撑，加大政策支持，转变蔬菜产业发展方式，大力发展现代设施蔬菜，不断提升蔬菜保供稳价能力和农民增收潜力。

（一）以发展现代设施蔬菜为重点，提高绿叶菜种植占比

一是实施传统农业设施升级改造工程。分级分类推进普通温室、大棚和中小棚等闲置及高危设施更新改造，积极推广智能化生产单元①，加快传统设施提档升级。二是用好高效设施农业用地试点政策，加快建设工厂化智慧蔬菜产业园。三是研究制定占用菜地的林果业退出及菜地恢复实施方案，逐步恢复被林果业占用菜地的蔬菜种植。四是因地制宜发展林下种菜、庭院种菜，多措并举扩大菜地面积。

（二）强化科技支撑，助推高质量发展

一是以蔬菜生产需求为导向，设立市级农业科技攻关专项。鼓励中国农业大学、中国农业科学院、北京市农林科学院等农业高校和科研院所积极参与蔬菜生产关键技术和应用技术科技攻关。二是强化蔬菜种苗繁育生产能力建设，在顺义、大兴、通州、房山、延庆等育苗产业集中发展区域建设集约化育苗场。三是实施高素质农民培育工程，支持北京市农学院、农业职业技术学院等农业类高校

---

① 智能化生产单元引入了农业物联网技术，应用温室智能调控、省力化作业等 14 项科技成果，将环境调控、水肥管理、精准施药等技术集成，实现了蔬菜种植全程数字化管理；与传统蔬菜生产模式相比，配备智能化生产单元的农业设施劳动生产效率提高了 25% 以上，田间管理的劳动强度显著降低。

科研院所与蔬菜主产区加强战略合作，为北京市培育一批有文化、懂技术、善经营、会管理的职业化菜农。

（三）鼓励土地流转，促进规模化发展

一是鼓励大兴、通州、顺义等蔬菜主产区土地经营权流转，培育规模化蔬菜生产经营主体。二是以蔬菜产业园、示范园为重点，积极推广"七统一"生产模式（即统一优质种苗供应、统一绿色防控、统一机械化作业、统一水肥科学管理、统一分级净菜上市、统一优质品牌创建、统一废弃物回收循环利用）。三是实施北京蔬菜品牌打造工程，打造蔬菜产业园公共品牌、企业品牌和产品品牌，培育名优品牌，鼓励因地制宜恢复"老口味"，培育一批品牌叫得响、市场卖得好的本地蔬菜。

（四）强化产销对接，促进农民增收

一是强化"农批对接""农超对接""农餐对接"等销售模式，实现北京市蔬菜产得出、卖得好。鼓励蔬菜生产企业、蔬菜专业村与电商建立战略合作，实现"上午买菜下单、下午社区菜箱取菜"，创新蔬菜直销和零售方式。二是用好北京市庞大的蔬菜消费市场，发挥蔬菜产业促增收作用。鼓励引导蔬菜经营主体发展产地初加工，发展净菜产业，提高蔬菜附加值。鼓励有条件的蔬菜经营主体发展休闲观光农业，促进蔬菜产业与三产融合发展，提高蔬菜附加值。

（五）完善支持政策，保障高效发展

一是制定并实施老旧设施更新改造、新建农业设施补贴政策。研究设立差异化补贴政策，建立设施装备水平越高、补贴比例越高的良性补贴机制。二是完善高效设施农业补贴政策。用足中央对设施农业补贴政策，研究制定市级细化补贴政策，加大高效设施农业运行补贴力度，提高使用新能源补贴标准。三是完善蔬菜政策性保险政策。鼓励保险公司探索发展蔬菜价格保险险种，保障北京市蔬菜种植主体产业收益稳定。

执 笔 人：马晓春　马国鑫　赵永珊（第一节）

　　　　　周　方　马晓春　周晓娜（第二节）

　　　　　赵永珊　马晓春（第三节）

　　　　　朱跃龙　刘　烨　包　颖（第四节）

　　　　　马晓春　朱跃龙（第五节）

第八章　把握规律提升首都城市现代化水平

第一节　2021 年首都城市现代化年度评价及路径建议

城市现代化是现代化在城市这个特定空间的反映。本书以广义城市现代化概念为基础，综合体现现代化所包含的各个方面在城市这个特定空间的反映，着重体现城市作为现代化的空间载体的作用，从多维度展开北京城市现代化问题研究，充分体现北京从中国特色社会主义大国首都向强国首都转变、以人民为中心、四个中心与四个服务高度契合、减量式发展背景下的首都城市现代化新时代特征。同时，作为北京市经济社会发展研究院首都现代化系列研究的一部分，相对侧重从人、地、房三大要素，规划、建设和治理三大环节的角度，着重体现城市作为现代化的空间载体的作用。力求围绕为适应人口结构变化和满足人的需求，城市形态和用地布局应该怎样调整，城市空间如何承载更多的高端要素，城市基础设施和公共服务设施如何更好地支撑宜居宜业，进行目标指标和实现路径研究。

课题组在 2021 年度城市现代化研究中，围绕首都城市现代化新时代特征要求，提出从城市形态、公共设施、宜居城市、韧性城市、开放城市五个维度，选择部分代表性的指标组成城市现代化评价指标体系，并结合北京市"十四五"规划、相关国际标准、发达国家情况等设定目标值，提出了分领域实现城市现代化的路径建议。在 2021 年度首都城市化指标和路径研究基础上，根据城市现代化维度和目标指标，对 2021 年首都城市现代化年度进展进行分析评价。通过对实际进展效果与 2025 年和 2035 年现代化指标目标进行对比分析，进一步研究分析北京市城市现代化面临的新问题，结合国内外城市现代化的经验借鉴、国家相关政策导向及城市现代化要求，提出当前持续推进首都城市现代化的路径建议。

一、2021 年首都城市现代化年度评价

2021 年，首都城市现代化进程有序推进，从各维度主要任务指标来看，部分任务指标年度取得较大进展。区域均衡发展成效显著，中心城区常住人口比上年减少 1.3 万人，副中心和平原新城产业规模和质量提升，城乡居民人均可支配收入和人均消费支出差距缩小，京津冀协同发展水平持续提升。现代化公共基础设施建设继续深入推进，轨道交通运营里程达 1148 公里（含市郊铁路），为形成以轨道交通为骨干的现代化交通体系奠定更好的基础，客运量位居世界第一；普惠园建设扎实推进，2021 年适龄儿童毛入园率达 90%，提前基本实现"十四五"规划目标，普惠性幼儿园覆盖率为 86.7%，达到教育部规定指标和标准。宜居城市现代化方面，2021 年细颗粒物年均浓度降低至 33 微克/立方米，比上年降低 5 微克/立方米，创历史最低，提前达到 2025 年度目标（35 微克/立方米），为 2035 年达到国家要求奠定了较好基础（预期 25 微克/立方米），被联合国环境规划署誉为"北京奇迹"；居民居住条件持续得到改善，生活便利度水平不断增强，平均每百万人拥有连锁便利店（社区超市）由上年的 282 个提高到 310 个，北京市社区基本便民商业服务功能实现全覆盖。韧性城市建设稳步推进，北京市委、市政府联合印发《关于加快推进韧性城市建设的指导意见》，在全国率先开展韧性城市建设顶层设计，城市应急管理、城市生命线工程、灾害防御工程、公共卫生应急体系持续加强。开放城市的综合能力和水平显著提升，成功举办 2022 北京冬奥会、冬残奥会，作为全球首个也是唯一的"双奥之城"，已成为北京城市的新名片，无与伦比的北京冬奥会开启了全球冰雪运动新时代、实现了 3 亿人上冰雪、彰显了中国文化自信、铸就了"双奥之城"的全球影响力（见表 8-1）。

表 8-1　城市现代化指标体系及目标值

领域	指标	2020 年	2021 年	2025 年	2035 年
城市形态	平均通勤时间（分钟）	47	51	45	40

领域	指标	2020 年	2021 年	2025 年	2035 年
公共设施	轨道交通运营里程（含市郊铁路，公里）	1092	1148	1600	2683
	北京市建成并开通 5G 基站（万个）	3.8	5.1	6.3	国际领先
	适龄儿童入园率（%）	83	90	>90	>90
宜居城市	细颗粒物年均浓度（微克/立方米）	38	33	35	达到国家要求
	平均每百万人拥有连锁便利店（社区超市，个）	282	310	330	全国领先
韧性城市	单位 GDP 安全事故死亡率（人/百亿元）	1.13	1.17	<0.9	国际领先
开放城市	接待国际会议数量（个/年）	1145	1253	国内首位	世界前列

注：细颗粒物浓度远期目标参照世界卫生组织标准；2021 年各指标数据来源于《北京市 2021 年国民经济和社会发展统计公报》、2021 年年度统计数据及各委办局年度报告。

（一）以城市功能疏解带动区域均衡发展成效显著

2021 年中心城区常住人口比上年减少 1.3 万人，占北京市的比重为 50.1%，比 2020 年减少 0.1 个百分点。副中心和平原新城产业规模和质量提升，2021 年通州区新设市场主体数量达到 2.2 万户，创近 5 年新高；昌平、顺义、大兴、房山平原新城及北京经济技术开发区 GDP 规模合计 8310 亿元，同比增长 22%，是北京市平均增速的 2.6 倍。城南四区占北京市经济比重从 2020 年的 15.5%提升至 2021 年的 16.8%，城乡居民人均可支配收入比从 2020 年的 2.51∶1 降至 2.45∶1，人均消费支出比从 2020 年的 2∶1 降至 1.98∶1，是自 1993 年以来首次降至 2 倍以下。京津冀整体城镇化率（按城镇人口占常住人口比重计算）从 2020 年的 67.7%提升至 68.8%，与长三角的差距从 2020 年的 6.9 个百分点缩小至 6.6 个百分点。

（二）公共基础设施现代化持续推进

高质量交通基础设施建设取得新进展，地铁运行质量效率国际领先，轨道交通第三期建设规划及"一网运营""多网融合"布局加快落实，年末轨道交通（含市郊铁路）运营里程达 1148 公里；交通综合治理水平稳步提高，95%以上常规公交线路纳入智能调度，"骑行+步行"网络体系加快形成，实现道路停车电子收费全覆盖，全年新增共享停车场 160 个、停车位 2.5 万个；全面兑现了 2022 年北京冬奥会、冬残奥会交通承诺；经开区设立了首个智能网联汽车政策先行区，为智慧交通行业发展持续贡献"北京经验"。现代化新型基础设施加快建设，2021 年新增 5G 基站 1.3 万个，万人拥有 5G 基站 22.8 个，居全国首位；推进建设智慧城市，"七通一平"数字底座成型，北京国际大数据交易所设立运行；一批科创基础设施建成启用，首批 5 个交叉研究平台投入试运行。国际交往设施承载能力提升，国家会议中心二期主体、冬奥会主媒体中心等建成并交付使用，有力保障了一批国际性重大活动高水平举办。加强"一老一小"公共服务设施供给，城六区新建成养老家庭照护床位 2000 张，怀柔、密云、延庆新建成农村邻里互助养老服务点 200 个，发展养老助餐点 1015 个，截至 2021 年底，北京市社区养老机构和设施 1261 个；新建 54 所普惠园，精准扩增普惠性学前教育学位 1.3 万个，2021 年适龄儿童毛入园率达 90%，提前基本实现"十四五"规划目标。

（三）城市宜居环境改善，居民幸福感持续提升

空气质量首次全面达标，2021 年北京市 PM2.5 年平均浓度为 33 微克/立方米，较 2013 年下降 63.1%，被联合国环境规划署誉为"北京奇迹"，2022 年上半年进一步下降至 31 微克/立方米，党的二十大开幕当天更是降至 1 微克/立方米。水生态治理和保护取得显著成效，基本建成流域水生态环境精细化监测网络及体系平台，北京市内永定河、潮白河等五大河流全部重现"流动的河"并贯通入海，实现大运河北京段全线通航，2021 年 I～III 类水质河长占比增加到 75.2%，劣 V 类水体全面消除。居住条件持续得到改善，完善"两多一并"住房制度，统筹推进住房租赁市场制度建设，城镇居民人均住房建筑面积从 2012 年的 29.26 平方米提高到 2021 年的 33.4 平方米，住宅成套率在 96% 以上，近七成居民实现了自有住房，城乡居民幸福感大幅提升。居民生活便利度水平不断增强，截至 2021 年底，主要便民商业网点超过 9 万个，实现基本便民功能社区全覆盖，累计培育 1 万余家生活服务业标准化门店；2022 年 9 月，一刻钟便民生活圈动态地图 2.0 版正式上线，收录了北京市 11 类便民商业网点 11.4 万余个，居民生活便利性和居民满意度不断提升。城市更新得到全方面统筹推进，制定实施"十四五"老旧小区改造规划，2021 年全年纳入老旧小区改造新确认 558 个小区，已开工 301 个，完工 177 个，超额完成任务。

（四）现代化韧性城市建设迈出坚实一步

韧性城市相关法规和规划陆续落地，北京市委、市政府联合印发《关于加快推进韧性城市建设的指导意见》，在全国率先开展韧性城市建设顶层设计，通过工程措施与非工程措施"硬""软"结合的综合优化策略来提高防灾、抗灾、救

灾效果。韧性城市建设稳步推进，深化应急管理体制改革，完善北京市应急预案和法律法规，健全高效顺畅的应急指挥协调机制，织密基层应急动员、响应和服务网络。提升城市生命线工程应急保障能力，开展地下管线隐患排查和治理，推进城市老化管道更新改造，北京市供电可靠率已达 99.995%，北京市建成城镇天然气配气管线约 3 万公里。加强灾害防御工程建设，强化极端天气风险防范应对，提升河道、城市积水点等重点区域的灾害防御能力。公共卫生应急体系进一步完善，落实医疗机构公共卫生责任，加强医防融合、防治结合，合理布局应急医疗救治中心，救治能力储备进一步加强。

（五）开放城市的综合能力和水平显著提升

作为全球首个也是唯一的"双奥之城"，已成为北京市的新名片，铸就了"双奥之城"的全球影响力。北京赛区和延庆赛区的 8 个竞赛场馆、16 个非竞赛场馆、31 项配套基础设施全部实现投用，全面达到办赛要求，形成了以延庆的"最美冬奥城"、首钢的"城市复兴新地标"、朝阳北京奥林匹克园区等为核心的三大地标。"一核、两轴、多板块"的国际交往空间新格局快速形成，一批重大工程持续推进，完成东四南北大街、西单文化广场等涉及传统国事活动功能区周边地区的环境整治和升级改造工作，雁栖湖国际会都扩容提升工作稳步推进，雁柏山庄项目竣工并启动试运营，继续落实第四使馆区及其周边区域规划建设，"第二个三里屯"项目加紧推进。中德、中日等国际创新合作园区建设持续推进，为外资项目落地提供了充足的产业空间，中德园已落地项目 26 个，中日产业园已累计落地项目 98 个，其中高精尖类产业项目 48 个。

二、首都城市现代化进展中的关键问题

城市现代化本身既是目标，也是一个动态过程。按照 2035 年北京要率先基本实现社会主义现代化，还需要一个长期的持续发展过程而不是立竿见影，与其他世界城市现代化程度相比，北京部分领域也有明显差距。如在北京城市形态现代化方面，解决职住分离问题短期内还难以见效，通勤时间不降反升。在城市公共设施现代化方面，北京轨道交通运营总里程与巴黎、纽约仍有较大差距，每千名常住人口养老床位与"十四五"规划目标差距较大。2021 年北京市 PM2.5 浓度虽然历史性地降低到 33 微克/立方米，优于国家二级标准，但远高于东京、巴黎、伦敦、纽约等国际大都市的 PM2.5 浓度（9~13 微克/立方米）。在韧性城市现代化方面，安全生产形势复杂严峻，2021 年单位 GDP 安全事故死亡率（1.17

人/百亿元），比 2020 年（1.13 人/百亿元）不降反升，安全教育、各种设施安全隐患排查除险并非一朝一夕就能见效。在开放城市现代化方面，受新冠肺炎疫情持续反复影响，国际会议举办数量、国际旅游人数仍在低潮，国际交往设施如大兴国际机场等吞吐能力实现不足。

（一）城市功能布局有待进一步优化，区域发展差距仍然存在

居民通勤问题依然突出，2021 年北京中心城区居民平均通勤距离 13.3 公里，平均通勤时耗 51 分钟，只有 52% 的人通勤时间在 45 分钟以内。城市内部南北区域发展不均衡问题仍然存在，中心城区中南部丰台区 2021 年人均 GDP 仅为北部朝阳区的 45.2%、海淀区的 32.7%；平原新城中南部的房山区 GDP 规模尚未突破千亿元。农村地区现代化发展面临新问题，在京郊民宿兴起背景下，供水、供电设施压力增大，也对传统乡村特色风貌造成破坏；集体土地租赁住房受细则不明、融资困难、配套滞后等因素影响进展较慢，截至 2021 年底仅 3 个项目实现入住。疫情限制人流物流，制约京津冀城市群发展，京津冀货运量同比增长5.9%，分别低于长三角（江浙沪）2.7 个和广东 6.3 个百分点。

（二）城市公共基础设施供给依然存在短板

交通设施现代化水平仍需提升，轨道交通线网和城市道路网层级还不完善，轨道交通运营总里程（1148 公里）与巴黎（1638.4 公里）、纽约（1370 公里）仍有较大差距，高峰时段交通拥堵依然明显，停车难问题突出，截至 2021 年底，经营性公共停车位仅有 70.8 万个。新基建领域供给短板依然突出，智慧城市应用场景有待开发，人工智能核心要素环节还未形成自主可控的能力和生态，产业升级亟须工业互联网等加快建设。国际交往功能向核心区外拓展不足，第四使馆区等一批重点项目需要加快推进，北京大兴国际机场全球航线网络功能发挥不足。"一老一小"优质公共服务设施仍然短缺，截至 2021 年底，每千名常住人口养老床位数为 5.0 张，与"十四五"规划目标 7.0 张差距较大；各类托育机构千人口 0.91 个托位，与北京市"十四五"规划 4.0 个托位的目标缺口较大。

（三）宜居城市建设面临多方面问题

空气质量仍有改善空间，2021 年北京市 PM2.5 浓度虽降为 33 微克/立方米，但仍远高于东京、巴黎、伦敦、纽约[①]等国际大都市的 PM2.5 浓度（9~13 微克/立方米）。水污染和生态问题依然存在，北京市雨污合流管网 1400 公里左右，消

---

① 资料来源：https：//www.iqair.cn/cn/world-most-polluted-cities。

除黑臭水体的压力依然较大；部分河道水源不足，非汛期无水河长 3797 公里①，占总河长的 59.2%。居住成本过高，住房难依然是影响北京市民幸福感提高的重要问题，并对人才引进、居民生育意愿等构成一定制约。居民生活便利度有待提升，生活性服务业中高端供给不足，与信息化、大数据的结合有待提升。城市更新速度滞后，北京 20 年以上老旧小区数量约 5100 个，占存量小区的 47%②，庞大的数量使其更新速度变慢，老旧厂房、传统楼宇更新利用不足。

（四）建设韧性城市当前亟须解决的问题

市政基础设施运行安全水平还需进一步提升，燃气、地下管线小微事故不断，长输管道运行隐患仍旧存在。网格化城市管理云平台尚需进一步融合，区级平台不统一、数据完善程度不高，数据来源仍需要进一步统筹。智慧城市管理体系建设仍处于起步探索阶段，城市管理尚未充分运用大数据、云计算、物联网等信息技术。多元共治水平有待提高，超大城市的城市病是多因素叠加的结果，需要多部门综合协同处理，但"部门利益化、利益部门化"的倾向依然存在。

（五）新形势下开放城市的建设还存在若干挑战

冬奥场馆的再利用还存在诸多挑战，奥运场馆虽然已落地冰壶学院等项目和高山滑雪等相关赛事，但"5 冰 3 雪"的运营主体各不相同，"一场一策"为多数，未形成可复制、可推广的有效路径。开放创新的国际化城市软环境还较欠缺，2019 年北京英语普及率为 55.7%，低于巴黎的 60.3%，北京市公共场所外语标识管理规定已实施一年有余，但部分领域还存在标识错误的问题。国际创新合作园区"产城融合"不足，以中德产业园为例，目前还处于起步阶段，入驻企业不多，整个园区以办公楼为主，缺少商品房住宅项目，也缺乏学校、医院、商业等其他生活性配套设施。

三、继续推进首都城市现代化的路径建议

（一）发挥各类主体的积极性，推动城市功能布局均衡发展

发挥市场力量推动城市各类空间合理相互转换。推进与企业之间的数据开放共享，发挥市场在优化城市功能布局中的积极作用。借鉴新加坡经验，以城市总体规划、"十四五"规划等为依据编制城市更新电子地图。在地图中明确标示待

---

① 资料来源：北京市水务局于 2020 年开展的非汛期有水情况监测识别，https：//baijiahao. baidu. com/s？id=1668471631341969599&wfr=spider&for=pc。

② 资料来源：贝壳楼盘字典数据，http：//www. 0351fdc. com/news_show/88031/。

更新区域，并将地块现状、容积率限制、是否允许转变用途、周边区域人口、产业、政策导向等要素公开展示。同步发布项目申报指南，鼓励专业规划、设计、开发企业主动寻找城市更新潜力点，补足城市功能短板。

落实城南、京西行动计划，推动市域内协调均衡发展。持续打造城南地区生物医药、新一代信息技术、高端装备制造等千亿级、百亿级产业群。紧抓"两区"建设契机，推动大兴国际机场临空经济区、丰台丽泽金融商务区、房山国际旅游休闲区、新首钢地区、"一线四矿"文旅康养休闲区等重点区域发展，打造区域发展新增长极。打通京西高速公路通道，带动沿线发展。

促进城乡优势互补，共同提升现代化水平。进一步完善优化产业政策，支持重点产业的量产环节和相关配套产业、能够为城市运行提供基本保障的工业企业在北京市小城镇和农村地区落地，增强集体经济实力。着重针对城市运行服务保障群体需求发展集体土地租赁住房。提升农村地区文化休闲业发展所需的水、电等基础设施承载力，加强本土文化建设和特色乡村风貌保护。

落实优化疫情防控政策，推动京津冀城市群一体化发展。完善京津冀物流体系，加强三地物流资源对接合作，打通交通堵点，支持运用互联网信息技术提高物流效率。加强京津双城联动，更好地发挥天津在产业、土地、人才、公共服务资源等方面的优势。

（二）以提供更加优质服务供给为目标，加强基础设施承载能力建设

继续加强现代化城市交通系统建设。继续大力完善北京轨道交通线网，加快落实轨道交通第三期建设规划，推进城市轨道交通郊区线、市郊铁路提速改造，构建全域快速轨道网，推进城市轨道交通与市郊铁路一网运营。加大道路设施补短板力度，大力建设次支路，加快建设综合交通枢纽，促进交通运输与邮政快递、现代物流、旅游等相关产业深度融合。推进交通行业车辆"油换电""氢示范"，统筹布局建设充换电和加氢站设施，在北京市及周边地区，持续推进重型货物运输、城市物流配送、客运等领域氢燃料电池汽车示范应用。继续加强停车设施建设，完善公共建筑和路外公共空间停车场，结合闲置楼宇、老旧小区改造，同步建设停车设施。加快构建现代化首都都市交通圈，推进城际铁路联络线一期、轨道交通平谷线等项目建设，推动完善通勤圈。

继续加快建设数字化智慧型新型基础设施。加快建设泛在高速的信息基础设施，建设以物联网、车联网、卫星互联网为代表的通信网络基础设施，推进北京园博数字经济产业园、商业航天产业基地起步区、国家网络安全产业园等项目建

设。继续提升智慧共享的融合基础设施，加快建设国家工业互联网大数据中心，推动行业级大数据分中心落地布局；支持传统基础设施数字化转型，扩大医疗卫生、文化教育、社区服务等民生领域便民服务智能终端覆盖范围。继续搭建协同前沿的创新基础设施，加快高能同步辐射光源等重大科技基础设施建成投运，争取材料、能源、生命科学等科技基础设施项目落地，加快第二批交叉研究平台基础设施建设，在集成电路、生物安全等领域积极创建国家产业创新中心。

继续提升国际交往功能设施的综合承载能力。持续优化"一核、两轴、多板块"国际交往功能空间格局，继续更新升级既有设施，提升奥林匹克中心区等区域环境功能。完善使馆区等国际交往密集地区的生活服务配套，加快实施国际学校、国际医院、国际人才公寓建设、示范街区改造等项目。扎实推进雁栖湖国际会都扩容提升和第四使馆区、国家会议中心二期、新国展二三期等项目建设。持续推动一批高含金量的"两区"项目落地，加快建设大兴国际机场国际航空总部园，构建特色综合保税区格局。

加强面向"一老一小"的优质公共服务设施供给。加强市场化和普惠性养老设施规划建设，扩大集中式居家养老服务社区建设，开发高端且能够快速产生市场效益的养老服务产品；推进符合条件的培训疗养机构转型发展养老服务设施，重点提供质量有保障、价格可负担的普惠养老服务；开展异地社区养老试点，支持大型国有企业盘活利用农村闲置宅基地或待转型培训疗养机构，打造高品质的田园山水养老社区；继续推进乡镇敬老院公办民营改革，吸引本地社会老年人就近入住，提升床位使用率。大力填补 0~3 岁托育服务短板，统筹利用社区儿童中心、家长学校、儿童早期综合发展服务中心、儿童之家等基地提供普惠可及的托育服务；支持社会力量发展多种形式的婴幼儿照护服务机构，鼓励提供半日托、计时托等多样化的托育服务；有条件的幼儿园可改造开设托育班。

（三）坚持问题导向集中发力，持续推进高品质宜居城市建设

着力改善大气环境质量。紧扣污染来源和结构变化，深入开展"一微克"行动，深化京津冀区域大气污染联防联控机制。持续推进移动源污染防治，大力发展公共交通，强化交通运输数字化管控，加快推进"公转铁"，大力推广新能源货车使用。持续优化产业结构，调整退出一般制造业和污染企业，加强对重点行业的排放治理。持续实施精细化扬尘管控，深入推行绿色施工，分类治理裸地扬尘。

着力加强水污染治理和水生态保护。加强水污染治理，补齐城镇污水收集设

施短板，积极开展污水管网雨污分流消隐改造，强化污水污泥处理水平。加强水生态保护，建立水生态环境状况监测评价体系，实施白马关河、凤河等生态修复工程试点；以河湖水生态环境系统改善为目标，增加再生水补充河道生态用水，维系河湖基本水生态功能。

着力改善居住条件。完善多主体供给、多渠道保障、租购并举的住房制度，加快构建以公租房、保障性租赁住房、共有产权住房、安置房为主体的住房保障制度体系，持续推进保障性租赁住房建设，重点推进面向城市基本公共服务人员、新毕业大学生等新市民保障房供给工作。

着力提高居民生活便利度。优化便民商业服务设施布局，利用腾退空间和地下空间，挖掘交通场站、公园等空间资源，优先发展"一站式"生活服务综合体。开展业态升级行动，"一业一策"推进蔬菜零售、便利店、餐饮、家政等行业数字化升级。推动社区商业多业态融合发展，积极打造多功能的生活休闲中心，积极引入文化、健康、教育等消费业态。通过公共服务下沉，推动社区公共服务与商业服务相结合，完善"一老一小"服务。

统筹推进城市更新，丰富局部城市功能。因地制宜探索城市更新模式，建立政府引导、市场运作、公众参与的可持续发展机制，创新土地、财税等配套制度政策，统筹推进城市老旧项目更新改造。探索推进片区式更新，明确项目实施主体，通过将区域内老旧小区、老旧楼宇、工业厂房等不同类别项目进行打包，更好地解决城市更新中的资金平衡问题。

（四）落实首都城市战略定位，增强城市安全韧性

坚持疏控并举，继续做好非首都功能疏解。拆除违法建筑，消除安全隐患，严格执行并适时修订新增产业的禁止和限制目录，有序推进高风险涉危企业有序退出。结合城市更新实现城市空间"留白增绿"，降低由人口、产业和功能集聚造成的风险和压力。

加强风险防控，继续提升工程韧性。建立重要目标、重要设施、重要区域安全状况和风险防控能力评估机制；着眼管线隐患"及时发现、及时消除"，加强供水、供电、供气、供热等生命线系统监测评估工作。

鼓励群团组织、社区志愿者团队等社会团体和基金会共同参与韧性城市建设和运营管理。通过整合周边资源，依托社会组织提供专业咨询、人员培训与志愿服务，提升社区自治水平。社会机构作为链接基层政府与实施主体等更广泛社会群体之间不可或缺的社会力量，将各级政府、社区组织和公众协同起来，增强社

会韧性。

推动建设智慧韧性城市。将韧性城市和智慧城市有机结合起来，以智慧手段助力传统治理协调发展，提升现有的城市基础设施智慧化水平，助推韧性城市的建设和管理、融合发展；打造平时智慧运行、战时韧性再生的未来城市，促进城市管理的现代化、数字化、规范化，实现城市的可持续健康发展。

（五）擦亮北京"双奥之城"品牌，在新时代建设更加开放的现代化城市

分类推进冬奥场馆的可持续利用和配套设施建设工作。落实好遗产战略计划和场馆赛后利用计划，加快京张体育文化旅游带建设，推动延庆赛区滑雪场及基础设施新改扩建，最大限度发挥奥运遗产作用。环球主题公园建设"冰墩墩长成园"，改编创作"熊猫变形记"故事和游乐项目。奥林匹克公园区打造"双奥之城"国家形象展示园和双奥体育文化休闲园。新首钢地区要用好冬奥资源打造冰雪特色产业，用好科幻资源激活工业遗存景观。延庆赛区和张家口赛区要用好冬奥比赛场馆优势，打造高级别滑雪爱好者体验基地。

积极引进落地国际化会议、赛事和组织。依托将要竣工的国家会议中心二期项目，积极引进一批有影响力的国际冰雪赛事和国际会议，更好地发出中国声音。加强与国家体育总局、中国奥委会的沟通，在国际雪联在京设立办事处的基础上，继续积极吸引国际滑冰联合会、国际冰球联合会等冬季运动国际单项体育组织在京设立分支机构或办事处。依托"冰"上项目优势，借鉴国际组织全球服务贸易联盟成立经验，联合境内外知名商协会、跨国公司、企业、专业组织，率先发起成立冰上项目的国际组织。

推进中德、中日产业园的配套设施建设。根据目前园区已集聚的奔驰、Ameco、威乐等德资企业和日资企业情况，充分摸清园区内员工的生活服务需求，加快外资医院、学校、国际人才社区等项目建设，满足产业园区员工的就学、就医、社交等综合性生活服务需求。

第二节　推动保障性租赁住房扩容提质　为首都经济稳增长增添活力

市第十三次党代会提出，要在更高水平上保障和改善民生，健全房地产市场

平稳健康发展长效机制，加大保障性住房供给。在当前国际环境更趋严峻复杂、国内经济"三重压力"持续增大的背景下，发展保障性租赁住房对北京市扩大有效投资、促进消费恢复、稳定经济发展具有重要意义。研究认为，应进一步细化和完善《北京市关于加快发展保障性租赁住房的实施方案》，加快补齐保障性租赁住房建设、运营、管理等环节存在的短板，推动保障性租赁住房扩容提质，为首都经济稳增长增添活力。

一、新形势下保障性租赁住房是稳增长的有力抓手

保障性租赁住房作为新时期住房保障体系的重要组成部分，发挥着"保居住、稳投资、促消费、增活力"的重要作用，是北京市扩内需、稳增长的有力抓手之一。

一是保障住有所居。《北京市关于加快发展保障性租赁住房的实施方案》提出，"十四五"期间，北京市争取建设筹集保障性租赁住房 40 万套（间），占新增住房供应总量的比例达 40%，2023 年北京将筹建保障性租赁住房 8 万套（间），将在很大程度上缓解新市民、青年人等群体住房困难问题，促进住有所居。

二是扩大有效投资。2023 年，北京市计划供应租赁住宅用地 260 公顷，约为年度住宅用地的 25%。按容积率 2.0、建设成本 6000 元/平方米计算，总投资约 312 亿元，有望成为北京市稳投资的重要发力点。

三是促进住房及其他消费。按保障性租赁住房每套（间）装修、家具家电购置等支出 5 万~8 万元估算，每年将带动消费 40 亿~60 亿元。此外，培育保障性租赁住房消费有助于降低以往高昂的购房支出，打通消费堵点后，可以更好地释放文化、娱乐等消费需求。

四是增强城市活力和发展动能。高昂的居住和生活成本在很大程度上制约着青年人才的就业意愿，2021 年清华本科毕业生留京率不足两成。保障性租赁住房可以有效减轻新市民、青年人的住房压力，有利于激发其创造力和积极性，赋予城市发展新动能。

二、北京市保障性租赁住房存在五大短板

近年来，北京市通过集体土地租赁住房建设、存量房屋改造等多种途径，着力增加保障性租赁住房有效供给。但从建设、运营和管理实践来看，仍存在收益低、融资难等短板。

一是收益低。保障性租赁住房项目普遍面临"建安成本高、前期投入大、回报周期长"的困境，亟须探索如何走出一条"微利可持续"道路。从北京市2017年首批出让的4宗集体土地租赁住房地块来看，按近一年相应区域市场租金均价估算，租金和地价比在1∶140~1∶255（见表8-2），即企业12~20年可收回土地成本。调研还显示，保障性租赁住房项目从立项启动到项目建成开业至少2年的时间，前期需要投入设计、建安、装修、市政等大量成本，房企投入产出比较低。

表8-2 北京市首批出让的集体土地租赁住宅地块信息

位置	建筑规模 （平方米）	使用年限 （年）	楼面均价 （元/平方米）	相应区域 市场租金均价① （元/平方米·月）	租金 地价比
黄村	116184	50	13000	51	1∶255
旧宫	49926	40	8800	60	1∶147
西红门	87723	40	8800	63	1∶140
瀛海	149697	70	10691	66	1∶162

二是融资难。以集体土地保障性租赁住房为例，大多数项目都采取村企合作模式，即村集体以土地使用权入股，享有保底收益和分红收益，房企负责投资建设与运营管理，获得剩余租金收益，合作期限40~70年。但在融资过程中，集体土地由于价值评估体系不完善难以办理抵押贷款，房企特别是民企只能进行主体信用或项目之外的抵押担保，融资压力较大，如万科旧宫项目就因难以办理土地使用权抵押导致贷款中断。

三是推进慢。从集体土地保障性租赁住房项目来看，各方利益交织，协调难度大。各区担心项目带来人口调控指标紧张和建设用地指标不足等问题，部分村集体组织及村民对后续利益保障存在疑虑，房企普遍反映和村镇集体组织协商成本较高。此外，由于早期集租房项目位置较为偏僻，市政配套相对滞后，直接影响项目进度。从办公、商业等非居住存量房屋改建项目来看，往往需要经过区里住建、规自、消防等部门的多轮会商，总体进展较为缓慢。在2022年北京市首

---

① 资料来源：中指数据库市场租金板块。

批开工保障性租赁住房中，改建项目只有 2 个，供应房源 800 套，仅为集体土地保障性租赁住房供应量（19440 套）的 4%。

四是覆盖窄。目前北京市已投入运营的保障性租赁住房项目主要针对白领人群，提供开间、一居室、两居室、三居室等户型（其中两居室户型占比超过一半），每套月租金在 2500~7500 元，以有巢国际公寓总部基地店为例，客源中有 1/3 是企业客户，25 平方米朝北的单间租金为 3100 元/月。虽然定价比周边同类型公寓型产品价格低，但仍超出保洁、保安、物业等城市运行服务保障人员的承受范围，蓝领公寓月租金（400~800 元/床位）便宜些，但一般要求"公对公"出租，大量城市运行服务保障人员实际享受不到保障性租赁住房的福利。

五是细则少。上海市出台的《关于加快发展上海市保障性租赁住房的实施意见》中提出，保障性租赁住房承租人及居住使用人可以按规定，在租赁房屋所在地办理居住登记、《上海市居住证》（非本市户籍）或社区公共户落户（本市户籍），并相应享受未成年子女义务教育等基本公共服务，意见就配套公共服务支持政策进行了明确，进一步释放了积极信号。北京市保障性租赁住房方案本身暂未提及落户、上学等权益保障，政策细则有待补充完善。

三、多维度发力，推动保障性租赁住房扩容提质，为首都经济稳增长增添新活力

发展保障性租赁住房关乎投资消费和民生福祉。现阶段应聚焦新市民、青年人租赁需求的难点、痛点和堵点，进一步细化和完善《北京市关于加快发展保障性租赁住房的实施方案》，充分发挥政府引导和市场机制作用，深挖潜力，推动多主体投资、多渠道供给、多政策支持保障性租赁住房，积极扩大内需，为首都经济稳定增长增添新活力。

（一）更好地发挥市场机制作用，形成多主体共建格局

1. 支持房企在京开拓保障性租赁住房业务

鼓励存量资产盘活经验丰富的房企，来京布局保障性租赁住房业务，开发适应新市民和青年人需求的品质公寓、蓝领公寓等多样性智能化产品。加大对房企发行企业债券、公司债券、担保债券以及 REITs 等方面的支持力度。加快保障性租赁住房项目认定，落实好税收、低息贷款等优惠政策。

2. 提升房企保障性租赁住房运营服务能力

鼓励首创、首开、城建等市属国企与万科、龙湖等民企在保障性租赁住房产

品设计、建设运营、资产管理等领域开展全方位合作，通过强强联合的方式，扩大专业化企业租赁运营服务规模，争取在北京市打造更多标杆项目。

（二）扩增量和优存量并举，多渠道增加有效供给

1. 优化保障性租赁住房用地供应

根据租赁用地需求，适当提高住宅地中保障性租赁住房用地供应比例，做到优先安排、应保尽保。在保障性租赁住房的选址上，优先选择轨道交通站点、产业园区、商业办公区、高校和医院周边等公共交通便利、设施配套完善的区域，进行 TOD 混合功能和集约开发，如成都以轨道交通站点为中心，按照一般站点半径 500 米、换乘站点 800 米的标准建设保障性租赁住房。

2. 完善农村集体土地建设保障性租赁住房政策

推广润棠瀛海、万科瀛海等项目土地流转开发模式建设保障性租赁住房的成功经验，实现项目获得长期的土地使用权和稳定的运营周期。健全集体土地价值评估体系，完善集体资产抵押和运营权质押的担保方式。探索建立农村集体土地建设保障性租赁住房收益合理分享机制，在确保农民长久和稳定收益的基础上，统筹利益分配，促进各方利益多赢发展。

3. 将非居住存量房屋改建保障性租赁住房纳入北京市城市更新"一盘棋"

制定非居住建筑改建保障性租赁住房的细则，完善改建标准，细化改建程序，提高社会资本参与"商改租"的积极性。鼓励中关村、CBD、亦庄等区域的老旧楼宇通过疏解、腾挪、置换等方式，整合闲置空间，补充青年公寓、职工宿舍及公共配套设施，促进职住平衡。

（三）围绕保障群体差异化需求，丰富保障性租赁住房类型

1. 建设面向城市运行服务保障群体的低价租赁住房

发挥集体土地成本优势，鼓励更多村集体组织提供面向保洁、物业等城市运行服务保障群体的中低端租赁房，月租金控制在每间 1000 元/月以下。为降低建设成本，可在保证安全的前提下放宽配套设施等要求。

2. 结合高校毕业生需求特点增加公寓式租赁住房供给

2022 年北京地区高校毕业生达 26.8 万人，"渴望独居""偏爱智能化设施"等成为租房新需求，而市场上这类房源较少。建议结合这一群体特点，在重点产业园区等毕业生就业集中区和大学城等高校集中区域，通过新建或改建增加中低价位、小户型的公寓式租赁住房。

3. 建设拥有多元消费场景的产业园配套宿舍

考虑到北京市产业园多位于大兴、亦庄、顺义等新城，周边配套相对不完善，建议在新建或改建产业园宿舍时，充分满足蓝领们的各类消费需求，打造集餐饮、运动、娱乐、休闲、文化、社区服务于一体的产业生态社区，促进区域消费。

4. 通过分散布局避免空间分化引发社会问题

在满足差异化租赁住房需求、增加保障性租赁住房有效供给的同时，需注重控制单个项目规模，在空间上保证各类保障性租赁租房分散、均衡布局。支持不同群体混合居住，使保障性租赁住房成为社会融合的载体，降低城市社区的空间分异，增强社区凝聚力。

（四）管理和服务做实做细，全面提升住房保障水平

1. 搭建保障性租赁住房信息模块

参照南京做法，在住房租赁管理服务平台开发保障性租赁住房管理模块，将可供应房源在平台上统一发布和展示，同时将保障性租赁住房的项目认定、联合审批、建设管理、租赁服务、租金监测等应用集合在模块中，提供"一站式"服务。基于信息平台形成的大数据，加快保障性租赁住房 App 的开发和推广应用。

2. 提高保障性租赁住房配租效率

合理设置住宅型保障性租赁住房的供应标准，三人以下家庭和单身人士可以入住两居室及以下户型，二孩、三孩家庭可以入住三居室及以下户型。根据供需匹配情况，可以将多居室户型拆套安排使用。完善保障性租赁住房租期规定，对不在北京市工作和居住的，在保障性租赁住房项目所在区通过购买、继承、赠予等方式获得其他房屋的，以及出现违约等情形的，应终止租赁合同。

3. 加快保障性租赁住房周边市政配套建设

各区要承担好属地责任，充分考虑保障性租赁住房项目市政配套需求，明确建设主体和时序，可探索通过企业代建、政府购买服务等方式加快补齐市政配套短板。

4. 强化公共服务支持

建议北京市进一步细化保障性租赁住房相关政策，明确承租人享受有关教育、医疗等基本公共服务的权利。将保障性租赁住房纳入城市网格化管理和社区管理服务范围，组织开展各项便民利民服务和社区志愿服务，提升居住品质。支持承租人提取住房公积金用于支付保障性租赁住房租金。

第三节　加快建设智慧社区　推进以人为核心的城市现代化

习近平总书记指出，运用大数据、云计算、区块链、人工智能等前沿技术推动城市管理手段、管理模式、管理理念创新，从数字化到智能化再到智慧化，让城市更聪明一些、更智慧一些，是推动城市治理体系和治理能力现代化的必由之路，前景广阔。建设智慧社区是智慧城市的重要内容，是建设全球数字经济标杆城市的引领性工程之一，对于北京市扩内需、稳增长和保就业具有重要战略和现实意义。在政策、技术和居民需求三方驱动下，智慧社区建设迎来快速发展期，北京应把握趋势、立足优势，将城市更新作为智慧社区建设的实践空间，重点发力育企业、建场景、优政策，以智慧社区建设为支点，撬动实体空间投资消费、带动北京市智能产业联动发展的"大能量"，有效释放内需潜力。

一、北京推动"智慧社区"建设势在必行

社区是城市的一个组成单元，是"社会"的有机组成部分。智慧社区是充分利用云计算、大数据、人工智能、物联网等新一代信息技术手段，对传统社区的数字化、智能化进行改造，进而构建智慧高效的生产、生活场景，打造新兴的城市基础单元。智慧社区有三个突出特征，一是投资主体上高度依赖数字化企业和政府的合力协作；二是领域上既覆盖智能感知设备等"硬件设施"，也覆盖物流、养老托育一体化平台等"软件服务"；三是空间范围上，不同于以家庭为单位的单一智能产品使用，而是以社区为单位的多场景智能联动和联通。

（一）智慧社区是布局 5G 时代的城市竞争战略，国内外正如火如荼地开展建设

在信息化、智能化时代背景下，智慧城市代表着未来城市的发展方向，作为智慧城市基本单元的智慧社区成为国内外关注的热点。

1. 发达国家将建设智慧社区作为刺激经济发展和建立长期竞争优势的重要战略，率先开展实践

多数发达国家的城市化率已达 80% 以上，亟须寻找新的城市增长路径。美国

提出加强智慧型基础设施建设和推进智慧应用项目的经济刺激计划，并以市场化力量为主要驱动力，IBM 公司 2008 年启动世界上首个智慧社区项目。日本基于能源缺乏以及灾害频发的国情，从 2012 年开始研究并推广以节能减排与智慧防灾为重点的智慧社区。新加坡的社区建设和管理一直走在世界前列，构成了"组屋计划—邻里中心计划—智慧社区计划"迭代式的社区发展脉络，并形成了可复制可推广的"榜鹅智慧环保市镇项目"。

2. 在政策、技术和需求三方驱动下，国内城市"争先恐后"推进智慧社区建设

近年来，国家陆续出台各类智慧社区建设文件，同时伴随人工智能、大数据、云计算等信息技术的发展，以及在群众对智能化和信息化便捷生活的进一步追求下，智慧社区建设迅速推进，2020 年我国智慧社区市场规模达 5405 亿元，同比增长近 20%。各地将智慧社区建设作为数智时代抢占城市战略制高点的重要抓手，浙江省提出"城市大脑+未来社区"模式，2021 年"城市大脑"在浙江实现设区市全覆盖。上海数字政府发展位列全国第一。南京利用市场化力量将智慧社区建设与城市更新相结合。深圳提出打造国际新型智慧城市标杆和"数字中国"城市典范。

（二）北京作为超大城市，建设智慧社区是实现城市现代化的重要路径

当前，我国超大规模的城市现代化呈现一个重要趋势，即以空间规划来引导人的需求，向以人的需求为牵引重塑空间形态和治理方式转变，人们更加向往"便利、高效、多元、优质"的生活空间，智慧社区建设是北京市应对这一转变的重要抓手。

1. 智慧社区建设有助于满足人的综合生活需求

根据仲量联行调研，2019 年超过 45% 的消费者将消费焦点转向"近处"，这一比例比 2014 年提高了 17 个百分点，人的需求趋向于就近就便。智慧社区建设通过拓展应用服务场景，推动就业、健康、医疗等服务"指尖办""网上办""就近办"，满足"柴米油盐酱醋茶"和"生养休息购学娱"等居民的全生活链需求。

2. 智慧社区建设有助于推进工作和生活的深度融合

滴滴出行报告显示，北京的平均单程通勤所需时间为 52.9 分钟，是全国范围内耗时最长的城市。智慧社区建设尤其是在疫情防控常态化背景下，通过网络提速降费，实现远程移动办公、在线会议等，营造更加高效、灵活的办公形态，

构建工作、生活一体化场景。

3. 智慧社区建设有助于推进城市治理体系和治理能力的现代化

智慧社区通过科技手段为社区治理工作助力赋能，通过建立现代化的社区管理服务系统平台，实现社区公共事务"一站式"处理，有助于为居民提供更加便捷的服务。

（三）建设智慧社区是促进北京市投资、生产和消费循环的有效载体

1. 带动有效投资

既促进公共投资，如老旧小区更新改造过程中的智能感知等设备投资，以及5G、光纤宽带、社区数据中心等数字信息基础设施投资，也拉动企业投资，如各大服务应用平台、系统终端、场景建设等。参照浙江省未来社区的投资规模，单个社区的智慧化改造总投资规模平均约 20 亿元（包括政府投资和企业投资），"十四五"期间北京市若完成 100 个智慧社区改造，将带动 2000 亿元的政府和企业总投资。

2. 推动千亿规模的产业增长

既推动现有智能家居产业发展，如家电照明、安防监控、智能音箱、电动窗帘等，还有望推动一批智慧社区关联产业落地，如家用机器人、自动驾驶、VR/AR 眼镜或头盔等万亿元市场规模的"新五大件"产业，大致估算 2025 年留在北京的智慧社区关联产业产值至少可达千亿元。

3. 激活消费

既能激发社区服务消费，通过针对性地补齐智慧诊疗、健身娱乐、托育等领域短板，满足居民便利性、强黏性、高频次的社区服务消费需求，同时带动绿色智能等家装消费。智慧社区建设过程中，会带动"数字原生"一代"90 后"、老年人、少子化家庭对利用数字技术提高居住品质的强烈新需求，进而带动绿色家装消费。

二、北京建设智慧社区有条件，具备可行性

（一）有可为空间：智慧社区建设可成为城市更新的重要内容

在减量发展背景下，北京进入了以盘活存量为主的城市更新阶段，"十四五"聚焦 178 个重点街区，涉及 1700～2000 个社区、240 万～260 万套住宅，未来三年还将有 6000 亿元左右的城市更新投资，为智慧社区建设提供了广阔空间。

一是首都功能核心区更新建筑面积约 0.4 亿平方米，在推动平房区保护更新

过程中，通过补充安防、停车等功能，可增加智能感知设施等硬件设备，为智慧社区建设提供更多"硬件设施"空间。

二是中心城区的更新建筑量大约 1.24 亿平方米，为补充社区居民对教育、医疗、养老、菜市场、便利店等公共服务功能需求，可通过一体化平台或者移动端进行资源整合，营造多元数字化应用场景，为智慧社区建设提供更多"软件服务"空间。

三是城市副中心和平原新城等地承接功能疏解，在数据基础设备的接入、一体化平台建设、多维度场景营造等方面的障碍都较少，为智慧社区建设同时提供硬件设施和软件服务空间。

（二）有现实需求：居民向智慧智能消费升级具有较大潜力

1. 北京市居民收入和消费支出增长趋势不变，消费者愿意为"智慧"买单

虽受疫情等因素影响，居民消费能力和消费水平持续增长的趋势未变。数据显示，北京市 2021 年人均可支配收入为 7.5 万元，人均消费支出为 4.3 万元，较 2019 年、2020 年均为正增长。"可以动手解决就不要花钱"的理念被"用科技来完成无意义劳动"取代，根据京东科技的调查，超过 95% 的用户愿意为智慧社区建设缴纳建设费用，近八成用户使用过小米等智能家居产品。

2. 家庭规模小型化对智慧社区建设的需求增强

全国第七次人口普查公报数据显示，北京市平均每个家庭户人口为 2.31 人（低于全国平均水平 2.62 人），比 2010 年减少 0.14 人，"3 人家庭"正向"2 人家庭"和"独居家庭"过渡，2020 年北京市一人户家庭 246 万，独居老人和单身青年等群体客观上创造了对智慧养老、大健康等领域的消费空间。

（三）有供给主体：北京市智慧社区领域涌现出大批龙头企业

智慧社区产业具有技术、服务、资源整合的特征，产业链条长，大体可分为技术供应商、解决方案供应商、地产和物业运营商三大类。

一是上游的软硬件供应商中，主要包含基础技术服务、基础设备元件、电信网络、算法、系统集成等领域，北京市紫光国微的社区智能终端 SIM 卡芯片以及 SE 芯片的市场份额占有量位列国内第 1、全球第 2，用友网络开发的一体化平台与 App 将智慧养老、智慧医疗等智慧社区不同场景应用成功转移至云、网端。

二是中游的终端服务商中，主要包含智能家居、整体设备终端、社会服务等领域。小米凭借庞大的生态链，已跻身智能家居行业第一阵营行列；奇安信、启明星两大上市企业占据信息安全行业市场 1/5 的份额；方正科技 IT 依托自有产

品，利用四张"网"，整合 N 种终端的智慧社区建设方案，已经推广到两镇两街道和一个经开区。

三是下游的实体运营商中，主要包含渠道商、房地产开发商、物业运营商等领域，北京市特斯与海淀区政府合作建成北京首个 5G 新型智慧社区；易华录的城市大脑、一网统管已累计服务超过 10 个城市，"回天大脑"进入快速复制期。

三、由点及面，形成在全国范围内具有引领性的智慧社区模式

在国家层面出台的《关于深入推进智慧社区建设的意见》指引下，结合"社区从满足居住需求为主向以满足全生活链服务需求的新型城市功能单元转变，智能产品应用由单一智能向多场景联动转变"两个新趋向，同时立足北京市城市发展进入存量时代、数字经济全国领先的实际情况，智慧社区建设的重点，建议考虑在城市更新中统筹推进，重点打造四大类智慧社区应用场景，培育形成智慧社区企业生态圈，优化一批重点支持政策，拉动有效投资、培育新型产业、促进社区消费，助力经济稳定增长。

（一）试点先行，结合城市更新任务建设智慧社区

选择 2~3 个重点社区开展试点。基于 15 分钟生活圈服务需要，根据浙江未来社区的建设经验，同时结合北京社区人口数量特点，选取 60~80 公顷的社区作为试点。建议在老城区、中心城区、新城的重点地区，树立几类标杆型的智慧社区建设标准，便于未来可复制、可推广。形成企业与政府"成本共担、收益共享"的城市更新模式，助力解决城市更新的资金难题。

（二）重点突破，选择不同类型社区构建"学、养、行、治"四大应用场景

在优质教育辐射型社区，构建"终身学习"的智慧社区教育场景。在医养资源短缺型社区，构建全生命周期的"全民康养"健康场景。在治理类街乡镇社区，构建"整体智治"的社区治理场景。在位于产业园区类和小镇类社区，构建"5 分钟、10 分钟、30 分钟出行圈"，打造智慧社区出行场景。

（三）搭建平台，培育形成智慧社区的"投资—场景开发—运营"企业生态圈

支持组建智慧社区产业联盟。鼓励北京市网络运营商、产品厂商、行业集成商等龙头企业，在资金、技术、服务、运维等方面开展多元化合作，组建智慧社区领域的产业联盟，以联盟为纽带引导企业进行数字经济产业链要素集中投入，形成"由点到线，由线及面"的智慧社区生态圈。引导北京市平台企业参与社

区场景的开发应用。支持智能家居企业向多场景联动转变。

（四）政策创新，制定推动智慧社区建设的务实性举措

发布智慧社区场景应用的正面清单。参照重庆等地的做法，向社会发布"学、养、行、治"等智慧社区场景应用清单，之后根据试验情况接续发布其他场景清单，在伸出招商引资"橄榄枝"的同时提供新技术新产品的试验场。

执 笔 人：雷来国　于国庆　张晓敏　滕秋洁　郭　颐　孔维星（第一节）

　　　　　贾　硕　滕秋洁　于国庆（第二节）

　　　　　张晓敏（第三节）

第九章　满足人民美好生活向往
提升人的现代化

党的二十大旗帜鲜明地提出："从现在起，中国共产党的中心任务就是团结带领全国各族人民全面建成社会主义现代化强国、实现第二个百年奋斗目标，以中国式现代化全面推进中华民族伟大复兴。"中国式现代化是人类文明进程中现代化的共同特征与中国国情决定的特殊性的有机统一。首都要在新征程中不断满足人民美好生活向往，率先实现人的现代化。

第一节　2021年首都人的现代化年度
评价及路径建议

一、党的二十大报告对首都推进人的现代化的要求

党的二十大报告中指出："中国式现代化，是中国共产党领导的社会主义现代化，既有各国现代化的共同特征，更有基于自己国情的中国特色。"中国式现代化的重要特征是人口规模巨大的现代化、全体人民共同富裕的现代化、物质文明和精神文明相协调的现代化、人与自然和谐共生的现代化、走和平发展道路的现代化。这五个重要特征无一不包含着深刻的、对首都推进人的现代化的要求。

1. 人口规模巨大的现代化要求首都必须充分把握超大城市推进人的现代化的机遇与挑战

在新的发展阶段，人口规模巨大、数量众多是中国式现代化面临的基本国情

和具有的首要特征。巨大人口规模创造了庞大人口和人力资本红利，支撑了劳动和人力资本密集型产业发展，形成超大规模市场和超大规模经济体，但同时也加大了超大人口规模整体迈入现代化的艰巨性和复杂性。特别是对于北京这样的超大城市，在疏解非首都功能、治理"大城市病"方面的任务艰巨繁重，在城乡区域发展不平衡不充分，民生保障、公共安全等领域还存在不少短板的情况下，推进人的现代化，艰巨性和复杂性前所未有，需要长期艰苦努力。

2. 全体人民共同富裕的现代化要求首都必须推进全体市民的现代化

全体人民共同富裕的现代化，内容丰富，特色鲜明。从实现主体来看，共同富裕不是少数人、某个地区、某个利益集团的富裕，而是全体意义上的中国人民的富裕，即全民富裕。从实现方式来看，共同富裕也是一个共建、共享、共富的过程，是全体人民共同参与创造社会财富的过程，不是一部分人持续为另一部分人买单的"劫富济贫"式现代化，更不是国家福利过度化的现代化。从内在属性来看，共同富裕不是整齐划一、排斥绝对差异性的同等富裕，而是承认相对差异的共同富裕，是效率与公平的有机统一。推进人的现代化，必须要坚持以人民为中心的发展思想，推进全体市民实现现代化。

3. 物质文明和精神文明相协调的现代化要求首都必须推进人的物质文明和精神文明双丰收

物质文明是实现人的现代化的基础和前提，精神文明是人的现代化的必要条件、动力和发展方向。实现人的现代化，既需要强大的物质力量，也需要强大的精神力量。只有精神没有物质，人的现代化就会成为空中楼阁，成为理想国；只有物质而没有精神上的丰富，人的现代化就会陷入片面化、狭隘化。因此，中国式人的现代化就是全体人民普遍达到生活富裕富足、精神自信自强、环境宜居宜业、社会和谐和睦、公共服务普及普惠状态下的现代化，最终实现人的全面发展。

4. 人与自然和谐共生的现代化要求首都必须在与自然和谐共生中推进人的现代化

习近平总书记强调，建设人与自然和谐共生的现代化，必须把保护城市生态环境摆在更加突出的位置，科学合理规划城市的生产空间、生活空间、生态空间，处理好城市生产生活和生态环境保护的关系，既提高经济发展质量，又提高人民生活品质。首都推进人的现代化，就必须注重加强城市生态保护，科学合理规划建设人的生活空间与城市生态空间，提升人的生活品质。

5. 走和平发展道路的现代化要求首都必须把人塑造成和平的建设者和维护者

习近平主席在多个场合指出，中国将始终做世界和平的建设者、全球发展的贡献者、国际秩序的维护者。无论国际形势如何变化，无论自身如何发展，中国走和平发展道路的决心和信念永不动摇。中国式现代化，是既发展自身又造福世界的现代化。首都在推进人的现代化过程中，必须要注重继承和发扬以和为贵、兼济天下、海纳百川、互学互鉴、兼收并蓄、睦邻友好、天下太平等中华传统，培养具有开放的胸襟、宽阔的视野，不仅注重自身发展，而且注重合作共赢，致力携手共进的，实现共同发展的个人。

二、2021 年首都人的现代化发展评价

2021 年，面对复杂严峻的国际形势和国内疫情散发等多重考验，北京市在以习近平同志为核心的党中央坚强领导下，在习近平新时代中国特色社会主义思想和对北京一系列重要讲话精神指导下，坚持稳中求进工作总基调，以首都发展为统领，统筹推进疫情防控和经济社会发展，经济持续恢复，民生持续改善，首都人的现代化取得了一定成绩，但也面临一些困难和挑战。

1. 市民对工作满意度较高，通勤、收入、职位晋升是阻碍居民满意度提升的重要因素

2021 年，北京地区生产总值超过 4.02 万亿元，人均 GDP 达 2.89 万美元，保持全国领先，人均可支配收入为 75002 元，是全国平均水平的 2.13 倍，全员劳动生产率为 28.2 万元/人，居全国首位。调查显示，94.0%的市民对工作满意，这些为推进人的现代化奠定了坚实的经济基础。但是，仍有近 15.0%的人对通勤时间长、通勤距离远、通勤不便捷不满意，12.7%的市民对收入和福利待遇不满意，13.0%的市民对职位晋升不满意。

2. 住房状况进一步改善，但刚性和改善性需求还需进一步满足

2021 年，北京市继续坚持"房子是用来住的，不是用来炒的"定位，围绕"七有""五性"需求和首都高质量发展，完成 6.5 万套商品住房供应，并提高共有产权住房供应比例，加大公租房、集租房等保障性租赁住房供应力度，重点加强在需求旺、轨道交通等配套设施完善区域布局，多措并举提升共有产权房住房宜居品质，开展商品住宅小区配建公共设施和移交问题专项整治，遏制和打击恶意炒作学区房等措施，使北京市住房状况进一步改善。尽管取得了很大的成绩，但是全北京市仍有 1/5 的市民人均住房面积在 20 平方米以下，60%以上的

市民未达到自身理想住房标准，居民的刚性和改善性住房需求仍需满足。

3. 三孩政策出台，但晚婚现象普遍，生育意愿有待激发

2021 年 5 月 31 日，中共中央政治局召开会议审议通过《关于优化生育政策促进人口长期均衡发展的决定》，明确为进一步优化生育政策，开始实施一对夫妻可以生育三个子女的政策。7 月 21 日，国家又进一步将三孩政策纳入生育保险。8 月 4 日，北京市卫生健康委员会发布 5 月 31 日（含）以后，按规定生育三个子女的，可享受国家规定的产假 30 天，配偶可享受陪产假 15 天。8 月 20 日，全国人大常委会会议表决通过了关于修改人口与计划生育法的决定，修改后的人口计生法规定，国家提倡适龄婚育、优生优育，一对夫妻可以生育三个子女。但是，三孩生育意愿并不强烈。据调查，21～30 岁的市民中，85.6%未婚，91.3%未育；31～40 岁的市民中，32.6%未婚，38.9%未育；未生育的工作人群中表示不想生育的比例达 38.8%，一孩家庭不想要二孩的比例达 88.9%，二孩家庭不想三孩的比例达 93.4%。同时，从婚姻满意度来看，女性市民对婚姻满意的占 70.4%，男性市民对婚姻满意的占 80.0%。

4. 民生保障持续改善，但社会支持满意度有待提升

2021 年，北京市坚持把就业作为最大民生，形成"一抓三保五强化"工作模式，城镇新增就业 26 万人。同时，稳步提高社会保障待遇标准，推出普惠健康保险；完善社区居家养老服务，努力让老年人在家门口吃上"暖心饭"；有序推进"双减"工作，全面加强课堂教学和课后服务，扩增普惠性学前教育学位 1.3 万个，新增中小学学位 2.8 万个；完成院前医疗急救资源整合，地铁站、火车站、学校等重点公共场所自动体外除颤器实现全覆盖，"一村一室"建设短板全面补齐等，民生保障状况持续改善。但也存在社会支持度仍需提高的问题，其中，77.5%的市民表示家庭能给予支持，78.1%的市民表示困难时朋友可以依靠，50.0%的市民认为社会没有偏见和歧视，65.4%的市民认为就业机会平等，72.5%的市民认为教育机会平等。

5. 市民居住地周边设施进一步健全，但停车、教育、文化等设施仍是短板

2021 年，北京市把城市更新作为重要民生工程和促发展的重要手段，推动形成北苑二号院、望京小街等社区和街区更新模式，完成老旧小区改造 177 个，老楼加装电梯 418 部。新开通 9 条段城市轨道线路，轨道交通和市郊铁路运营里程达 1148 公里，地铁运行质量效率国际领先，市民居住地周边设施进一步健全。但是，对于"停车设施"，选择"比较满意"与"非常满意"的市民仅占

45.8%，一孩和二孩家庭对学前和中小学教育设施的满意度也仅处在70%状态，对文化设施也有15%的市民表示非常不满意或不太满意。

6. 城市自然环境进一步改善，但生活噪声污染需重视

2021年，北京市以钉钉子精神打好污染防治攻坚战，首次实现六项空气质量指标全部达标。新增造林绿化16万亩，再添2个万亩以上郊野公园。密云水库蓄水量创历史最高，平原区地下水位回升5.64米，劣V类水体全面消除，市域内五大河流全线贯通。生态保护补偿机制不断完善，生态涵养区生态保护和绿色发展取得较快发展。市民对城市自然环境满意度总体处于中上等水平，但也存在对"超市、菜场、居民区等生活噪声"问题选择"比较满意"与"非常满意"的市民仅占45.2%等问题。

三、提升首都人的现代化水平的路径建议

党的二十大为新时代新征程党和国家事业发展、实现第二个百年奋斗目标指明了前进方向、确立了行动指南，首都要在率先实现中国式现代化的过程中，努力推进人的现代化。

1. 稳步提升居民收入水平，夯实人的现代化的物质基础

发展是硬道理。根据党的二十大和北京市十三次党代会精神，北京要稳步提高劳动报酬在初次分配中的比重，健全工资合理增长机制，多渠道增加城乡居民财产性收入，加大促进农民和中低收入群体增收力度，逐步扩大中等收入群体规模。发挥再分配调节作用，加大税收、社保、转移支付等调节力度并提高精准性。引导、支持有意愿有能力的企业、社会组织和个人积极参与公益慈善事业。要强化就业优先政策，健全就业促进机制，促进高质量充分就业，加强灵活就业和新就业形态劳动者权益保障，使人人都有通过勤奋劳动实现自身发展的机会。

2. 健全社会保障体系，努力推进社会保障实现新时代的新跨越

社会保障体系是人民生活的安全网和社会运行的稳定器。健全覆盖全民、统筹城乡、公平统一、安全规范、可持续的多层次社会保障体系，北京要进一步细化城乡统一、覆盖全民的社会保障体系，落实新业态新就业群体的社会保障；要完善大病保险和医疗救助制度，落实异地就医结算，建立长期护理保险制度，积极发展商业医疗保险；健全分层分类的社会救助体系，完善残疾人社会保障制度和关爱服务体系；要加快学前教育机构和农村普惠性幼儿园的发展，完善乡村医疗卫生服务体系等，不断提升社会保障水平。

3. 改善通勤状况，坚持"房住不炒"，逐步化解市民生活痛点

采取改善通勤状况行动，利用大数据、人工智能等智慧化手段，打造便捷高效、富有韧性的道路交通体系，推动常规公交与轨道公交一体化换乘，持续做好定制公交、夜间公交、通勤公交等特色服务，为市民提供多样化、便利化的公交出行选择。通过宣传，尽量减缓长距离通勤和长时间加班给员工带来的身心疲劳状况，调整自身状态，提升市民的工作满意度。要引导企业建立更加完善的晋升机制和绩效考评制度，增强员工的成就感和自信心。同时，要坚持"房住不炒"，严格打击住房租赁乱象，细化住房保障制度，稳定住房售卖交易价格和租赁价格，保障住房市场平稳发展。

4. 出台支持鼓励政策，帮助市民走出生育意愿不足困境

出台补贴政策，对生育的家庭进行适当的资金补贴，按照生育胎数递增补贴金额，并向单亲家庭、低收入家庭倾斜。促进租房群体在公共服务中享有与有房群体同等的权利，尤其在子女入学和医疗保障等领域，让住房不再是市民生育的阻碍之一。打破隐性歧视，针对生育年龄的职场女性，提供更支持、更包容的政策，破除用人单位对生育期女职工的隐性歧视，保障生育期女职工的就业权利。根据市民当前生育心理开展有针对性的宣传，引导树立正确的生育理念，激发市民生育的内在动力。

5. 健全城市自然环境和居住设施环境，弥补地区差距和发展短板

北京市需要进一步加强绿化覆盖、改善水体质量等自然环境提升工作，特别是各区应立足实际，发展符合现代化理念的特色城区环境空间，在差异中体现特色，弥补地区发展差距。要着力于环境突出方面的治理，加强停车设施、社区便民服务设施、学前和中小学教育设施等配套建设，提升城市宜居水平。在满足市民日常生活需求的基础上，可强化问题导向，加强对居民的走访调研，在了解群众的期待后有针对性地提供区域个性化设施，提升区域内市民的生活幸福感。要强化对农村地区环境状况的重视，精准定位农村功能环境改善与基础服务需求，提供公共服务效能，提升农村地区环境建设水平。

6. 健全社会心理服务机构，推进人群心理健康服务与疏导

要在基层健全社会心理服务机构，强化对青年人、新北京人、老年人、初高中学生等重点群体的心理服务和干预疏导，强化市民心理知识的知晓率和运用能力，提升市民正确处理心理问题的能力，减少心理疾病的发生。同时，强化健身场所、文化场所、公园、绿地等设施建设，大力开展全民健身活动和各类文化活

动，通过各类体育和文化活动形式，持续滋润市民的精神土壤。

第二节　首都人的现代化状况问卷调查

一、样本情况

2022 年《首都人的现代化》问卷调查项目，根据北京市 16 区常住人口占北京市总常住人口的比例，采用分层抽样的方式，对北京市 16 个城区市民的物质基础、精神生活以及环境建设现状进行问卷调查，总共回收有效问卷 2754 份。样本基本情况如表 9-1 和图 9-1 所示。

表 9-1　样本基本情况

	基本信息	频次		基本信息	频次
性别	男	929	文化程度	小学及以下	31
	女	1825		初中	140
年龄段	20 岁及以下	575		中专或职高	92
	21~30 岁	391		高中	225
	31~40 岁	832		大专	383
	41~50 岁	761		本科	1501
	51~60 岁	127		研究生	382
	61 岁及以上	62	工作状态	正式工作	1503
家庭人数	独居	194		临时工作	134
	1 人	183		无业、失业或下岗	142
	2 人	761		离退休	114
	3 人	942		学生	814
	4 人	358		其他	47
	5 人	211	户籍所在地	北京城市	1737
	6 人	69		北京农村	313
	7 人	13		外地城市	480
	8 人	23		外地农村	224

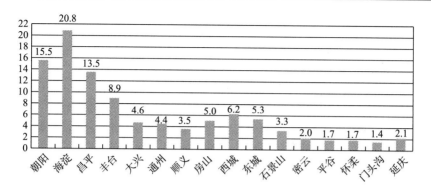

图 9-1　调查对象分布

二、首都人的现代化的物质基础、社会生活、精神和环境现状

（一）物质基础现状

1. 工作情况

市民总体满意程度较高，最不满意的方面为通勤（见图 9-2），其次为晋升机会和收入及福利待遇。调查显示，94% 的市民对工作满意。从影响满意的具体方面来看，14.8% 对通勤不满意，26.5% 的人单程通勤时间在 1 小时以上；13% 对职位晋升不满意，12.7% 对工资及福利待遇不满意，各有 5% 对与领导关系和与同事关系不满意（见图 9-3）。

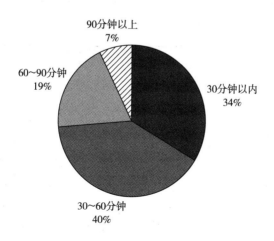

图 9-2　市民单程通勤时长情况

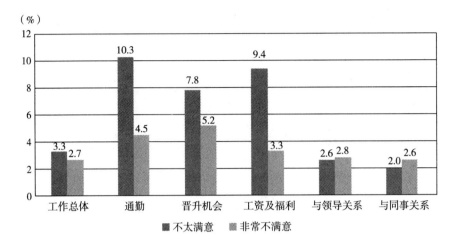

图 9-3　市民工作满意度情况

2. 收入支出情况

市民家庭收入和支出均处于全国较高水平，工资性收入仍是居民的主要收入形式。市民家庭月收入主要集中在 5000～30000 元，占比达七成。家庭月支出主要集中在 2000～20000 元，占比达 88.0%（见图 9-4）。从家庭收入来源来看，87.3% 主要靠工资收入（见图 9-5）。按照发达国家人均 GDP 3 万美元的门槛，北京市人均 GDP 已达到发达经济体的中等水平。

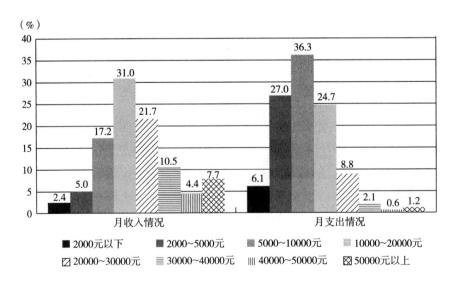

图 9-4　市民家庭月收入及支出情况

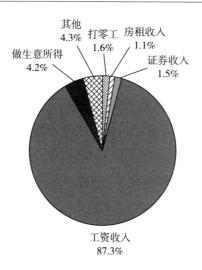

图9-5 市民家庭收入来源情况

3. 住房状况

市民人均实际住房面积20（含）~30平方米范围人数最多，与理想住房面积还有一定差距。50.70%的市民实际人均住房面积在30平方米以下（见图9-6），63.62%的市民表示实际人均住房面积没有达到自己的理想标准，80.40%的市民希望住房面积在30平方米以上。

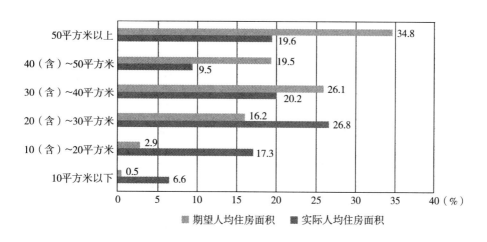

图9-6 市民住房情况

（二）社会生活现状

1. 婚育状况

晚婚晚育较普遍，已婚人群满意度高，但生育意愿不强。据调查，北京市21~30岁的市民中只有14.4%的人结过婚，31~40岁的人中只有67.4%的人结过婚，仍有32.6%的人未结婚（见图9-7）。从婚姻满意度来看，已婚市民对婚姻满意度较高，比较满意和非常满意的达73.5%（见图9-8）。从生育状况来看，北京市21~30岁的市民中有91.3%的市民未育，31~40岁的有38.9%未育。从生育意愿来看，未生育的工作人群中38.8%表示不想生育，一孩家庭中88.9%表示不想生二孩，二孩家庭中93.4%表示不想生三孩（见图9-9）。

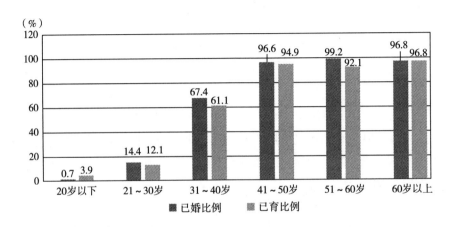

图 9-7 不同年龄阶段市民婚育情况

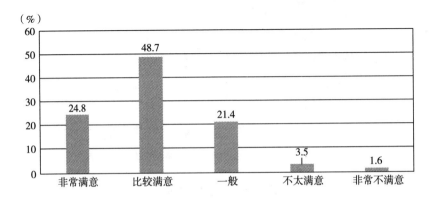

图 9-8 已婚市民对婚姻的满意度情况

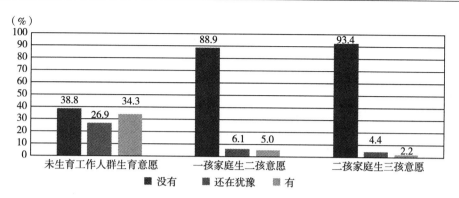

图 9-9　市民生育意愿情况

2. 社会公平状况

总体情况较好，但仍有提升空间。调查显示，市民对于在法律面前人人平等、教育公平、社会保障公平等方面，持不同意和完全不同意的比例都很低，在5%左右，同意和完全同意的比例基本在80%左右，总体情况较好，但是也存在16%~20%的市民持中立态度。同时，对于社会没有偏见和歧视选项，选择同意和完全同意的仅占50%，中立的占30%，不同意和完全不同意的占近20%。因此，尽管社会公平总体状况较好，北京市还可进一步完善教育、法律、社会保障的社会公平氛围，特别是减少社会偏见和歧视，不断提升中立态度市民的获得感（见图9-10）。

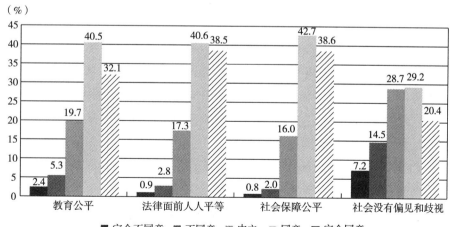

图 9-10　市民对教育、法律和社会保障公平以及社会偏见和歧视的态度

（三）精神状况

1. 工作压力

市民工作压力较大，疏解工作压力亟须提上日程。32.6%的市民认为工作让其身心俱疲，30.6%的市民感觉早晨起床想到工作就感觉非常累，甚至有 18.9%的市民感觉工作快要让其崩溃，21.9%的市民怀疑所做工作的意义（见图 9-11）。结合前面市民对工作满意度的调查结果，市民对工作压力的感受突出体现了在北京工作满意度高，但竞争压力大的事实，实现人的现代化，应加强人的心理疏导干预。

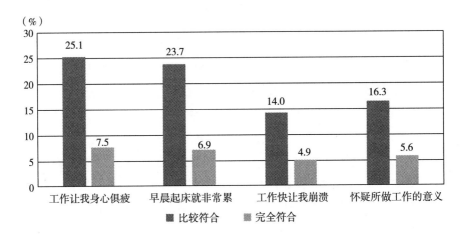

图 9-11　市民工作压力状况

2. 生活压力情况

市民对现在生活满意度和对改善生活的积极性方面，总体呈现积极心态。七成市民对现在生活感到幸福，不同意的占两成左右。为生活积极拼搏的超过八成，不同意的仅 7%左右。这说明北京市民对生活总体认知偏幸福，而且积极改善生活水平的能动性较高（见图 9-12）。

3. 心理健康及睡眠情况

心理健康状况和睡眠状况一般，需要引起重视。据调查，市民心理处于较好和很好状态的占七成，处于一般水平的占两成。在睡眠方面，较好和很好的只占六成左右，近三成睡眠状况一般，一成睡眠较差或很差（见图 9-13）。

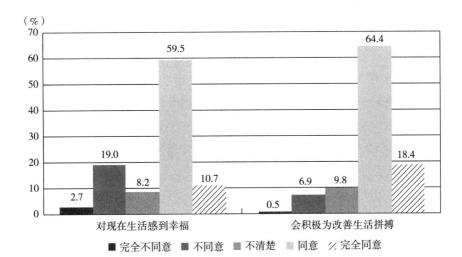

图 9-12 市民对生活幸福及改善生活状况的态度情况

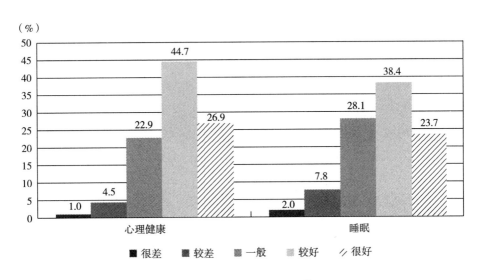

图 9-13 市民的心理和睡眠状况

（四）城市总体及身边环境状况

1. 整体环境质量状况

总体情况较好，空气质量和水体质量可进一步提升。市民对空气、水体、绿化和公园环境质量的评价，认为处于一般及以上水平的都在九成以上，其中空气质量和水体质量接近九成，绿化质量和公园环境质量达到了九成半（见图 9-14）。

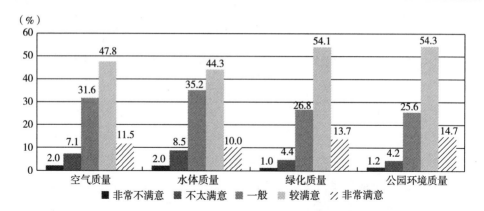

图 9-14 市民对空气、水体、绿化和公园环境质量的评价情况

2. 居民身边配套环境状况

居民身边配套环境状况总体较好,噪声、停车设施、文化设施、垃圾分类和健身设施质量还需提高。根据调查结果,在居民身边的各类配套设施中,一般及以上满意程度都在八成以上,总体情况较好,但在居住区噪声、停车设施、文化设施、物业服务、垃圾分类、健身场所方面,不太满意和非常不满意的比例合计都超过了10%(见图 9-15)。

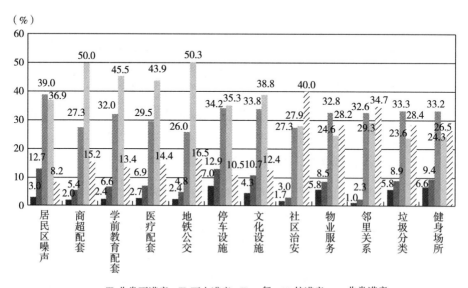

图 9-15 市民对身边环境设施质量评价情况

第三节 应对北京低生育率的策略及路径

2020年10月29日，党的十九届五中全会提出"增强生育政策包容性"，2021年6月26日，中共中央、国务院出台了关于优化生育政策促进人口长期均衡发展的决定，明确开始实施三孩生育政策，12月8日，中央经济工作会议进一步提出要推动新的生育政策落地见效。北京人口生育率一直低于全国平均水平，"七普"数据显示的总和生育率为0.87，尽管比"六普"略有升高，但仍然处于极低水平。在北京市人口增量空间缩小、育龄妇女数量减少、生育意愿下降的形势下，及时分析研究促进生育水平提升的政策建议，不仅是落实中央有关生育政策的指示精神，更是体现以人民为中心的发展思想，推动首善之区建设的必然要求。

一、北京调整生育政策的必要性

北京人口发展重点从重规模发展向结构优化转变，生育率值得关注。常住外来人口从2015年开始逐年下降，到2020年共减少了20.7万。在人口规模总量控制背景下，北京人口发展重点已经从规模承载力提升转变为人口结构优化，而合理的生育率水平是保持人口结构和更替，推动人口长期均衡发展的有效保障。

北京保持超低生育水平[①]已30余年，对生育率的认识开始出现从限制紧缩向放松的转折性变化。从1982年以来，北京一直保持了低于全国的生育率水平，1989年跌破1.5的警戒线（1.3），2010年达0.71，为全国最低。2010年以后，生育政策趋于放松，推动了北京生育率回升，但仍显著低于全国平均水平（见图9-16）。2021年三孩生育政策的落地，对生育率的认识不再是限制，以"鼓励""放开"为关键词的生育政策观点越来越被更多的人接受。

---

① 总和生育率在2.1~1.8，称为低生育水平；总和生育率在1.8~1.5，称为极低生育水平；总和生育率在1.5以下，称为超低生育水平。

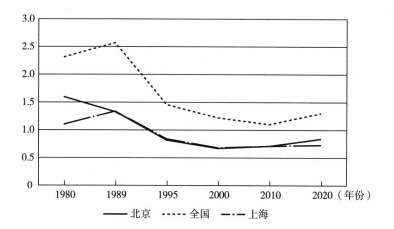

图 9-16 北京、上海和全国总和生育率变化

资料来源：《中国人口统计年鉴 1989》《中国人口年鉴 1996》《中国统计年鉴 1990》《中国 1990 年人口普查 10% 抽样资料》《中国 2000 年人口普查资料》《中国人口普查年鉴 2020》。

尽管低生育率是经济发展的必然结果，但北京生育水平已经低于发达国家相应发展阶段。国际经验表明，在经济高度发达、劳动生产率高的情况下，人的生活得到很好保障，生育意愿会相对下降，生育率随之降低。"七普"数据显示，北京生育率为 0.87，仍低于全国平均水平，同时，也低于发达国家相应发展阶段的生育水平（见图 9-17）。

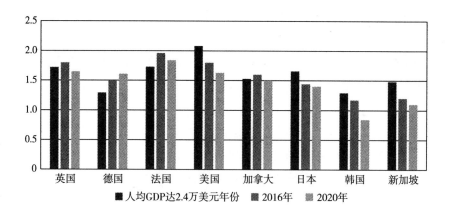

图 9-17 发达国家 2016 年、2020 年和人均 GDP 达 2.4 万美元

（现价）年份生育率对比

资料来源：国家统计局网站。

二孩政策并没有让北京生育率回升到人口学家预计的水平，一孩生育率仍持续走低，及时调整生育政策重要且紧迫。"七普"数据显示，北京生育率明显低于学界认为的大城市预期生育率1.0以上的水平，更低于2019年香港1.05、东京1.15的水平。并且，一孩的生育率仍在持续走低。考虑到全面二孩政策效应的减弱和生育堆积效应的消退以及育龄妇女数量的下降，预计三孩政策带来的出生人口数量增加幅度是有限的。如果不尽快采取措施，促进生育率快速提升，北京人口将加速老化，及时调整生育政策必要且迫切。

二、影响北京生育率的主要情形及主要原因

国际经验表明，生育率受城市化率、居民收入水平、受教育程度、生育文化等多方面因素影响，从育龄妇女群体来看，主要有"不敢生""不能生""不愿生""不让生"四种情形，其表现及成因各有不同。

（一）"不敢生"

高昂的"三育"成本以及由于生育给女性带来的事业发展障碍和生育焦虑，使很多女性"想生不敢生"。

国家人口计生委2017年的一项调查报告显示，全国育龄妇女不打算再生育的原因中，经济负担重和没有人带孩子是制约育龄妇女再生育的最突出因素，这两个因素在35岁以下不打算再生育妇女中分别占到了82.7%和42.1%。

一是"三育"成本高。包括住房成本、生育后的托幼服务、入学后的子女接送等照料负担，以及高昂的养育、教育支出和大量时间精力的耗费等。苏宁的一份报告显示，中国十大城市生育成本排行榜中，北京以276万元高居榜首，上海以247万元位居第二。从养育成本来看，借鉴21数据新闻实验室以广州中产阶级测算的育儿成本（从孕期开始到孩子大学毕业家庭所需的花费），年均3.5万~11.1万元，相当于北京居民年人均可支配收入的50.4%~160%。同时，住房成本居高不下，按照2020年北京城镇居民人均住房面积32.6平方米、二手房均价约6万元/平方米①（2021年12月31日）测算，在不降低居住环境条件的情况下，每新生育一孩，就需要新增住房成本195万元。

二是女性事业发展有障碍，需要付出更多的努力。生育保险、生育假等女性生育待遇的提升加大了用人单位的用人成本，容易导致职场的性别歧视；女性生

---

① 资料来源：综合百度房产、房天下数据。

育期间，职位存在被替代风险，也成为职位晋升的不利因素，这进一步降低了更多女性的婚育意愿。

三是存在生育焦虑。主要体现在认为"养育孩子太费心""年龄太大""生孩子会疼""生孩子会影响个人形象"等多方面，进而对生育产生恐惧感，这些问题会随着"90"后、"00"后群体进入生育期并成为生育主力而更加凸显。

（二）"不能生"

受到"大龄单身女青年"增多、受教育年限延长、错过最佳生育年龄、不孕症发生率高等因素影响，很多人"想生不能生"。

一是高学历人口中"男少女多"情况突出，"大龄单身女青年"数量增多。北京市 16~59 岁具有大专及以上受教育水平的人口男女性别比已经降到 96.9，低于正常值范围，再加上婚姻市场匹配问题及单身主义等，"剩女"规模快速增加，且学历越高"剩下"的概率越大。2010~2020 年，北京市 30~49 岁女性中未婚占比提高了 6.5 个百分点，据此推算，目前北京市共有 30~49 岁"大龄单身女青年"近 45 万人。

二是女性受教育时间延长，初育年龄已经超过最佳生育期。从生理学的角度来看，女性年龄在 23~30 周岁为最佳生育时期。而女性受教育年限的延长推迟了女性平均婚育年龄。北京市高中及以上女性人口中，接受过研究生教育的比重从 2010 年的 6.1%增长到 2020 年的 11.4%，育龄妇女第一孩的平均生育年龄已达 30 岁以上，超过最佳生育期。

三是有生育意愿的年龄偏大和不孕不育占比高等原因，使生育意愿难以转化为生育行为。根据调研，最有生育意愿的是 1970~1985 年出生的人，而这一批人年龄最小的也已经 37 岁，生育能力大幅下降。国家卫计委的调查数据也显示，"年龄太大"占比达 20.8%，是不打算再生育的重要原因，同时，"夫妻身体原因"占比也达 2.6%。《中国不孕不育现状调研报告》显示，目前我国的不孕不育发病率在 12.5%~15.0%，也就是说每 8 对夫妇中就有 1 对有不孕不育问题，该比例远高于世卫组织统计的发达国家 5.0%~8.0%的水平。此外，剖宫产率较高也不利于三孩生育意愿的实现。剖宫产次数越多，生育难度和危险性越高，因此医生建议剖宫产手术不宜超 2 个孩子。卫生统计资料显示，2020 年北京市产科剖宫产率为 42.5%，远高于世卫组织规定的剖宫产率须控制在 15%以内的标准。

（三）"不愿生"

社会和家庭对婚育支持的衰减和个体意识的觉醒，助长了不婚、不育理念，致使不少人"不愿生"。

一是社会和家庭层面婚育支持的衰减，不婚不育理念被接受。从社会层面来看，随着经济社会的发展，社会中客观存在的人口池、婚姻池、生育池层层递减，不婚不育的婚育理念逐步被更多年轻人接受，再加上多年来少生优生、少生精养理念的影响，增加了年轻人的生育担忧。从家庭层面来看，随着个人财富水平提升和社会保障体系日益完善，"养儿防老"的观念逐步弱化，个人与家人之间的互动联系也不再紧密，结婚生育所依托的家庭支持性、稳定性因素衰减。2012~2016 年北京市结婚登记率下降了 9.7%，而 2016~2020 年则下降了 31.3%（见图 9-18）。

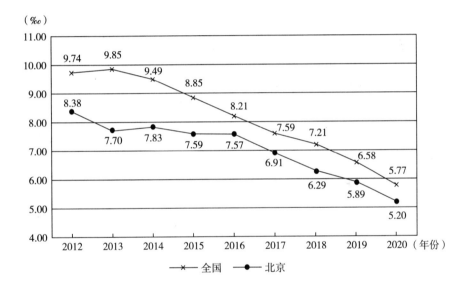

图 9-18　2012~2020 年全国和北京市结婚登记率变化

注：此处结婚登记率计算方法为当年结婚登记数量（万对）/年末常住人口数量（万人）。

资料来源：根据《北京统计年鉴 2021》数据测算。

二是个体层面婚育意识开始向侧重自我价值实现倾斜，削减了生育意愿。随着社会变迁，越来越多的人并不将婚姻视为人生唯一的依归，尤其是知识女性不再认为生育是必要的人生规划，更偏好简单自由的生活方式或夫妻二人生活模式，或以个人现世生活的幸福快乐为重，更关注个人职业生涯规划和发展，或缺乏足够耐心和精力养育孩子等，独身主义或不婚主义开始流行。同时，年轻女性也更广泛了解到生育行为所带来的巨大生理负担、精神压力和系列后遗症，导致生育意愿逐步弱化。

三是女性受教育水平与社会总体生育数量呈现一定负相关性。专家研究表明，相对于高中学历女性，上大学会让女性的生育数量平均下降 30% 左右，尤其是体现为生育二孩及多孩的概率下降 20% 以上[①]。

（四）"不让生"

受现行法律法规、政策制度等约束，很多人虽然"敢生、能生、愿生"，但不被允许或不被支持生育，主要包括超出计划生育数量、非婚生育等。

一是最多三孩的计划生育政策限制了部分生育意愿。一对夫妻最多可生育 3 个子女的政策，使很多有能力、有意愿生 4 个及以上子女的夫妻意愿不被支持。西方社会研究表明，抚育 4 个或者更多宝宝的家庭较为幸福[②]。日本国立社会保障与人口问题研究所的报告显示，2015 年日本已婚家庭中，有 17.9% 的会生育 3 个孩子，还有 3.3% 的会生育 4 个或更多。法国 3 个以上子女家庭也占到有孩子家庭的 18%。

二是未婚女性实施人工辅助生殖未被允许。根据《人类辅助生殖技术规范》规定，禁止给单身妇女实施人工辅助生殖技术，这意味着单身女性通过精子库、冻卵等技术手段行使生育权不合规。

三是现行生育福利政策对非婚生育包容性不足。目前，北京市对于非婚生育女性申领生育保险金（包括生育津贴、生育医疗报销等）并未明确具体政策，孕产妇申领生育津贴必须提供配偶身份信息，报销产检费用也必须提供结婚证等证明材料，意味着非婚生育女性难以享受与生育保险挂钩的相关福利，导致在怀孕和分娩期间的基本生活与医疗需求难以得到有效保障。

三、提升北京生育水平的政策建议

人口是影响经济社会发展的基础性、全局性、战略性变量，在生育率过低的情况下可能成为经济社会发展的决定性因素。而低生育率就像一个旋涡，一旦掉

---

① 朱州，赵国昌. 高等教育与中国女性生育数量 [J]. 人口学刊，2022，251（1）：16-31.

② 新西兰奥克兰理工大学的布朗温·哈曼博士对数百名家长进行了长达五年的采访和调查，调查从家庭配置到每个家庭的社交圈、社会适应力，对生活满意程度，还有来自社会的支持，详细进行评分。不仅包括单个、多个宝宝的家庭，还包括单亲、同性的家庭。结果显示，抚育 4 个或者更多宝宝的家庭较为幸福，因为他们可以从自己的家庭中感受到支持，也很少会觉觉到无聊。

进去，如果不进行及时干预，就难以走出，这种现象被称为"低生育率陷阱"①。放眼全世界，低生育率是普遍难题，上述日本、韩国、法国、德国等在促进生育方面都绞尽脑汁，给出了很多真金白银的福利，不难看出推高生育率在各国人口战略中的重要意义。尽管作为超大城市，北京的人口发展不能主要依靠人口的自然增长，但仍然应该从优化人口结构、保持城市正常发展活力的角度重视生育率问题。应尽快采取有效措施，进一步放宽政策限制，提高生育政策的包容性，营造支持生育的良好环境，使育龄群体既"想生"，也"敢生""能生""让生"，通过力保一孩、激励二孩、鼓励三孩、允许多孩，努力促进北京总和生育率到2030年上升到1.0以上，使每年新出生人口数保持在12万以上。

（一）对"不敢生"的，实施多项务实性政策，降低"三育"成本，化解生育焦虑

一是建立与子女数量挂钩的差异化鼓励性住房措施，切实降低生育居住成本。建议根据家庭养育未成年子女的情况实施差异化的租赁和购房税费优惠政策，对多孩家庭购房实施以一孩为基准的差异化房贷利率优惠措施，同时借鉴浙江经验，提高三孩家庭住房公积金贷款额度并予优先放款。配合生育政策调整，适当提高保障性住房面积标准，做好房屋结构规划，配置紧凑型住宅，优先供给多孩家庭。

二是实施生育、教育补助激励政策，减轻女性生育期的企业和个人负担。通过生育保险补助、税收优惠等方式，探索生育成本社会共担机制，减少企业尤其是中小微企业在生育保险上的压力，降低企业对于聘用女性职工的顾虑。借鉴日本经验，按照 DRGs 付费②方式对女性怀孕、生产费用进行全额报销，对 0~3 岁婴幼儿每月每孩给予一定数量的养育津贴，鼓励企业为员工设立一定额度育儿补助的福利待遇。将分娩镇痛纳入 DRGs 单独收费，鼓励医疗机构更加积极地开展分娩镇痛，减少生育妇女对产程疼痛的顾虑和经济负担。将个人所得税专项附加

---

① 低生育率陷阱是由荷兰人口学家 Lutz 和 Skirbekk 于 2005 年在 *Population and Development Review* 第 31 期发表的 *Policies Addressing the Tempo Effect in Low-fertility Countries* 论文中首次提出，该概念认为当总和生育率下降到 1.5 时，低生育率就会产生"自我强化机制"，这种机制会使生育进一步降低并且难以回升，因此被称为低生育率陷阱。

② DRGs 付费是指按疾病诊断相关分组付费，它起源于 20 世纪 70 年代的美国，是耶鲁大学卫生研究中心通过对 169 所医院 70 万份病历的分析研究，制定出的一种新型的住院病人病例组合方案，命名为DRGs。DRGs 是当今世界公认的比较先进的支付方式之一。DRGs 的指导思想是：通过统一的疾病诊断分类定额支付标准的制定，达到医疗资源利用标准化。

扣除范围拓宽到学前教育和 3 岁以下婴幼儿照护费。改革按学生身高给予乘车优惠政策，对初中及以下学生乘坐公交、地铁给予免费，对高中生、大学生乘坐公交、地铁给予半价优惠。

三是推动多元化普惠托育服务体系建设，减轻家庭育儿照护负担。采取托幼一体、社区办托、社会化办托等方式，构建多元化的普惠托育服务体系，尤其是要发展社区小微托育机构，提供"买得起""买得到""买得安"的普惠托育服务，推动 0.5~2 岁幼儿入托率达 30%，2~3 岁幼儿入托率达 50% 以上。

四是深入推进教育改革，减轻家庭教育负担。加大"双减"政策力度，实行温情化教育补贴政策，有效降低教育成本，如完善校内学生差异化培养机制和课后服务机制，拓展学生实践、研学范围，大幅降低中小学生课外培训费用支出；探索对二孩学生高中阶段学费给予 50% 补贴，对三孩学生高中阶段学费免收。

五是提高父亲参与育儿福利，减缓女性生育焦虑。2019 年的 OECD 数据显示，丹麦、德国、比利时等国家父亲休假比例超过 30%，西欧主要国家生育假和育儿假增加 10% 可促进 3.2% 的无子女女性生育。以"女性友好"为宗旨，鼓励用人单位设立弹性、可灵活执行的带薪育儿假（男女方均可享受）。在晚育奖励假的基础上，将男方可享受的"陪产假"由 15 天延长到 30 天，并借鉴挪威经验，规定男性必须休育儿假，假期薪资由生育保险分担。

（二）对"不能生"的，精准对接需求，优化服务内涵，促进生育意愿切实转化为生育行为

一是搭建北京市婚恋交友信息大数据平台，努力减少"单身女性"数量。发挥各级共青团、工会、妇联等群团组织作用，组织开展婚恋交友活动，提高婚恋匹配度。借鉴就业信息平台发展经验，加强对婚恋网站的监管，整合民政、教育、人力社保等各类资源，确保个人信息如婚姻状况、学历状况等信息的真实可靠，做好防范虚假信息工作，打造可及性强、信任度高的婚恋服务品牌，提高适龄人员"能婚""能育"的比例。

二是积极发展生育辅助技术，提高女性生育能力保障水平。有针对性地开展女性健体活动，增强女性体能素质，保护生育潜力；加强基层卫生服务，普及孕产知识；提倡自然分娩，实行全程助产，努力降低剖宫产率。试点将部分不孕不育治疗手段和试管婴儿部分费用纳入社保。加强生殖医学的创新研究和服务能力建设，鼓励有条件开展辅助生殖技术的大型三级综合公立医院设立生殖医学中

心，对妇科检查的适应症①等做更多研究、找到效果好的治疗方案，开展规范的生殖健康服务和辅助生殖技术服务，帮助有生育困难的家庭。

三是探索适度放宽领养儿童限制性规定，满足合适家庭收养儿童需求。北京居民收入、素质水平较高，公共服务资源丰富，具备较为宽松的收养条件。积极争取国家民政部门支持，在北京探索适度放宽领养儿童规定，满足确实想要抚养子女但由于自身因素难以生育或再生育的家庭需求。

（三）对"不愿生"的，加强教育引导，树立家庭理念，引导年轻人"敢婚敢育"

一是加强年轻人婚恋观教育。积极构建体系化婚恋教育，从价值观、知识、能力三个方面，将正确的婚恋观、生育观融入初中、高中、大学阶段相关课程，用系统性的教育消解互联网碎片化认知，校正关于婚姻生育的非理性认知和灾难化思维。动员社区、社会团体、民间组织等多元主体力量，面向公众开设婚恋课堂、婚恋辅导等活动，提高年轻人亲密关系处理和情感经营管理能力。

二是树立家庭理念引导年轻人"敢婚敢育"。鼓励共青团组织、总工会、妇联、青年汇等各方力量，深入社区开展家庭观教育活动，树立正确的家庭理念。继续做好"最美家庭""榜样家庭"等优秀家庭案例评选活动，讲好新时代家庭故事，引导年轻人从"恐婚"变为"想婚"。防范打击蓄意挑起性别仇视和对立、否定家庭亲情等反生育、反家庭的煽动性激进言论，营造"敢婚敢育"的社会氛围。

（四）对"不让生"的，探索实施宽容的非婚生育政策，合理保障未婚妈妈和非婚生子女正当权益

切实落实"增强生育政策包容性"的要求，着眼长远，及时预警并有效防范人口安全问题，积极探索营造更加友好的生育政策制度和文化环境。

一是积极营造更加包容公平的生育环境。积极争取国家层面支持，明确关于未婚女性以保存为目的的冻卵手术合法性认定②。在稳定衔接现有政策体系的前

---

① 适应症（Indication）：医学名词，又叫指征，指药物、手术等方法适合运用的范围、标准。由于通常所说的"适应症"除了指特定疾病的症状以外，还包括某些非疾病状态的情况，因此也写为"适应证"。

② 根据《中华医学会生殖医学分会 2018 年度辅助技术数据报告》，女性在 25～35 岁的卵子质量最好，活产率最高。

提下，建立健全关于实施人类辅助生殖技术的规章制度，尊重身心健康且具备必要经济实力的未婚适龄人口的正当生育诉求，保护女性合法生育权。确保非婚生子女在亲子关系认定、抚养、监护、落户、受教育等各方面与婚生子女享受同等权利。

二是保护非婚生育女性公平享受生育保险福利的正当权益。由于生育保险本质上是女性因怀孕和分娩而从社会上获得经济帮助的社保制度，同时《社会保险法》并未针对女职工享受生育保险待遇明确"需已婚"的限制条件。因此，积极落实国家卫健委关于促进生育的文件精神，尽快制定地方政策，降低关于领取生育津贴中涉及结婚证、配偶身份认定等限制性门槛，保障非婚生育的女性和单亲家庭子女能够享受到生育补贴。

（五）对社会环境，优化各项政策建设妇女儿童友好型社会，增强媒体舆论引导，共同营造良好生育氛围

一是建立鼓励生育基金。建议由财政设立专项基金，并吸收社会化捐赠，形成全社会鼓励生育基金池，主要用于对生育多孩的家庭进行补贴型奖励，如生育家庭的现金补贴、个税抵扣、个人所得税减免、购房租金补贴、建设托儿所等。鼓励用人单位根据实际情况自行设置生育奖励基金，奖励支出额度可以给予税收减免并在税前扣除。

二是完善支持生育的社会政策。鼓励健康老年人以家庭养育、志愿者服务等方式参与婴幼儿养护，营造社会共同养育的生育文化。提高二孩家庭首辆车机动车号牌摇号概率，对三孩家庭优先直接配置号牌。

三是建设妇女儿童友好型社会。加强婚姻中对妇女儿童基本权利的保护，对老人照顾、孩子抚育付出比较多的一方，在双方婚姻结束时，提高补偿额度和比例。推进公共场所母婴友好设施建设，实现公共场所专业化、标准化母婴设施全覆盖。优化妇幼健康服务资源的专业化配置，推行防治结合的服务模式，拓展基本医疗保险覆盖范围，推动婚前、孕前、孕产、产后、儿童等生育全程都享有基本医疗保健服务。积极推进儿童友好型城市创建，为儿童健康成长营造良好环境。

四是发挥媒体舆论引导形成良好的生育文化氛围。借助互联网、新媒体等多种平台，在影视、出版物等文化作品中倡导三孩生育，用年轻人可接受的方式，扩大宣传引导，逐步树立正确的生育理念。在北京电视台、北京人民广播电台、北京晚报等平台设立板块或栏目，宣传符合国情的婚恋、生育理念，倡

导夫妻共担生育责任的家庭文化，肯定无偿家庭劳动的价值。重塑社会婚育文化，对婚嫁陋习等不良社会风气进行治理，营造良好的婚育友好型社会文化氛围。

执 笔 人：吕天泽　刘　铮　鹿春江（第一节）
　　　　　　吕天泽　刘　铮　鹿春江（第二节）
　　　　　　荀　怡　包　颖　朱跃龙（第三节）